KB272935

이
성
의
시
련

이성의 시련

____

초판 발행/ 2001년 6월 22일

지은이/ 박이문
펴낸이/ 채호기
펴낸곳/ ㈜**문학과지성사**
등록번호/ 제10-918호(1993. 12. 16)

서울 마포구 서교동 363-12호 무원빌딩(121-210)
편집/ 338)7224~5 FAX 323)4180
영업/ 338)7222~3 FAX 338)7221
홈페이지/ www.moonji.com

ⓒ 박이문, 2001. Printed in Seoul, Korea
ISBN 89-320-1259-8

값 9,000원

이성의 시련

의

박이문

문학과지성사
2001

학희에게

책머리에

여기 모은 글들은 지난 몇 년 동안 몇몇 학술지, 여러 학회에서 지정받은 특정한 주제에 맞추어 써서 발표했던 논문들이다. 그러므로 이 책을 관통하는 하나의 일관된 주제가 없고, 전체적으로 하나의 체계를 갖추지 못하고 있다. 그러나 내가 청탁을 받을 때마다 각기 별개의 주제들이 다르기는 하지만 나는 나의 중요한 철학적 관심에 초점을 맞추어 모든 문제를 접근해 보고자 노력했다. 이런 점에서 책 전체를 관통하는 나의 일관된 철학적 관점이 엿보일 것이다.

지난 십 년 동안 나의 주요한 철학적 관심 중의 하나는 니체에서 시작하여 푸코 그리고 데리다를 거치면서 금방이라도 무너질 것같이 사뭇 흔들리고 하나의 허구로서 부정되고 있는 이성을 어떻게 재해석하고 재구성하여 옹호할 수 있느냐에 있었다. 나는 자연과 인간의 관계, 20세기 프랑스 철학의 전개, 생명공학, 종교, 환경, 근대 문명사, 니체 철학과 동양 사상, 미래의 문명과 선불교, 국학, 과학적 이성과 동아시아적 사상 등의 문제들을 비평적으로 검토함으로써 이성의 재정의, 재구성, 재해석을 시도해보려고 애썼다. 이러한 시도의 성과를 평가하는 것은 나의 문제가 아니라 독자의 몫이다. 독자들이 나의 시도와 주장이 전혀 허황하지 않다고 느껴준다면 나는 그 이상 더 바랄 것이 없다.

이 논문들 가운데서 「기술 문명의 위기와 아시아적 대응」은 1999년 10월 27일 대만대학에서 열렸던 문화 워크숍Culture

Workshop에서 "The Crises of Technological Civilization and The Asian Response"라는 제목으로 발표했던 영어 원고를 서강대학교 철학강사 김영건 박사가 번역한 것임을 밝혀둔다. 위의 문화 워크숍은 당시 동아시아 연구 중심 대학 협회 The Association of East Asian Research Universities의 회장이었던 하스미 당시 동대 총장이 나의 70세 겸 은퇴를 기념하기 위해서 각별히 제안하여 마련한 것이었다. 이 책에 포함시켜 출판하기 위해서 위의 논문 번역과 아울러 이 책 전체의 마지막 교정을 맡아준 김영건 교수, 애초에 이 논문을 써서 발표할 기회를 마련했던 동아시아 연구 중심 대학 협회 그리고 나를 위해 문화 워크숍을 제안했던 하스미 총장에게 감사하는 마음은 각별하다.

이 책의 출판과 관련하여 감사해야 할 단체와 개인들은 위의 두 분들과 단체 이외에도 많다. 그 중 몇몇만을 들기로 한다. 우선 이 논문들을 쓸 계기를 마련해준 여러 학회나 학술지들이 생각난다. 학회나 학술지에 초대받지 않았던들 여기에 모은 글들이 씌어지지 않았을 것이기 때문이다. 이 책의 출판을 기꺼이 맡아준 문학과지성사를 빼놓을 수 없다. 잘 정리되지 않았던 원고를 꼼꼼히 정리하고 여러 차례의 교정을 맡아준 편집부의 여러분께 고마움을 전한다.

끝으로 독자의 편의를 위해서 이 논문들의 출처를 다음과 같이 밝혀둔다.

「우주, 생명 그리고 인간」(『과학사상』, 1999년 봄), 「이성」(우리사상연구소, 2000년 4월 29일 발표), 「현상학의 실존주의적 전개」(『새로운 우리 철학의 모색』, 계명대 출판부, 2000), 「환경과 예술」(토지 문화관 주체 '환경과 예술' 국제 학회, 2000년 11월 11일 발표), 「문명사적 갈림길의 20세기」(한국 역사학회 연합 대회, 1999년 5월 28일 발표), 「찬란한 만화경으로서의 20세기 문화」(『철학과 현실』, 1999년 가을), 「21세기를 향한 발전 전망」(계명대 인문대 연구소, 1997년 5월 21일 발표), 「21세기 게놈 시대와 종교 문화」(불교 조계종 종교 세미나, 2000년 10월 30일), 「생명공학의 윤리적 도전과 생명윤리학의 사명」(『생명 윤리』 제1호, 2000년 5월), 「니체 철학의 동양적 조명」(계명대 니체 학술 대회, 2000년 9월 23일 발표), 「기술 문명의 위기와 아시아적 대응」(대만대 문화 워크숍, 1999년 10월 27일 발표, 2001년 일본 동경대에서 출판), 「뉴 밀레니엄의 문명 패러다임과 선(禪)」(선불교 철학회, 수덕사, 2000년 4월 7일 발표, 『덕종 선학』 제2집, 2000년 10월에 수록), 「인간다운 삶과 국학」(안동대 국학 국제 학술 대회, 2000년 10월 26일).

2001년 6월
일산(一山) 우거에서
박이문

차례

우주, 생명 그리고 인간
─인간 복제 기술 시대의 윤리학적 명상

무엇인가가 존재한다는 사실만큼 자명한 것은 없다. 땅이 있고 하늘이 있으며, 해가 있고 달이 있다. 산이 있고 강이 있으며 바위가 있고 나무가 있다. 식물이 있고 동물이 있으며 인간이 있다. 남자가 있고 여자가 있으며, 아이들이 있고 어른들이 있다. 기쁨이 있고 슬픔이 있으며, 미학적 그리고 도덕적 경험이 있다. 삶이 있고 죽음이 있다. 동양과 서양이 있고, 인류가 살아온 역사와 숱한 그 흔적들이 있다. 그러나 무엇인가가 존재한다는 가장 자명한 사실의 이유나 원인만큼 자명하지 않은 것은 없다.

"숫제 아무것도 없지 않고 어째서 무엇인가가 존재하는가"라는 라이프니츠의 형이상학적 물음을 피할 수 없고, 그것보다 더 놀랍고 신비로우면서도 논리적으로 더 이상 대답할 수 없는 물음은 없다. 그렇지만 먼저 그보다 작은 물음들부터 던져보자. 우주 내에 존재하는 모든 것들, 하늘과 땅, 산과 바다, 광물·식물·동물·인간 등의 존재들과 그것들 간의 관계는 "아무것도 없지 않고 도대체 무엇인가가 존재한다는 사실" 못지않게 경이롭고, 보기에 따라 아름다우며 한없이 신비롭다. 별이 총총히 반짝이는 밤하늘을 바라보면서 우주의 방대함에 압도되고 별들의 신비로운 아름다움에 감동을 느낀다. 자연을 바라볼 때 돌이나 물과는 달리 봄이 되면 땅 밑에서 싹이 돋고, 봄이 되면 꽃을 피우며, 가을이 되면 열매를 맺다가 겨울이 오면 죽어서 썩어 흙이 되는 식물들의 반복되는 삶의 모습도 신비롭고 아름답다. 동물이 태어나서 어미의 보호 하에 성장하고 생존을 위해 평생을 싸우다가 다시 새끼를 낳고 사라지는 현상은 한결 더 놀라운 기적만 같다. 그 많은 동물들 가운데도 유독 인간이라는 종만이 소크라테스·노자·공자·칸트·테레사 수녀·셰익스피어·도연명·갈릴레이·뉴턴·모차르트·다 빈치·진 시황·카이사르·나폴레옹 같은 개인들을 배출하고, 3천 년이라는 짧은 역사를 통해서 어제까지만 해도 우리 자신도 상상할 수조차 없었던 오늘의 전자 기술 문명을 구축해서 달에 착륙하고 우주를 정복할 수 있게 되었다는 사실, 침팬지는 아무리 오래 가르쳐도 기본적 숫자조차 헤아릴 수 없는 데 반해 인간은 태어나는 순간에는 움직이는 살덩어리로밖에 볼 수 없었던 것이 1년이 못 되어 말을 시작하고 무엇인가를 따질 수 있는 지능을 갖는다는 사실은 한결 더 놀랍고 기막히게 신비스럽다.

우주·생명·인간은 어디서 어떻게 생겼으며, 그것들 각각의 존재 의미와 그것들 간의 관계는 무엇인가? 이런 물음에 대한 대답은 인과적 생성 과정에서 볼 때 우주에 대한 물음에서 시작하여 식물·동물·인간이라는 순서로 찾아야 할 것이다. 그러나 논리와 신비성의 밀도라는 두 관점에서 볼 때 인간에 대한 문제부터 시작해야 한다. 우주나 식물, 동물에 대한 물음과 대답은 필연적으로 인간적 시각에서 본 물음과 대답일 수밖에 없는 관계이므로, 인식 주체인 인간을 먼저 알지 않고는 다른 것을 알 수 없기 때문이다. 인간에 대한 물음은 그 기원과 본질 및 인간의 역사적 상태와 의미에 대한 물음으로 분석된다.

1. 인간은 무엇이며, 어디서 왔는가?

인간의 본질과 그 기원에 대한 물음은 인간의 유일성과 그 근거의 관점에서 검토되고, 신화적 아니면 자연주의적 두 가지 다른 관점에서 설명될 수 있다.

I. 인간의 유일성과 그 근거

1) 논리적 근거

인간이란 무엇인가? 한 가지 확실한 것은 인간이 모든 존재 가운데서 유일한 존재라는 것이다. 그 근거는 인간에게 있어서 인간만이 유일한 인식의 주체라는 사실에 있다. 인간이 어떤 인식 대상, 가령 우주·산·바다·식물·동물을 객관적으로 인식한다고 해도 그 객관성은 어디까지나 인간의 인식의 틀 안에서만 의미가 있으며, 또한 인간이 우주·식물·동물의 눈을 빌려서 본 우주·식물·동물 그리고 인간을 상상해볼 수 있다 하더라도 그것은 어디까지나 인간의 관점에서 본 우주·식물·동물의 관점일 수밖에 없기 때문이다.

인식론적 관점에서 볼 때 인간은 그 자신 이외의 어떤 것으로 환원되거나 섞일 수 있는 자연/우주 내의 한 부분이 아니라, 그것들과는 근본적으로 분리되고 구분되는 존재로서 필연적으로 자연/우주 밖에서만 존재할 수 있다. 파스칼이 "인간은 갈대 가운데서 가장 나약한 갈대지만, 자신의 사유에 의해서 우주보다도 위대하다"라고 말하고, 또한 "공간적으로 우주에 포함되는 무한히 왜소한 존재임에 불과하지만, 그가 자신의 사유를 통해서 머릿속에서 우주를 생각하고 이해하는 한에서 우주보다도 크다"라는 역설적 주장을 한 근거도 인식적 주체로서의 인간과 그 대상과의 바로 이와 같은 관계에 근거한다. 인간의 사유는 시간이나 공간의 틀 안에서 어떤 물질적 존재로 환원될 수 없는 비물질적 존재다. 데카르트는 이러한 인간의 속성을 이성/정신/마음으로 규정하고 그것을 자아, 즉 모든 인간의 본질로 보았다. 그리고 그는 인간의 이러한 비물질적 속성이 인간을 그 밖의 모든 자연과 구별하는 근거로 봄으로써 플라톤 이래의 이원론적 서양 철학의 존재론을 재확인했다. 이같은 이원론적 존재론은 칸트에서 다른 형태로 재확인되고, 그것은 "의식은 필연적으로 언제나 무엇에 대한 의식"이라고 전제한다. 그리고 주체로서의 '의식, 즉 대자 le pour-soi / 무 le neant' 와 객체로서의 '의식 대상, 즉 즉자 le en-soi / 존재 l'être' 의 통합이 논리적으로 불가능하다는 사르트르의 주장으로 계속 이어진다.

인식 주체는 인식의 개체, 즉 대상을 전제하고, 인식은 인식 주체와 인식 대상의 구별을 전제한다. 광물·식물·동물을 포함한 우주는 인간이 그것에 대해 무엇인가를 언급하는 경우에 필연적으로 인식 대상으로 존재하며, 인식 대상으로 존재하는 우주는 논리적으로 인식 주체의 의식 밖에 존재한다. 모든 철학적 사고의 초점을 신념의 정당성 추구에 둠으로써 인식의 문제가 중심이 될 수밖에 없었던 서양 철학이 플라톤에서 데카르트·파스칼·칸트를 거쳐 사르트르에 이르기까지 인식의 주체로서의 인간과 그 인식 대상으로서만 파악된 인간 이외의 모든 존재로 양분하는 이원론적 형이상학에 지배되어왔다. 또한 서양 종교도 인간과 그 이외의 존재들로 양분하는 이원론적 형이상학을 그 교리 밑에 깔게 되었다. 인간과 그 이외의 존재 사이에 이와 같은 이원론적 구도는 한 인간 안에서 몸과 마음의 구별로 반복된다. 이같이 이원론적 존재론은 서양 철학 이상으로

서양 종교에서 한결 더 명백하다. 기독교적 관점에 의하면 인간은 창조주의 특별한 계획에 의한 유일한 영적 존재로서 자연과 구별되며, 자연의 주인으로서 그것을 지배할 권리를 갖거나 관리할 의무를 갖는다는 것이다.

2) 실질적 근거

인간이 볼 때 인간만이 유일한 인식 주체라는 사실은, 즉 인간이 인식 대상으로서의 그 밖의 모든 것들과 논리적으로 구별되고, 이런 점에서 그가 유일한 존재라는 사실은 본질적, 즉 형이상학적 차원에서도 구별되고 유일하다는 사실을 함의하지 않는다. 그러나 우리가 관찰할 수 있는 사례들은 형이상학적으로도 인간이 다른 어떤 존재들과 근본적으로 구별된다는 점에서 유일한 존재라는 사실을 입증하는 것 같다.

파스칼의 말대로 인간의 존재가 우주의 크기에 비하면 물리적으로 무에 가깝다는 사실에 주눅을 느끼지 않을 수 없다. 그러나 자연의 역사에 비추어 볼 때 극히 짧은 기간에 인류는 노자와 플라톤, 이태백과 셰익스피어, 피타고라스와 코페르니쿠스, 칸트와 모차르트, 다 빈치와 뉴턴을 배출했으며, 아테네의 판테온 사원, 파리의 대성당, 뉴욕의 엠파이어 빌딩을 짓고, 자신이 포함되고 있는 무한한 공간과 영원한 시간에 대한 총체적 설명으로서 성서나 불경 같은 이야기들을 상상해내고, 마침내 날개를 펴고 빠른 속도로 날고, 달에 착륙하고, 우주선을 수시로 보낼 수 있고, 집 안에 앉아서 컴퓨터로 세계의 모든 정보를 단숨에 서로 교환할 수 있고, 장기 이식, 인공 수정, 인간 복제를 조작할 수 있는 기술을 지니게 되었다. 물리적으로는 무엇보다도 나약한 인간이 어느덧 방대한 자연과 무한히 넓은 우주를 물리적으로 정복하고 지배하는 힘을 갖추게 된 것이다.

인간의 위대한 힘은 기술적·지적인 데에만 있지 않다. 그는 지구상에서, 아니 어쩌면 우주 전체에서 유일한 도덕적 동물이다. 물리적으로나 생물학적으로는 설명할 수 없는 어떤 정신적 가치를 위해서 생물학적 본능을 극복하여 남을 위해 자신의 목숨을 바치고, 지적으로는 도달할 수 없는 영적 가치를 위해서 순교자가 될 수 있는 정신적 힘을 갖춘 동물이기도 하다. 이러한 점에서 인간은 자연과 근본적으로 구별되고, 자연을 초월해서 자연/우주 밖에서 존재하는 유일한 실체임을 증명해준다. 인간이란 존재는 실로 신비스럽다. 어떻게 이러한 인간의 존재를 설명할 수 있는가?

II. 신학적 설명

인간은 아득한 옛날부터 어떤 사회에서도 자연과 자신의 기원을 부분적이고 불충분하나마 여러 형태로 설명해왔다. 동양의 힌두교/불교 및 도교/유교와 서양의 유대교/기독교는 자연과 인간의 기원에 대한 가장 포괄적이고 체계적인 설명을 제공한다. 동양적 설명을 자연주의적이라고 한다면 서양적 설명은 신학적/의인적이다. 자연과 인간의 존재는 "그냥 자연적으로 그냥 그렇다"라는 명제를 동양의 자연주의적 설명은 보여준다. 자연과 인간이 생기게 된 구체적 과정에는 침묵한다는 점에서 동양적 설명은 만족스럽지 못하다. 이와는 대조적으로 서양적 종교는 유일신이라 부르는 초월적이며 인격적 창조주의 의지를 빌려 의인적으로 설명한다. 자연과 인간은 신의 의도와 계획대로 동시에 창조되었다. 인간은 신이 자신의 이미지에 따라 만든 유일하게 신성한 존재이며, 그러한 인간의 삶을 위해서 신은 자연을 창조했다. 앞에서 확인할 수 있었던 인간의 위대한 힘, 유일성 그리고 그에 동반되는 존엄성은 그가 신의 특수한 뜻과 계획에 따라 창조되었다는 사실에 근거한다. 이러한 것이 객관적 사실이라면 인간은 유일한 존재이며, 자신의 삶에 자부심을 가질 수 있고 의미를 발견할 수 있다. 이러한 효과로 볼 때 자연과 인간의 기원에 대한 신학적, 즉 서양 종교적 창조설은 동양의 자연주의적 설명보다 매력적이다. 그러나 문제는 과연 그러한 설명이 맞는가, 그러한 설명에 전제된 인격적 실체로서의 유일신의 존재를 정말 믿을 수 있는가에 있다.

Ⅲ. 자연주의적 설명

신화적 설명은 다윈의 진화론에 의해서 이미 한 세기 전부터 흔들리고, 최근의 허다한 과학적 지식, 특히 생명화학이나 생명공학에 의해서 부서지고 있다.

다윈의 진화론은 인류를 비롯한 모든 동물들 간의 생물학적 연결 고리를 주장함으로써 서양 종교의 전제가 되는 창조론과 서양의 철학적 세계관을 지배해온 인간의 형이상학적 유일성을 부정한다. 진화론에 의하면 인류라는 종은 침팬지·고릴라·원숭이의 생물학적 후예이며, 이런 동물들은 하등 동물인 개나 코끼리, 닭이나 늑대의 후손이고, 이러한 하등 동물들은 더 하등 동물인 뱀이나 지렁이 같은 파충류에서 진화되고, 이러한 파충류들은 더 원초적 미생물에서 발생·도출된 것이다. 인류라는 종은 다른 동물들과 단절된 형이상학적 실체가 아니라, 단 하나의 생명체를 구성하는 수많은 생명체 간의 한 고리에 불과하다. 진화론은 인간의 자존심에 상처를 내는 충격적 이론이지만 오늘날 진화론을 거부하기는 어렵게 되었다.

다윈의 진화론이 미생물을 비롯하여 인간을 포함한 모든 생명체들이 서로 독립된 다른 존재들이 아니라 근본적인 차원에서 동일한 성질의 존재라는 충격적인 사실을 보여주었다면, 최근의 천문학은 한 발 더 나아가 물질·생물·동물·인간, 인간의 이성이나 영성이 형이상학적으로 서로 다른 성질의 존재가 아니라 근원적으로는 동일하다는 사실을 말해준다. 천문학이 내세운 '빅뱅/대폭발'이라는 학설에 따르면, 지구상에 존재하는 모든 것뿐만 아니라 지구보다도 천문학적으로 더 큰 태양계, 그러한 태양계보다도 천문학적으로 더 큰 은하계, 그러한 은하계를 수적·천문학적으로 많이 포함하고 있는 우주는 150억 년 전에 일어난 극히 미소한 단 하나의 미립자의 폭발에서 기원했다는 것이다. 두 세기 전까지도 종교나 과학이 다 같이 자명하다고 믿었던 신념들은 새로운 천문학적 이론으로 한결 더 심하게 부서지고 인간의 자존심은 그만큼 더 충격과 상처를 받게 되었다.

그럼에도 불구하고 하루가 다르게 발달하고 있는 최근의 의학, 생화학 그리고 생명과학, 인지과학은 이와 같은 사실을 여러모로 미시적인 차원에서 뒷받침한다. 현대 의학은 인공 수정, 장기 이식, 유전자공학에 의한 태아 조작을 할 수 있게 되고, 인지과학은 인간 게놈 프로젝트에서 볼 수 있듯이 인간의 지적·정서적 기능을 마음대로 통제할 수 있는 기술을 개발하고, 생명과학이 돌리라는 양을 복제함으로써 인간도 무수히 복제될 수 있는 물건이 되었다. 이러한 사실들은 모든 존재와 현상들이 처음부터 별도로 창조된 것이 아니라 자연의 원리에 의해서 나타난 동일한 존재의 다양한 형태와 양상에 지나지 않고, 궁극적으로는 동일한 자연의 원리에 의해서 설명된다는 사실을 함의한다. 자연의 놀라운 능력과 행동으로 볼 때 한없이 신비로운 인간도 자연/우주와 구별되어 자연/우주 밖에 존재하는 별도의 존재가 아니라 자연/우주의 한 부분, 더 정확히는 한 측면에 불과하다는 것이다.

인간의 기원과 존재에 대한 이와 같은 자연주의적 이론은 적어도 인간만은 초자연적 동물로 파악하고 있는 서양의 지배적 종교 및 철학과 정면으로 충돌하며, 막연하지만 자연주의적 세계관의 틀에서 살아왔던 동양인들에게도 상식적인 차원에서 심리적으로 수용하기 어렵다. 자연과 인간을 보다 객관적으로 인식하기 위해서라면 이러한 심리적 고충을 무릅쓰고라도, 일단 자연주의적 설명을 수용하기로 하자. 그러나 자연주의적 자연/인간관이 만족스러운 것이 되려면 자연과 인간의 관계에 대한 설명을 덧붙여야 한다. 모든 것이 우주적 시초에 대폭발을 일으킨 단 하나의 미립자가 우주적 시간을 거치면서 나타난 다양한 형태이며 존재 양상임을 인정한다고 하더라도 그것이 어째서 다른 모습으로 나타나지 않고 현재 우리가 보고 있는 바와 같은 모양을 갖게 되었으며, 적어도 현상적인 차원에서는 분명히 서로 다른 여러 존재들 사이의 관계를 어떻게 설명할 수 있는가 하는 물음이 생기기 때문이다.

2. 인간은 지금 어디에 있으며, 어디로 가는가?

적어도 지각적 차원에서 인간과 동물, 동물과 식물, 식물과 돌, 남자와 여자, 몸과 마음의 구별은 분명하다. 인간의 먼 선조가 개·곤충·세균이라는 진화론은 상식을 훨씬 넘어서는 충격적 주장이다. 모든 생물의 먼 선조가 화학적·양자물리학적 물체라는 생명과학의 주장은 더욱 그렇다. 설사 진화론대로 동물들 간의 근본적 차이를 부정하더라도 그냥 물체와 생명체의 형이상학적 차이를 부정하고 그것들 간의 비단절적 관계를 인정하기가 어렵기 때문이다. 적어도 지각적 차원에서 그것들

간의 차이는 너무나 확실하다. 또한 성서가 주장하는 바와는 반대로 이러한 모든 존재들이 처음부터 동시에 존재했던 것이 아니라 장구한 우주의 역사를 통해서 서로 다른 시기와 다른 고장에서 생겨났다는 사실도 오늘날 부정할 수 없게 되었다. 천문학 · 식물학 · 동물학 · 지질학 · 고고학 등에 의하면 이와 같은 존재론적 범주로 구별되는 다양한 존재들, 다양한 종들은 처음부터 있었던 것이 아니라 천문학적으로 장구한 우주의 역사를 거치면서 점차적으로 변화하면서 발생했다. 광물의 존재 양식보다 식물의 존재 양식이, 식물의 존재 양식보다 동물의 존재 양식이, 동물의 존재 양식보다 인간의 존재 양식이 한결 더 정교하다.

물과 돌의 존재는 더 신비롭고, 식물의 출현은 광물의 존재보다 더, 동물의 출현은 식물의 존재보다 더, 인간의 출현은 동물의 존재보다 더 신비롭다. 나아가 이러한 존재들이 창조설의 주장처럼 일시에 생겨난 것이 아니라 천문학적 시간을 거치면서 점차적으로 보다 복잡한 구조를 갖고 하나씩 생겨났다는 사실은 한결 더 신비롭다. 이러한 사실들을 어떻게 설명할 수 있는가? 먼저 쉽게 생각할 수 있는 것은 목적론적 대답이다.

I. 목적론적 대답

기원과 시작을 인격적 창조주에서 찾든지 아니면 미세한 하나의 물질적 입자의 폭발로 올라가든지에 상관없이 우주에 수많은 천체 · 지구가 생기고, 또한 천체 중의 하나인 지구에서는 물리학 · 화학 · 생명과학이 밝혀주듯이 물질로부터 생명이 생겨났고,[1] 진화론이 주장했듯이 원초적 생명체로부터 식물, 동

---

1 박이문, 「과학과 생명의 형이상학」, 『과학철학이란 무엇인가』, 민음사, 1993.

물 그리고 인간 등의 다른 형태를 가진 존재의 모습이 생겨났으며, 태어날 때는 다른 동물과 생물학적으로 별로 다름없는 육체를 가진 인간이 성장하면서 그 기능의 면에서 볼 때 경탄하지 않을 수 없게 신비롭기만 한 의식/지적 능력[2]을 단계적으로 갖추게 되었다면, 이와 같은 생물들 간의 점진적 변화 관계와 우주의 시간적 전개 과정은 '어떤 방향을 따라 이루어지고 있는 진화/발전적'이라고 보지 않을 수 없다. 왜냐하면 첫째로 그것들은 하나하나의 진화/전개 단계에서 따로 떼어놓고 봐도 신비롭고 정교한 모습을 갖고 있고, 둘째로는 한 단계에서 볼 수 있는 정교성은 바로 그 이전 단계에서 볼 수 있는 정교성보다 점차적으로 더 증가하고 있기 때문이다. 이러한 사실은 우주 안에서 천체들의 생성에도 해당된다. 그 수가 거의 무한에 가까운 것으로 추정되는 천체들 가운데에서 인간을 위시한 생명체가 존재하는 것은 지금까지 알기로는 오로지 지구뿐이다. 이런 점에서 지구의 출현은 천체 생성의 진화/발전으로 봐도 무방하며, 바로 이런 관점에서 지동설에 대해서 헤겔이 던진 "지구는 아직도 우주의 형이상학적 중심이다"라는 말은 옳다.

만일 한편으로는 지구상의 다양한 생물들의 형성 과정에서 다른 한편으로는 우주 안의 천체 형성 과정 관계에서 '진화/발전'을 읽을 수 있다면, 이러한 사실은 지구와 우주의 모든 존재와 그것들의 '진화/발전'이 우연의 산물이 아니라 어떤 명확한 목적을 향해 움직이는 과정으로 보지 않고는 설명이 안 된다. 서양적 세계관이 기독교와 같이 종교적이든, 마르크스주의와 같이 반종교적이든 간에 거의 예외 없이 '목적론적'이고

---

2 박이문, 「의미의 형이상학」, 『자연, 인간, 언어』, 철학과 현실, 1998.

근본적으로는 비목적론적 세계관이 지배해온 동양에서조차 거의 모든 사람들이 일반적으로 우주와 자연 현상을 '목적론적'으로 보아왔던 것은 우연이 아니다.

그럼에도 불구하고 따지고 보면 '목적론적' 세계관은 문제를 안고 있다. 그 문제의 핵심은 그것이 우주/자연, 즉 존재 총체 밖에 있는 조물주로서의 인격적 유일신을 전제로 해야 한다는 점에서 필연적으로 의인적이라는 데 있다. 그러나 의인적 세계관은 주장하기 어렵다. 첫째 그러한 신의 존재가 의심스럽고, 둘째 우주의 일부인 인간이 스스로를 모델로 우주를 설명한다는 것은 논리적 순환의 오류에 빠지기 때문이다. 또 하나의 문제는 인격적 신의 존재를 전제로 하는 이론은 현대 우주학이 제안하는 우주의 기원에 대한 빅뱅 이론과 결코 양립할 수 없다는 데 있다. 현대 과학적 사실과 상충되지 않으면서도 자연과 인간의 진화 현상의 신비를 설명할 수 있는 다른 설명의 틀은 없을까?

Ⅱ. 우연론적 답변

과학이 보여주는 자연·생물·인간의 의식에서 한결같이 발견되는 것은 기계적 질서다. 천문학은 천체의 질서에서, 화학은 화학적 성분의 차원에서, 물리학은 분자의 차원에서, 생물학은 세포의 차원에서 모든 것들이 일정한 인과적 법칙에 따라 작동하고 있음을 보여준다. 생명공학에 의하면 자율적으로 보이는 인간의 행동, 행동을 지배하는 의식도 이미 그 인간의 유전자 속에 들어 있는 프로그램에 따른다. 어쩌면 우주 전체의 현상이 궁극적으로는 단 하나의 동일한 법칙으로 설명할 수 있을 것이라는 것이다. 알면 알수록 무질서하게 보이는 현상도 그 밑바닥에 있는 말할 수 없이 정교한 법칙에 의해 지배되고 있음을 발견할 때 어찌 감동·경탄·경외심을 갖지 않을 수 있겠는가. 하나의 전지전능한 인격적 신의 목적과 계획을 전제하지 않고서 이러한 신비로운 질서를 이해할 수 있겠는가?

생화학자 모노는 필연적으로만 보이는 그러한 자연의 법칙, 사유의 논리를 비롯한 모든 존재 현상들, 목적을 갖고 있어 보이는 그것들의 진화의 궤적도 궁극적으로는 우연의 산물이라고 주장한다. 그러한 질서들은 처음부터 있었던 것이 아니라 미립자의 폭발로 우주가 형성되는 긴 과정에서 우연히 생긴 것이므로, 그것이 생성된 후 지금까지 몇백억 년 동안 존재해왔더라도 언젠간 또한 우연히 붕괴될 수 있다는 것이다. 존재를 구성하고 있는 것은 무한에 가까운 수의 미립자들로 분석될 수 있으며, 그러한 수의 미립자들로 가능한 조합의 수가 미립자의 수보다 훨씬 많다는 것은 수학적으로 자명하다. 이러한 조합에 의해서 무한히 다른 존재물의 탄생이 가능하다. 원초적 생명은 이러한 조합의 우연한 결과에 지나지 않는다. 그렇게 생긴 하나의 조합물이 다른 것과 다시 어떤 조합을 우연히 이루게 됨으로써 또 다른 그리고 더 복잡한 조합물로서의 다른 생명체가 생길 수 있다. 오늘날 인간이라는 영물은 이러한 과정이 수백억만 년에 걸쳐 반복됨으로써 역시 우연히 생긴 것이다. 거꾸로 말해서 인간만이 아니라 동물, 동물만이 아니라 식물, 식물만이 아니라 원초적 생명소조차도 생겨나지 않을 수 있었으며, 생명체의 변화와 다양화가 현재 볼 수 있는 것과는 전혀 다른 방향으로 전개되었을 수도 있었다는 것이다. 인간이 이성을 갖고 자유 의지를 행사하고, 사물들을 조작하고, 도덕적 가치를 위해 목숨을 바칠 수 있고, 세련된 미적 감수성을 갖고 태어나서 자연/우주를 얼마 동안 지배해왔을 뿐만 아니라, 앞으로는 자신을 비롯하여 자연의 운명과 우주의 역사까지도 결정할 수 있는 힘과 더불어 책임을 갖기에 이른 것 자체도 우주의 역사를 통해서 우연히 생긴 산물이라는 것이다.

인간 출현의 목적론적 설명은 의인적이고 신화적이며, 따라서 원시적이다. 현재까지 인류가 경험한 사실들과 첨단 과학이 보여주는 객관적 사실에 의도적으로 눈을 감지 않는다면 모노식의 우연적 설명은 신화적인 설명보다 훨씬 설득력이 있다.

3. 생명공학의 윤리적 도전

I. 인간의 형이상학적 해체와 현상학적 주체

형이상학적 차원에서 이성과 영성이 인간의 몸으로, 인간이라는 몸이 동물로, 동물이 유전자로, 유전자가 물리적 입자로 해체되고, 물리적 입자가 정교한 기계적/필연적 인과 법칙으로 설명되고, 그러한 법칙이 어떤 우주적 주체의 의도에 의해서 설계된 것이 아니라 우연적 산물이 됨으로써 인간의 형이상학적 유일성과 아울러 자유, 윤리적 가치 그리고 존재의 의미는 증발됐다. 이러한 분석이 자명하다면, 그와 반대로 현상적 차원에서 볼 때 물질과 생명, 식물과 동물, 동물과 인간은 역시 다르며, 인간에게만 볼 수 있는 이성과 영성이 동물의 본능이나 단순한 생물성과 구별되고, 적어도 인간만은 구체적인 실존적 삶의 상황에서 자유로부터 자유로울 수 없을 만큼 자유롭다는 것을 경험하고, 그에 따라 윤리적이라는 사실도 그와 못지않게 또한 자명하다.

그 이유가 있건 없건, 그 원인을 어떻게 설명하든, 그것이 우연적 산물이든 아니든, 종교적 혹은 형이상학적 의미/가치를 갖든 아니든, 적어도 우리가 관찰하고 체험하는 차원에서 볼 때 인간이 사물과 사태에 대해서 이성적 사유를 하고, 행동에 임해서 선택의 자유를 행사해야 하고, 선/악을 결정해야 하고, 도덕적 고민에 빠지고, 물질적 그리고 동물적 차원을 넘어서 보다 높고 고귀한 가치를 추구하고, 초월적 세계에 대한 영적 갈구를 하며, 이런 과정과 결과로 스스로가 놀라지 않을 수 없는 놀라운 지식과 기술 개발로 오늘의 문명을 창조하고, 자신의 원천인 지구·자연·우주 자체를 정복하고 조작하여 그 운명을 좌우할 수 있는 놀라운 힘을 갖기에 이른 유일한 존재라는 것 또한 자명한 객관적 사실이다. 그의 출현이 초월적 신의 목적에 따른 계획에 의한 것이건, 완전히 우연에 의해서 결정된 것이건 간에 인간은 어떤 사태에 직면할 때 책임을 동반하는 선택의 자유를 행사해야 함을 자기 자신의 가장 깊은 내면에서 경험한다. 그럴 때마다 그는 그 선택이 자신의 행동, 자신의 운명은 물론 다른 사람들, 사회 전체, 역사, 더 나아가서는 인류 전체, 자연 생태계, 궁극적으로는 우주의 운명에 직·간접적으로 크고 작게 영향을 미친다는 것을 의식하고 인식한다. 바로 이런 점에서 인간은 그냥 객체로서만이 아니라 주체로서 존재한다. 인간은 설사 형이상학적으로 해체됐다고 하더라도 적어도 현상학적으로는 자유로운 주체로서 결코 사라질 수 없으며, 그러한 주체로서 존재하는 한, 즉 살고 있는 한 선택은 불가피하다.

선택을 동반하지 않는 인간의 삶을 상상할 수 없고, 모든 선택이 윤리적 선택은 아니지만, 그러나 윤리적 선택을 전제로 하지 않는 인간의 삶도 상상할 수 없다. 도덕은 '나 아닌 남/타자의 복지를 배려하는 마음씨'이며, 윤리가 나의 행동이 나 아닌 타자의 즐거움과 아픔, 기쁨과 슬픔의 관점에서 '이성적으로 마땅히 선택해야 할 규범'을 뜻한다면, 음식·넥타이·

책·학교에 관한 선택은 다른 인간들의 기쁨이나 아픔과 직접 관계가 없다는 점에서 나의 선택은 윤리적인 것과는 무관하다. 그러나 생물학적 그리고 실존적으로 고독한 존재가 아니라 사회적 존재인 이상, 부득이 남들과 긴밀한 관계를 맺고 그들을 대할 수밖에 없는 인간의 많은 선택은 필연적으로 윤리적 성격을 띤다. 나는 나의 욕심을 위해서 이웃을 속이든가, 혹은 그 이웃을 위해서 혹은 더 나아가서 사회 질서를 위해서 약속을 지키고 더 나아가서 그의 복지를 위해서 희생적 행동을 선택할 수 있고 또 그렇게 해야만 한다. 도덕적 문제를 떠나고 윤리적 규범을 전제하지 않는 인간의 삶은 있을 수 없다. 인간은 근본적으로 윤리적 존재이며, 인간으로서의 주체는 필연적으로 윤리적 주체이다. 이런 점에서 인간과 동물을 구별하는 잣대가 인간의 윤리적 의식에 있다는 공자의 생각은 옳다.

II. 생명공학 / 인간 복제의 도덕적 도전

인간만이 아니라 모든 생명체들은 생존하려 하고 번영 / 복지를 추구한다. 그러나 그것들의 복지는 흔히 갈등한다. 나 아닌 다른 이, 즉 타자의 복지를 생각하는 마음을 도덕적이라고 한다면, 윤리는 이와 같은 갈등을 풀 수 있는 어떤 객관적 근거를 제공한다. 윤리들 간의 차이는 이와 같은 관점에서 본 입장의 차이로서 분석될 수 있다.

전근대적, 즉 전통적 윤리와 근대적, 즉 칸트나 벤담의 합리적 윤리의 근본적 차이 중 하나는 윤리적 개체들 간의 갈등을 푸는 문제에 있어서 전자가 차등의 원칙을 전제하는 데 반해서 후자가 평등의 원칙을 깔고 있다는 사실에서 찾을 수 있다. 전자는 동물과 인간 간은 물론 한 인간 공동체 내에서도 한 윤리적 객체가 윤리적 공동체 내에서 차지하고 있는 위치에 따라 윤리적 배려가 달라야 한다는 것이다. 동물에 대한 배려와 인간에 대한 배려가 똑같아서는 안 되는 것과 같이 인류 가운데서도 나의 가족과 남의 가족, 내가 속하는 민족과 다른 민족, 노예와 영주에 대한 배려는 그 우선성에 있어서 달라야 한다는 것이다. 이와 반대로 평등의 원칙에 바탕을 둔 근대적/합리적 윤리는 윤리 공동체에 속하는 모든 인류의 복지가 동일하게 배려되어야 한다고 주장한다.

배려의 분배에 대한 이 같은 차이에도 불구하고, 불교적 윤리를 예외로 하고는 얼마 전까지만 해도 전통적 윤리나 이른바 근대적 윤리를 막론하고 모든 윤리가 윤리적 고려 대상을 인류에 한정시킨다는 점에서 다 같이 인간 중심적이었다. 그러나 앞에서 보았듯이 다윈의 진화론, 현대 생명공학, 생태학 등의 과학적 연구와 샤르댕의 자연철학, 헤겔·니체·베르그송의 형이상학에 의해 인간이 생명의 개념으로 해체됨으로써 인간 중심주의적 윤리는 근본적으로 무너지게 되었다. 윤리가 타자의 복지에 대한 배려의 문제라면, 윤리적 배려의 대상은 인간/인류라는 종에만 국한될 수 없고 모든 생명/생물로 확대되어야 한다는 것이다. 내 이웃 아저씨의 기쁨과 우리 민족, 더 나아가서는 인류의 아픔이 다 같이 나의 고려 대상이 되어야 한다면, 소·강아지·까치·지렁이·박테리아의 고통과 쾌감, 삶과 죽음도 정도의 차이는 있지만 다 함께 어느 정도의 배려를 해야 한다는 것이다. 지난 약 반세기 전부터 환경 오염, 생태계의 파괴, 그에 따른 인류의 위기와 종말에 대한 위기를 자각하게 되면서부터 '생태 중심주의' 혹은 '생명 중심주의'라는 개념이 생기고, 과거 인간 중심주의적 윤리가 보편적 공감대를 가졌던 것처럼 아직은 보편적 공감대를 형성하지는 못하고 있는 상황에서도, 최근에는 생태 중심주의 윤리 혹은 생명 중심주의 윤리에 대해서 그리고 이러한 윤리와 인간 중심주의의 관계에 대한 논쟁이 활발히 전개된 것도 역시 바로 이와 같은 윤리학사의 맥락에서 이해된다.

윤리적 고려 대상의 이해 관계가 갈등할 때, 인간 중심적 윤리든 생태 중심적 윤리든 구체적인 상황에서 구체적으로 어떤 특정한 인간 혹은 어떤 특정한 생물의 복지를 더 고려해야 하는가의 어려운 문제가 항상 떠나지 않지만, 인간 중심적 윤리학의 입장에 섰을 때 인간의 복지를 위하는 것이라면 어떤 한 동물이나 생물체의 만족과 고통은 전혀 고려의 대상이 아니라는 원칙은 분명히 서고, 생태 중심적 윤리학의 입장에 섰을 때 모든 생명체들의 만족과 고통이 반드시 윤리적 고려의 대상이 되어야 한다는 원칙은 명확히 세울 수 있다.

인류는 현재 반세기 전까지만 해도 별로 의식할 수 없었던 생태계 위기를 맞게 되었다. 이러한 위기가 새로운 윤리적 대처를 요구하고, 그러한 대처를 위해서는 인간 중심적 윤리를 생태 중심적 윤리로 대체해야 한다 하더라도, 생태 중심적 윤리는 인간 중심적 윤리의 경우와 같은 원칙에 따라 활용되어야 한다. 윤리적 배려와 선택은 인간만이 아니라 모든 생명체들의 생존/번영이 어느 정도까지는 반드시 고려되어야 하고 그렇게 할 수 있다는 것이다.[3]

그러나 복제 양 돌리로 그 실현성이 시간 문제로 다가온 인간 복제는 전적으로 새롭고 근본적인 윤리적 도전을 한다. 이 문제는 인간 중심적 윤리만이 아니라 생태 중심적 윤리의 테두리 안에서만은 만족스런 철학적 해결이 불가능하다. 안락사, 인공 수정, 인공 중절, 장기 이식 그리고 생태계 파괴가 한 세

---

3 Ynhui Park, "Critique of Anthropocentric Ethics," *Man, Language and Poetry*, Seoul National University Press, 1999.

기 전만 해도 상상할 수 없는 혁신적·윤리적 문제를 제기했지만, 인간 복제의 윤리적 도전은 그 성격상 자못 질적으로 다를 만큼 파격적이다. 안락사, 인공 수정, 인공 중절, 장기 이식 그리고 생태계 파괴 등의 윤리적 문제는 생명을 새로이 조작하느냐 마느냐의 문제가 아니라, 이미 존재한다고 전제된 인간/생명을 어떤 관점에서 어떻게 대해야 하는가에 대한 물음이다. 이 물음에 대한 윤리적 대답은 인간 생명 혹은 더 일반적으로 그냥 생명의 절대적/내재적 존엄성에 비추어 결정될 수 있다. 모든 윤리적 판단의 궁극적 근거는 '생명'에서 찾을 수 있다. 그러나 생명/인간 복제라는 인위적 행위에 대한 윤리적 선/악을 결정해야 하는 경우는 전혀 다르다. 왜냐하면 생명/인간 복제는 자연적으로 존재하는 생명의 복지/유지나 번영/소멸의 행위가 아니라 생명/인간의 제조 행위이기 때문이다. 이러한 행위에 대한 윤리적 판단은 기존의 어떠한 윤리적 틀에서도 논리적으로 불가능하다. 기존의 모든 윤리는 생명/인간의 창조/비창조의 선/악이 아니라 이미 창조된 생명/인간의 복지/피해에 관련된 행동의 선악을 검토하는 데 있기 때문이다. 생명/인간 복제의 문제는 윤리를 초월하는 혹은 윤리적 영역을 떠난 문제가 된다는 것이다. 이러한 사실에도 불구하고 우리는 인간 복제를 허용하느냐 아니면 금지해야 하느냐의 물음에 대답해야 하고, 그러한 문제와 해결이 생명/인간과 떠날 수 없다는 사실에서 윤리적으로 관련됨을 또한 안다. 우리는 막연하나마 이 문제가 심각하며 반드시 그리고 너무 늦기 전에 어떤 대답을 요구하고 있음을 누구나 의식한다.

4. 생명공학/인간 복제/
생명 제작의 비윤리성의 근거

I. 심리적 및 공리적 근거

32 생명이 가장 귀한 가치라면 생명공학의 발달로 고통의 해소나 축소, 주어진 생명의 연장, 유전자 조작에 의한 생명/인간 복제는 윤리적으로 나쁘지 않을 뿐만 아니라 권장되어야 한다. 이런 점에서 동물의 복제는 말할 것도 없고 인간 복제를 긍정적으로 보고 윤리적으로 반대할 수 없다는 주장이 극히 소수에게서 제기된다. 동물 복제로 많은 고기 생산이 가능해졌고, 인간 복제로 병자들이 필요로 하는 장기를 배양하여 생명을 연장하고, 더 나아가서는 누구의 생명이라도 이론적으로는 영원히 연장시킬 수 있게 되었기 때문이라는 것이다. 하물며 영적 동물인 인간을 무한히 복제할 수 있다면 그것의 도구적 가치를 떠나서 지극히 바람직하다는 결론은 불가피할 것 같다. 그러나 절대적 다수는 반성적 사고 이전에 인간 복제에 직관적으로, 아니 감성적으로 즉각 반발한다. 이러한 사실은 복제 양 돌리에 대하여 보도가 되자마자 미국을 비롯한 선진국들의 정부가 즉각적으로 가능해진 인간 복제를 법적으로 금지한 것에서 충분히 드러난다. 인간 복제가 윤리적으로 용납될 수 없다는 것이다.

그 근거는 어디에 있으며 그 논지는 타당한가?

인간 복제는 물론 동물의 복제는 생각만 해도 놀랍고 상상만 해도 끔찍하다. 충격적인 것은 하느님이나 아니면 어떤 초월적 존재에 비추어서만 설명할 수 있었던 생명 현상, 한없이 신비롭고 신성하게만 인식되었던 동물, 그 지능의 측면에서 그저

경외롭기만 했던 인간이 인간에 의해서 인공적으로 제작/복제
될 수 있다는 사실이 생명/동물/인간 및 삶과 죽음에 대해 지
금까지 갖고 있던 우리의 관념들을 근본적으로 전복시켰기 때
문이다. 동물/인간 복제가 끔찍하게 인식된 것은 이러한 기술
의 결과가 기존의 보편적·윤리적 틀과 행동의 규범을 전적으
로 흔들어놓고, 전혀 예측할 수 없이 복잡하고 전혀 감당할 수
없는 악몽과 같은 문제들을 개인적으로나 사회적으로 일으키
게 되기 때문이다. 개인적 관점에서 '내'가 몇백 개, 몇만 개나
복제되고, 복제된 그것들이 또다시 복제를 거듭한 상태가 어찌
끔찍하지 않겠는가? 모든 '내'가 생존을 위해서 무한히 복제되
고 싶다고 할 때, 모든 '내'가 경제적으로 불가능하다고 할 때,
어떤 '인간들'을 선택해야 하는가의 사회적 문제가 어찌 끔찍
하지 않겠는가? 생명/인간 복제를 반대하는 이와 같은 근거는
심리적이며 공리적이다.

　그러나 심리적 설명의 타당성은 충분한가? 생명/인간 복제
가 얼마 전까지만 해도 끔찍할 만큼 충격적으로 새롭다는 점은
그것이 윤리적으로 용납될 수 없다는 주장의 충분한 근거가 되
지 않는다. 개복 수술, 장기 이식 등도 한때는 너무나 새롭게
보였고, 보기에 따라 지금도 그 과정을 상상하면 끔찍한 의학
기술이지만 그것을 비윤리적으로 규정하지 않고 있다. 끔찍함
으로 규정할 수 있는 심리적 충격은 생명/인간 복제를 윤리적
으로 금할 충분한 근거가 되지 않는다.

　공리적 이유는 어떤가? 생명/인간 복제의 사회적 결과를 윤
리적 문제로 파악하는 근거는 새롭게 생긴 수많은 생명/인간
들로 하여금 기존에 존재해온 사람들에게 개인적으로 혹은 집
단적으로 어려운 문제를, 즉 고통을 가져온다는 사실에 있다.
그러나 이러한 반성은 개인적 혹은 집단적 이기주의에 근거하

며, 그러한 근거는 필연적으로 비윤리적이고, 따라서 그러한 비윤리적 근거에 기초를 둔 윤리적 판단은 논리적으로 타당하지 않다.

생명／인간 복제는 극히 소수의 사람들이 주장하듯이 윤리적으로 권장되어야 하는가? 생명／인간 복제에 반대하는 심리적 혹은 공리적 근거가 타당성이 없는 상황에서도 그것이 윤리적으로 어딘가 근본적으로 잘못되었다는 것을 많은 사람들이 직관하고 있다면, 그러한 직관의 객관적 근거를 찾을 수 있는가? 만약 있다면 그것을 어디서 찾아야 할 것인가? 철학에서 그것을 찾아보자.

Ⅱ. 철학적 근거

모든 판단은 가치를 전제한다. 윤리적 판단도 마찬가지다. 어떤 가치에 비추어 윤리적 선／악 판단이 의미를 갖는다. 그러나 경험을 떠난 가치는 생각할 수 없다. 그러므로 어떤 것을 가치로서 경험할 수 있는 경험의 주체는 가치의 원천이다. 윤리적 가치의 경우도 마찬가지다. 적어도 인간에게는 오로지 인간만이 가치를 경험한다. 그러므로 인간만이 경험의 주체이다. 유일하게 인간에게만 존엄성이 부여되는 이유가 바로 여기에 있다. 지금까지 인간의 사유를 지배해온 인간 중심주의의 근거도 바로 여기에 있다. 그러나 오늘날 인간이 형이상학적으로 유일한 존재가 아니라 진화 과정에서 발달된 생명체의 한 형태임을 알게 되었다. 가치를 경험할 수 있는, 따라서 가치의 원천인 인간도 '생명'에 뿌리박고 있다. 가치의 근원은 인간의 원천인 생명이다. 인간이 존엄하다면 다른 모든 생명도 그렇다. 생명의 존엄성을 전제하지 않은 인간의 존엄성은 논리적으로 불가능하다. 바로 여기에 생명의 존엄성의 근거가 있다.[4] 생명

은 가치의 가치, 모든 가치의 원천의 원천이다. 생명의 존엄성
과 배치되는 인간의 존엄성은 논리적으로 모순이다. 생명의 존
엄성이 존중된 틀 안에서만 인간의 존엄성은 의미를 갖는다.
이러한 사실은 생명의 가치의 가치만이 유일한 내재적 가치,
즉 어떠한 경우에도 도구적일 수 없는, 즉 수단으로서 취급될
수 없는 존재임을 뜻한다. 궁극적 가치로서의 생명은 그 밖의
다른 목적/가치를 위해 도구적으로 조작될 수 없다는 것이다.

　바로 이와 같은 사실이 인간 복제는 물론 생명 복제를 윤리
적으로 금해야 하는 철학적 근거다. 이미 존재하는 생명의 번
영과 복지에 그치지 않고 아직 존재하지 않는 생명을 특정한
목적을 위해서 기술적으로 제작해낸다는 것은 생명 자체에 대
해서 도구적 태도를 갖고 수단으로 취급함을 전제하며, 이러한
전제는 생명 자체의 내재적 가치, 생명의 존엄성의 부정, 즉 가
치의 가치의 부정을 의미하기 때문이다.

　인간만이 아니라 모든 생명을 도구로 취급해서는 안 된다는
이 같은 철학적 결론은 구체적으로 무엇을 의미하는가? 그것
이 실제로 가능한가? 만약 생명 존엄주의적 윤리 원칙에 철저
하다면, 나는 가축이나 그 밖의 동물이나 생선도 먹어서는 안
될 것이다. 힌두교나 불교의 채식주의는 이와 같은 결론에 근
거한다. 그러나 힌두교/불교 신자도 최소한 야채로서의 생명
체를 먹어야 한다. 모든 생명은 어느 정도까지는 다른 생명의
희생에 의존해야 한다는 사실은 자연/우주의 엄숙한 객관적
질서이다. 남의 생명을 어느 정도까지는 도구적으로 다루고 그
것을 희생하지 않고는 어떤 생명도 존속할 수 없다. 자연/우
주 질서의 일부인 인간의 생존과 존엄성도 마찬가지다. 이러한

---

4 박이문, 「생명의 존엄성」, 『자연, 인간, 언어』, 철학과 현실, 1998.

사실은 육식주의자에게만 해당되는 것이 아니라 가장 금욕적인 채식주의자에게도 해당된다. 식물도 생명체이기 때문이다. 그렇다면 생명／인간 복제를 윤리적으로 금하는 철학적 논거를 철회해야 하는가?

자연／우주의 질서에 위배되는 어떠한 윤리적 규범도 규범일 수 없다. 모든 규범은 자연／우주의 질서 안에서만 의미를 갖는다. 생명 윤리, 생명／인간 복제를 반대하는 윤리적 규범, 즉 생명 윤리, 생명／인간의 존엄성도 마찬가지다. 여기서 우리는 생명／인간을 도구로서 대하지 않고 그것들의 내재적 가치, 즉 존엄성을 인정한다는 의미를 다시 해석할 필요가 있다. 생존을 위해서는 다른 인간의 노동을 빌리거나, 인간 이외의 다른 동물들을 식량으로 희생시키거나, 더 나아가서 최소한 식물을 먹지 않고는 생존할 수 없는 것이 인간의 자연／우주적 현실이다. 그러나 그러한 희생물을 단순히 오로지 도구적으로만 무조건 취급해서는 안 되고 우리가 희생시키는 생명체／인간을 그 자체로서 존중하는 마음으로 경건하게 대해야 한다. 이런 윤리는 구체적으로 말해서 나의 그리고 인간의 관점에서만 아니라 거시적／총체적으로 자연／우주의 관점에서 될수록 금욕적으로 검소한 생활 태도를 가짐을 의미하고, 경우에 따라서는 남을 위해 나를, 생태계를 위해서는 인간까지도 희생시켜야 함을 함의한다.

5. 맺는 말: 인간, 생명 그리고 존재의 신비와 찬미

내가 존재하고 숨쉬고, 생각하고, 지적·미학적·윤리적 경험을 하고 그리고 머지않아 죽는다는 것은 자명하다. 나는 무엇이며, 어디에서 와서 어디로 가는가? 모든 생명은 아름답고 신비롭다. 만물 가운데에 존재하는 인간은 위대한 지적·미학적 그리고 종교적 존재로서 인간 자신이 믿을 수 없을 만큼 짧은 시간 동안 위대한 문명을 일구어왔다. 그러한 인간은 어디서 와서 어디로 가며 그 존재는 어떤 의미를 갖고 있는가? 알면 알수록 놀라운 질서를 드러내고 있는 자연/우주는 무엇인가, 그리고 어떤 의미를 갖고 있는가? 어찌하여 숫제 아무것도 없지 않고 무엇인가가 존재한다는 사실은 도대체 어떻게 설명할 수 있는가?

최근에 어느 정도까지는 설득력이 있는 천문학적 이론에 따라 대폭발로 시작된 우주의 아득한 역사를 통해서 점진적으로 더 정교하고 그만큼 더 신비로운 광물, 식물, 동물 그리고 인간이 우주에 출현했다면, 우주의 역사는, 헤겔 그리고 샤르댕의 주장대로, 더 높고 고귀한 가치를 향해 '진보'한 것으로 봐야 한다. 우주의 역사를 '진보'라고 볼 때, 우주의 역사는 우연적이거나 기계적, 즉 무의도적 산물이 아니라 어떤 목적을 가진 우주적 의지의 계획에 따른 실현으로 보아야 하는 것은 논리적으로 불가피한 것 같다.

자연 현상과 우리의 내면을 냉정히 숙고해볼 때 우리는 칸트와 더불어 다음과 같은 종교적 경건함과 시적 황홀감을 금할 수 없다.

내 위의 별하늘과 내 가슴속의 도덕적 법칙, 이 두 가지가 생각하면 할수록 더욱 새롭고 더욱 강하게 경탄과 경외감으로 내 가슴을 채운다.

Zwei Dinge erfullen das Gemut mit immer neuer und zunehmenden Bewunderung und Ehrurcht, je ofter und

anhaltender sich das Nachdenken damit beschaftigt: Der
betrinte Himmel über mir, und das moralische Gesetz in mir.[5]

그러면서도 우리는 인간 존재 양식의 신비로운 역설을 파스
칼과 함께 확인하지 않을 수 없다.

인간은 가장 힘없는 갈대에 지나지 않는다. 그러나 그는 생각
하는 갈대이다. 우주 전체는 인간을 치기 위해서 무장할 필요가
없다. 그를 죽이는 데는 수증기, 한 방울의 물로도 충분하다. 그
러나 우주가 그를 치더라도 인간은 그를 죽이는 우주보다 더 고
귀할 것이다. 자신이 죽는다는 것과 우주가 자기에 비해 갖고
있는 장점을 인간은 알고 있지만, 우주는 그러한 사실을 전혀
모르기 때문이다.

L'homme n'est qu'un roseau, le plus faible de la nature;
mais c'est un roseau pensant. Il ne faut pas que l'univers entier
s'arme pour l'ecraser; une vapeur, une goutte d'eau, suffit pour
le tuer. Mais, quand l'univers l'ecraserait, l'homme serait encore
plus noble que ce qui le tue, parce qu'il sait qu'il meurt, et
l'avantage que l'univers a sur lui; l'univers n'en sait rien.[6]

파스칼이 관찰한 인간의 역설적 그러나 자랑스럽게 놀라운
존재 양식을 3세기 뒤에 우리는 미국의 철학자 네겔과 더불어
다음과 같이 재확인한다.

철학의 궁극적 문제는 세계의 특정한 한 사람의 관점과 그 사

---

5 Emmanuel Kant, *Kritik der Praktichen Vernunft*, Frankfurt, 1964.
6 Blaise Pascal, *Les Pensees*, Paris, 1963.

람 및 그 사람의 관점을 포함한 뜻으로서의 세계의 객관적 관
점을 어떻게 맞추느냐는 데 있다. 자신의 특수한 관점을 초월
하고자 하는 충동과 그렇게 초월함으로써 세계를 총체적 하나
로 인식할 수 있는 능력의 소유자라면 누구나 이러한 문제에
부닥친다.

The ultimate philosophical problem is how to combine the perspective of a particular person inside the world with an objective view of that world, the person and his viewpoint included. It is a problem that faces every creature with the impulse and the capacity to transcend its particular point of view and to conceive of the world as a whole.[7]

우주의 한 티끌만큼도 못한 인간이 동물적 욕망을 초월하여
지적으로는 우주 전체에 대한 절대적 진리를, 감성적으로는 궁
극적 · 미적 가치를, 윤리적으로는 최고의 선을, 종교적으로는
모든 것에 대한 궁극적 의미를 추구하는 존재라는 사실만은 자
명하다. 그 원인/이유는 무엇이며, 그 궁극적 목적은 무엇인
가? 그렇다면 나는, 그리고 인류는 어떻게 살아야 할 것인가?
과거 여러 가지 종교와 철학은 이러한 물음에 대하여 신학적으
로 혹은 형이상학적 관점에서 거의 예외 없이 목적론적으로 설
명해왔다. 이에 대해 최근의 과학적 연구에 기초해서 모노는
다음과 같은 설명을 제시한다.

옛날의 종교/신화적 약속과 설명은 조각조각났다. 인간은
마침내 자신이 우주에서 다만 우연에 의해 생겨났다는 것과, 냉

---

7 Thomas Nagel, *The Point of View From Nowhere*, Cambridge, 1987.

정하기만 한 거대한 그 우주 속에 혼자 있다라는 것을 드디어 알았다. 그의 운명은 아무데도 기술되어 있지 않다. 그의 의무도 마찬가지다. 하늘 위의 천당 혹은 땅 밑의 암흑, 그 중 어떤 것을 선택할 것인가는 인간에게 달려 있다.

The ancient covenant is in pieces; man knows at last that he is alone in the universe? unfeeling immensity, out of which he emerged only by chance. His destiny is nowhere spelled out, nor is duty. The kingdom above or the darkness below: it is for him to choose.[8]

우주, 자연, 인간의 기원에 대한 모노의 비신화적/기계론적 설명이 맞는다 해도 우주는 역시 신비롭고, 자연은 역시 아름다우며, 인간 역시 고귀하다는 사실에는 전혀 변함이 없다. 또한 모노의 주장대로 우주, 자연 그리고 인간의 존재가 어떤 초월자의 목적에 의해서 설계된 것이 아니라 전적으로 우연의 산물에 지나지 않는다 해도 인간, 자연 그리고 우주의 운명이 오로지 인간의 자유로운 선택에 달려 있다는 것도 가장 자명한 사실이다. 이러한 사실은 자연 파괴, 생태계의 죽음과 대처하게 된 오늘날 더욱 분명한 사실로 드러났다. 그렇다면 인간의 책임이 막중함을 어찌 의식하지 않을 수 있겠는가? 우리는 새삼 우주의 궁극적 장엄한 신비를 느끼면서 인간으로서의 책임과 긍지를 새삼 경건한 마음으로 절실히 의식하게 된다.

---

8 Jacques Monod, *Chance and Necessity*, trans., A. Wainhouse, N. Y., 1971.

이성

우리말 '이성(理性)'은 프랑스어/영어의 레종raison/리즌 reason이라는 낱말의 번역이며, 이 프랑스어/영어의 어원은 '계산/비례'를 뜻하는 라틴어 라티오ratio이며, 이 라틴어는 '일관성 있는 논리적 담론 또는 그 담론에 담긴 진리'를 뜻하는 그리스어 로고스logos라는 낱말의 번역이다. 로고스는 '계시적 담론'으로서의 미토스mythos나 즐거움이나 설득을 목적으로 하는 '수사학적 담론'과 대치된다.

이처럼 이성은 원래 서양적 개념으로 서양적 전통에서 철학의 주체인 동시에 철학적 활동 자체이며, 철학적 사유의 기본 대상이고, 모든 서양적 담론과 사유에 깔려 있다. 그러므로 이성이라는 개념의 해명은 서양 철학은 물론 서양의 담론과 사상을 이해하는 가장 기본적 열쇠이다. 그러나 현재 이성이라는 개념은 서양 언어권을 넘어 세계 모든 언어권에서, 그리고 철학적 담론의 경계를 넘어 모든 학문 분야에서만이 아니라 일상 담론에서도 빠지지 않고 보편적으로 사용되기에 이르렀다. 이성의 개념 파악은 서양적·철학적 및 그 밖의 담론, 모든 사상 및 행동을 설명하고 이해하는 데 빠질 수 없는 기본 조건이다.

그리스어의 로고스, 라틴어의 라티오, 프랑스어/영어의 이성에 가까운 동양적 개념으로는 한자인 '지(智)' '각오(覺悟) budhi' '현량(現量) paksa' '도(道)' '이(理)' '성(性),' 산스크리트어인 다르마dharma/법 등을 들 수 있고, 따라서 서양의 '이성'이라는 낱말은 '각오' '현량' '도' '이' '성' '다르마' 등의 낱말로 번역되어 대치할 수 있을 것 같다. 하지만 뒤에 다시 언급하겠지만, 서양적 위의 낱말들의 개념과 동양적 위의 낱말들의 개념들은 그 구체적 내용에 있어서 일치하지 않는다. 그러므로 '이성'이라는 서양적 개념은 우선 서양적 사유의 전통에서 어떻게 사용되었는가를 밝힘으로써 그 뜻이 규정될 수 있고, 그후에 동양적 유사 개념들과의 비교를 통해서 그 개념을 더 선명히 밝힐 수 있고 또한 비판할 수 있다.

1. 고정된 형이상학적 실체로서의 이성

'이성'의 개념을 정리함에 앞서서 다음과 같은 두 가지 점을 먼저 고찰할 필요가 있다. 첫째는 '이성'이라는 낱말과 그 개념의 관계의 문제이다. '레종/리즌'이라는 프랑스어/영어 낱말은 두 가지 다른 개념으로서 '이성'이라는 뜻을 갖기도 하지만 '이유'라는 뜻으로도 사용된다. 우리말의 경우 '이성'이라는 낱말이 어떤 존재를 지칭하는 존재론적 개념인 데 반해서 '이유'라는 낱말은 우리말로 바꾸어 쓸 때, 어떤 주장의 근거를 뒷받침하는 논리적 개념이다. 그러므로 두 가지 의미는 전혀 다르다.

여기서 우리가 분석하고자 하는 '레종/리즌'이라는 낱말의 개념은 논리적 개념으로서의 '이유'가 아니라 존재론적 개념으로서 우리말의 '이성'이라는 것은 두말할 필요도 없다.

두번째 문제는 프랑스어/영어의 경우 이성 raison / reason이라는 말은 합리성 rationality이라는 말과 밀접한 관계가 있어서, '이성'의 문제는 '이성'으로서가 아니라 흔히 '합리성'의 문제로 언급되고 있다. '이성'에 대한 대부분의 철학적 및 사회학적 연구 논문이나 저서는 '합리성'이라는 제목을 달고 있다. 그러나 이성의 문제와 합리성의 문제는 일치하지 않는다. 합리성의 개념은 이성의 개념으로 설명될 수 있지만, 이성은 합리성의 개념으로 이해될 수 없다. '합리성'의 일차적 의미는 이미 그 존재가 전제된 '이성에 맞는' 혹은 '이성에 의해서 도출된' 존재 혹은 신념의 속성을 의미하기 때문이다. 논리적으로 이성의 개념은 합리성의 개념에 선행한다. 합리성은 이성의 존재를 전제하지만, 이성은 합리성을 전제하지 않는다. 합리성은 이성의 한 표현 혹은 한 특수한 경우에 지나지 않는다. 그러므로 이성의 개념은 합리성의 개념과 독립하여 합리성과는 별도로 검토되고 분석되어야 한다. 이성이 존재론적 개념인 데 반해서 합리성은 논리적 개념이다.

I. 존재의 속성으로서의 이성

하지만 한 가지 확실한 것은 이성이라는 낱말이 무엇인가의 특수한 존재, 그 존재의 본질적 속성을 지칭한다는 사실이다.

우리말 '이성'으로 번역되는 프랑스어/영어인 레종/리즌의 라틴어 어원인 라티오가 '계산/비례'를 뜻하고, 이 라틴 말의 어원인 그리스어 로고스가 일종의 '담론인 동시에 그 담론에 드러난 진리'를 뜻한다는 사실은 이성이라는 존재가 혼돈chaos이 아니라 계산될 수 있고 논리적으로 투명하게 파악할 수 있는 인간의 의식과 아울러 그 인식 대상/존재의 존재론/객관적 관절/마디/접합/연결articulation, 즉 질서/구조/형태를 지칭함을 알 수 있다.

서양적 전통에서 '이성'이 원래 존재론적 개념으로 파악되었다는 사실은 로고스의 개념이 지배한 고대 그리스의 형이상학적 전통을 정리한 플라톤의 '이데아'론에서 분명히 정리된다. 존재를 감각적 sensible 나타남 appearance과 가지적 intelligible 실재 reality로 구별한 플라톤은 그것들의 각기 속성을 가변적이고 물리적인 다양한 현상 phenomena과 영원히 고정된 하나의 관념 idea / 형상 form으로 파악하고, 전자를 후자의 단순한 복사로 파악한다. 수많은 구체적 인간, 장미꽃들은 각기 단 하나의 이데아 / 인간과 이데아 / 장미꽃의 복사물에 불과하다는 것이다. 실재하는 것은 이데아 / 인간이나 이데아 / 장미꽃일 뿐이지 구체적 사람들이나 장미꽃들일 수 없다는 것이다. 앎이 어떤 대상의 본질, 즉 진리 / 실재를 파악하는 데 있다면, 앎이 의도하는 것은 감각적 경험을 통해서만 혼탁하게 접근할 수 있는 구체적인 인간들이나 장미꽃이 아니라 지적 직관에 의해서만 투명하게 인식할 수 있는 인간 / 이데아나 장미꽃 / 이데아다. 그렇다면 영원 불변하게 고정된 이데아만이 진리의 근원이며 앎을 보장하는 형이상학적 존재 근거이고, 이성이란 다름아닌 형이상학적 존재 근거로서의 '이데아'이다. 실체는 이데아이며 이데아는 곧 실체이다. 이처럼 이성은 객관적으로 존재하는 존재를 지칭한다.

플라톤과는 달리 아리스토텔레스는 감각적 세계와 가지적 세계의 구별을 거부하지만, 가변적인 모든 사물들의 밑바닥에는 각기 원래적으로 영원히 고정된 본질이 내재하고 있음을 전제한다는 점에서 플라톤과 다를 바 없으며, 진리를 그러한 '본질'로 파악한다는 점에서 플라톤의 이데아와 다를 바 없고, 그 본질은 앎의 목적이며 진리의 궁극적 근거이고, 진리의 근거라는 점에서 각기 사물의 본질은 곧 그 존재의 '이성'이다. 별들을 포함한 자연적 우주와 도덕적 선 / 악이 무질서한 것이 아니라 다 같이 영원 불변한 법칙 즉 합리성에 의해서 지배된다고 확신했던 칸트의 철학에서도 '이성'은 인간의 정신적 속성만이 아니라 존재의 속성으로 파악되고 있다.

이성이 어떤 존재의 본질을 지칭하는 속성이고, 진리로서 인식될 수 있는 것이라면 그 본질은 어떻게 서술될 수 있는가. 이성이 존재의 본질이며 진리로서 인식될 수 있는 유일한 대상이고, 진리가 혼돈에 대한 생물학적 반응이 아니라 어떤 투명한 질서/구조/형태의 인식을 뜻한다면, 존재의 속성으로서의 이성의 가장 일반적인 속성은 플라톤의 관념적 이데아나 칸트가 말하는 도덕적 법칙이나 과학이 전제하는 인과 법칙의 경우에서 볼 수 있듯이 혼돈이 아니라 가지적/질서적/구조적/형태적 투명성이다.

II. 인식 주체의 속성으로서의 이성

이성은 존재의 속성을 지칭하고 서술하는 개념으로 사용되지만, 더 일반적으로 그리고 자주 그것은 인간, 오직 인간만의 고유한 어떤 속성을 지칭한다. 이런 점에서 "인간은 이성적 동물이다"라는 명제는 옳다. 이성은 인류 고유의 속성으로서 다른 모든 동물과 인간을 구별하는 형이상학적 척도라고 생각할 수 있다.

이성은 생물학적 혹은 물리적인 것이 아니라 생물학적 유전자나 혹은 물리적 원자로 환원할 수 없는 의식의 한 특수한 종류의 속성이며, 그 속성의 특수성은 다른 동물에게서는 찾아볼 수 없는 인간 고유의 인지적 능력을 나타낼 수 있는 무엇을 지칭한다. 이성의 이러한 속성은 인간, 오직 인간에게서만 관찰할 수 있는 몇몇 지적 파악 또는 윤리적 행위의 능력으로 입증된다.

인간은 다른 동물들과 달리 언어를 사용하여 어떤 현상이나 사물이나 사태에 대해서 인과적으로 반사하는 차원을 넘어서 그것들을 추상화하여 오성(悟性)Verstand에 비추어 개념화하고, 개념화한 상태에서 그것들 간의 관계를 논리적으로 추리하고, 명제의 진/위, 행동의 선/악을 판단하는 능력을 갖고 있다. 인간은 개념들을 논리적으로 추론하고, 사물 현상을 논리적으로 분석할 뿐만 아니라 정해진 원칙·규범·규칙 등에 따라 생각하고 행동할 수 있다. 또한 인간은 어떤 것을 인식하고 그것의 진리를 믿고, 설명하고, 정당화하기 위한 담론을 편다. 또한 인간은 칸트가 오성과 구별하여 언급한 이성Vernunft의 경우처럼 분석적 논리나 감각적 경험이 도달할 수 없는 세계와 사유가 있음을 반성할 수 있는 능력을 갖고, 신·자유·영혼·영생·영원·무한 등의 관념Idea들을 창조하는 능력을 발휘할 수 있다. 인간의 세계에서만 발견할 수 있는 지각적·과학적·철학적 지식과 이론들, 더 총체적으로 말해서 문화, 그리고 문명은 이러한 종류의 능력의 산물이다. 이러한 능력을 '이성'이라고 부를 수 있다면, 그것은 모든 인간에게 그리고 오로지 인간에게만 공통된 그리고 보편적인 속성이다. 이런 점에서 '이성'이 인간의 본질을 규정하는 형이상학적·객관적 어떤 존재임에는 틀림없다.

그러나 위와 같은 인간의 기능은 어디까지나 이성이라고 불리는 인간 주체의 어떤 형이상학적 속성의 활동 형태의 양상에 대한 서술일 뿐이지 이성 그 자체는 아니다. 이성이라는 존재론적 실체의 개념은 인간의 고유한 지적·윤리적 능력으로 분석될 수 없다. 그렇다면 이성이라는 존재의 실체는 어떻게 정의될 수 있는가? 여기서 한 가지 분명한 것은 이성이라는 실체는 물질적·생물학적 속성으로 환원할 수 없는 정신적·심리적 속성, 즉 의식을 지칭한다는 사실이다. 이성은 인간의 지적 및 행위적·이론적·실천적 주체로서의 인간의 의식 활동에서만 관찰될 수 있기 때문이다.

그러나 이성의 속성을 '정신적'이라고 규정하는 것만으로는 이성의 본질을 밝히기에 충분치 않다. 이성이 인간의 인식을 지칭함에는 틀림없지만 인간의 의식 현상인 정신적·심리적 현상은 인지적·본능적·감각적·감성적·의지적 속성으로 다양하게 분류될 수 있으며, 그러한 모든 속성이 다 같이 이성의 범주에 속하지는 않는다. 이성은 정신적·심리적 여러 속성들 가운데 특수한 하나의 속성이다. 이성의 속성을 정신 혹은 심리라는 개념으로 정의하는 것은 이성의 속성에 대한 만족스러운 정의일 수 없고, 다른 종류의 정신적·심리적 속성들과 구별되고 비교됨으로써만 비로소 그 속성의 본질이 드러날 수 있다. 이성은 흔히 본능·감성·정염·영성·욕망·의지 등등으로 분류되는 정신적·심리적 속성과 구별되고 대립됨으로써 비로소 그 의미를 가질 수 있다. 그러나 다른 정신적·심리적 속성들과의 비교적 구별은 이성의 본질에 대한 소극적·부정적 정의는 될 수 있어도 적극적 정의는 될 수 없다. 여기서 필요한 것은 그것의 본질은 무엇무엇이라는 적극적인 속성으로서의 서술이다.

철학사를 통해서 이성이라는 형이상학적 실체를 가장 선명하게 정의한 것은 데카르트의 코기토cogito 즉 '생각하는 나'이다. 데카르트는 직관적 진리인 "나는 생각한다 고로 나는 존재한다cogito ergo sum"라는 가장 기본적 명제를 근거로 모든 존재를 사유적 존재res cogitans와 공간적 존재res extans, 물리적 현상을 초월한 정신적 존재와 현상 자체인 물질적 존재로 형이상학적 구별을 한다. 데카르트에 의하면 모든 존재에 대한 믿음은 의심할 수 있어도 "생각하는 나 자신의 존재"만은 의심할 수 없다. 그러므로 코기토 즉 생각하는 존재로서의 '나'는 그 자체가 가장 근본적인 진리인 동시에 '나' 이외의 모든 것들에 대한 진리의 원천이며 근거이다. 이런 점에서 '코기토'는 진리 인식의 주체로서의 이성이고, 그 이성은 존재의 '빛light'에 비유될 수 있다. 이 빛/이성이 모든 자연적 존재를 밝히는 빛이라는 점에서 시간과 공간, 시대와 사회, 한 사람과 다른 사람들을 모두 초월하는 존재이며, 경험적 개별자the particular가 아니라 초월적 존재로서 영원 불변한 보편자the universal이고, 다수가 아니라 오직 하나이다.

빛으로서의 이성이라는 존재의 고유한 속성은 무엇이며, 그것을 어떻게 규정할 수 있는가. 어떤 것들과의 구별을 전제로 하지 않는 인식은 불가능하다. 무엇을 안다든가 이해한다는 것은 필연적으로 그것이 다른 것들과 구별할 수 있음을 전제하며, 그것을 무엇으로 구별할 수 있다는 것은 그것을 어떤 특정한 질서/구조/형태로서 파악함을 의미한다. 코기토 즉 생각하는 '내'가 나의 존재를 비물질적인, 생각하는 존재로 인식할 수 있는 것은 자신이 비정신적 즉 물질적 존재와 구별되었음을 함의하며, 이러한 구별은 자신의 정신적 질서/구조/형태가 자신 이외의 비정신적 질서/구조/형태와의 차이로 인식되었음을 전제한다. 모든 인식, 모든 진리의 파악은 곧 그것들 간에 존재하는 존재의 질서/구조/형태의 차별 인식이며 파악이다. 자신의 존재를 확인한 빛으로서의 이성, 이성으로서의 '코기토'는 스스로의 빛에 비추어 "분명하고 뚜렷한clair et distinct" 직관의 잣대에 따라 자신과 자신 이외의 모든 것들 간의 존재질서/구조/형태의 차별을 찾아내는 것을 통해서 그것들의 진리를 가려낼 수 있다. 이성의 속성은 존재하는 모든 것들 간에 존재의 질서/구조/형태를 가려내는 보편적 기능에서 찾을 수 있다.

　　이성의 보편성과 고정성은 널리 유통되는 '도구적 이성' '관조적 이성' '과학적 이성' '이론적 이성' '실천적 이성' '수학적 이성' '미학적 이성' '정치적 이성' '경제적 이성' 등에 함의되어 보이는 이성관과 정면으로 배치되어 보인다. 위와 같은 개념들은 이성이 시간과 공간, 상황과 분야를 초월하여 존재하는 영원 불변하게 고정된 단 하나의 속성을 갖는 것이 아니고 시간과 공간, 상황과 분야에 따라 그 속성이 서로 다름을 함의하고 있어 보이기 때문이다. 그러나 반드시 그러한 결론이 나오는 것은 아니다. 위의 여러 경우에 사용되는 '이성'이라는 낱말은 인식 주체의 인식적 속성으로서의 '이성'이라는 지적 '빛'이 아니라 그러한 이성, 즉 '빛'으로부터 구체적으로 파생된 사유 형태로서의 '논리' 혹은 '원칙' 혹은 '규범' '패턴'을 지칭한다. 다시 말해서 가령, '도구적 이성' '관조적 이성' '이론적 이성' '실천적 이성'은 각기 목적과 수단의 관계를 연결하는 경우, 어떤 대상과 그의 인식의 관계를 연결하는 경우, 개별적 현상을 설명하는 경우, 행동을 결정하는 경우에 각기 요청되는 서로 다른 '논리' 혹은 '원칙' 혹은 '규범'을 지칭한다. 그러나 이렇게 서로 다른 논리 · 원칙 · 규범 · 패턴 등의 채택은 다 같이 똑같은 '이성'의 산물, 즉 이성의 서로 다른 적용에 불과하다. '도구적 이성' '관조적 이성' '이론적 이성' '실천적 이성'은 '이성' 즉 '보편적 이성'의 다양한 개별적 형태로서 전자와 후자는 서로 대립되거나 모순되지 않는다. '보편적 이성'의 개념을 전제하여 그것에 뿌리박지 않은 다양한 개별적 '이성'의 개념은 논리적으로 불가능하다. 언뜻 보기와는 달리 이성은 다수가 아니라 단 하나만으로 존재하고, 그 기능은 시대와 사회는 물론 시간과 공간을 초월한 보편성을 갖고 있다고 봐야 한다.

III. 존재의 속성으로서의 이성과
인식 주체의 속성으로서의 이성의 관계

존재의 속성으로서의 이성관과 인식 주체의 속성으로서의 이성관 사이에는 어떤 관계가 있는가. 더 세분해서 첫째, 위의 두 경우 '이성'은 다른 내용, 즉 다른 의미를 갖고 있는가, 둘째, 각기 상대방의 입장을 인정하지 않고도 자신의 입장을 모순 없이 주장할 수 있는가라는 물음이 생긴다.

첫째 물음에 대한 대답은 부정적이다. 존재의 속성으로서의 '이성'과 인식 주체의 속성으로서의 '이성'을 구별한다고 해서 '이성'이라는 말의 근본적 의미가 다른 것은 아니다. A의 논리와 B의 논리, 혹은 인간의 미와 꽃의 미를 구별하여 말할 수 있다고 해서 위의 두 경우 '논리' 혹은 '미'가 각기 서로 다른 개념인 것은 결코 아니며 완전히 동일하다. 마찬가지로 그것을 존재의 속성으로 보든지 인식 주체의 속성으로 보든지 '이성'이라는 낱말은 두 개의 다른 개념이 아니라 단 하나의 완전히 동일한 개념일 수 있으며, 실제로 그렇다. 존재의 속성으로서의 '이성'이나 인식 주체의 속성으로서의 '이성'은 다 같이 '질서/구조/형태'의 뜻을 함의한다. 한편으로는 그것이 어떤 종류의 것이든 어떤 질서/구조/형태를 갖추지 않은 것은 존재한다고 볼 수 없다. '혼돈'이라는 것도 '혼돈'으로서 다른 것들과 구별할 수 있는 나름대로의 질서/구조/형태를 갖추므로 '혼돈'으로서 존재하고 인식될 수 있다. 어떤 존재가 존재한다는 것은 그것이 실재로서 존재한다는 것이며, 실재하는 것은 어떤 질서/구조/형태로서만 의미를 갖는다. 존재의 형이상학적 속성으로서나 인식 주체의 본질적 속성으로서나 이성은 각기 사물 현상과 인식 주체의 의식의 질서/구조/형태를 지칭한다.

　둘째 물음, 즉 존재의 본질적 속성으로서의 이성관과 인식 주체의 본질적 속성으로서의 이성이 각기 상대방을 전제하지 않고도 가능한가에 대한 물음은 어떤 대답을 가질 수 있는가. 이에 대한 대답도 부정적이다. 존재의 본질적 속성으로서의 이성과 인식 주체의 본질적 속성으로서의 이성은 각기 상대방의 이성을 인정하지 않는 한 논리적으로 불가능하다. 첫째, 이성의 개념은 진리의 개념과 떼어 생각할 수 없다. 이성은 언제나 진리를 위한 그리고 진리를 향한 이성이다. 그것이 존재의 본질적 속성을 지칭하든 아니면 인식의 주체를 지칭하든 진리를 배제한 이성은 무의미하며, 둘째, 진리가 존재와 그의 인식과의 일치를 뜻한다면, 진리는 존재로서의 이성의 존재와 인식 주체로서의 이성의 존재를 동시에 요청하기 때문이다.

　한 존재의 질서/구조로서의 이성이 아무리 존재한다고 하더라도 그것의 인식 주체의 의식의 질서/구조/형태로서의 이성이 존재하지 않는 한 그러한 존재로서의 이성은 진리로서 파악될 수 없으며, 역으로 인식 주체의 의식의 질서/구조/형태가 아무리 존재한다고 하더라도 인식 대상의 존재에 질서/구조/형태로서의 이성이 내재하지 않는다면, 그 이성 즉 그 존재의 '진리'라는 개념은 무의미하다. 그러므로 존재의 속성으로서의 이성과 인식 주체의 속성으로서의 이성은 상호 의존적이며 서로를 요청하고 전제한다. "실재하는 것은 곧 이성적이며, 이성적인 것은 곧 실재하는 것이다"라는 헤겔의 명제는 다름아니라 존재의 속성으로서의 이성과 인식 주체의 속성으로서의 이성의 위와 같은 상호 보완적 관계를 압축해서 표현한 것에 지나지 않으며, 그의 말은 옳다. 헤겔의 경우 존재의 속성으로서의 이성과 인식 주체의 속성으로서의 이성의 구별은 무의미하다. 그에 의하면 우주/존재 일반의 역사는 우주/형이상학적 단 하나의 일체인 절대 정신Geist이 펴내는 '이성' 전개의 역사에 지나지 않으므로 존재의 속성으로서의 이성, 즉 우주/자연을 지배하는 질서/구조와 인식 주체의 속성으로서의 이성은 다 같이 우주적 존재 일반의 절대적 이성의 양면에 불과하다. 만약 이성이 인식 주체를 규정하는 속성인 동시에 그 대상을 규정하는 근본적으로 동일한 속성이라면, 이성은 필연적으로 보편적 · 초월적인 속성을 갖추어야 할 것이며, 만약 어떤 특정한 시간과 공간에서 이성에 의해 발견된 명제가 정말 '진리'라면 그것은 시간과 공간을 초월하여 존재하는 영원한 진리가 되어야 할 것이다.

2. 고전적 이성의 해체

서양을 지배해온 이성관의 핵심은 형이상학적이다. 이성이 영원 불변하게 고정된 실체로서 파악되었다는 것이다. 이 이성관에 의하면 이성은 물질이나 감각으로 환원할 수 없는 비물질적 실체이며, 개인이나 사회에 선택된 규칙과 제도가 아니라, 자연 속에 혹은 인간의 인식 속에 우주의 처음부터 같이 객관적으로 존재하는 영구히 고정된 실체이고, 따라서 그것의 질서/구조/형태는 시간과 공간을 넘어 초월성 · 보편성 · 필연성을 지니고 있다. 어떤 존재의 속성으로서의 이성이 존재한다면 그것은 시간과 공간을 초월한 상황에서 언제나 그리고 필연적으로 존재하며, 인식 주체의 속성으로서의 이성이 파악한 존재의 실체에 대한 명제가 진리라면 그것도 시간과 공간을 넘어 누구에게나 보편적 진리이어야 한다는 것이다. 객관성과 보편성을 전제하는 위와 같은 이성관은 이미 소크라테스 시대부터 소피스트들에게 간간이 도전을 받았고, 근대에는 경험주의자들에 의해서 그 도전이 한결 더 설득력을 갖게 되었고, 니체에 이르면서 더 강렬했음에도 불구하고, 플라톤·데카르트·칸트·헤겔·후설의 철학으로 면면히 이어져왔고, 근대적 과학의 발견과 산업화를 추진한 근대 문명Modernity, 즉 모더니즘의 확고부동한 철학적 이념의 뿌리로 박히게 되었다.

　이러한 고전적 즉 근대적 이성관은 1960년대에 유럽에서 싹이 텄고 현재는 전세계로 확산되어 모든 서양의 이념을 거의 지배하게 된 포스트모던적, 즉 후기/반근대주의적 도전과 비판에 의해서 더 이상 견딜 수 없는 위기 상황에 처하게 되었다. 현재 들려오는 '이성의 죽음'이라는 목소리는 바로 고전적 이성관의 위기를 압축해서 말해주는 표현에 불과하다. 포스트모더니즘은 자연적이고 보편적인 단 하나의 이성의 존재와 객관적이고 절대적인 단 하나의 진리의 가능성을 부정하고 그 빈자리를 문화적이고 개별적인 여러 이성들의 존재와 주관적이고 상대적인 가변적 여러 개의 진리로 대신 채운다. 이러한 포스트모더니즘의 이성과 진리에 대한 입장은 이성을 존재의 속성으로서가 아니라 인식 주체의 의식의 속성으로, 진리를 존재의 속성이 아니라 명제의 값으로만 보는 데 근거한다. 존재의 이성으로서의 플라톤의 이데아/형상이나 과학이 전제한 자연의 인과 법칙은 물론 인식 주체의 보편적 이성으로서의 데카르트적 코기토도 존재 자체가 아니라 플라톤, 과학자, 데카르트의 신념에 지나지 않기 때문이다. 이처럼 이성이 신념인 이상, 그리고 모든 신념들이 서로 다른 특정한 시간적 및 문화적 여건에서만 가능한 이상 그것은 필연적으로 역사적 및 문화적으로 상대적일 수밖에 없으며, 똑같은 역사적 및 문화적 맥락에서 신념의 대상에 따라, 이성적 진/위 판단의 기준·원칙·규범·논리도 가변적일 수밖에 없다. 이러한 사실은 플라톤의 이데아론이나 데카르트의 '코기토'가 모든 이들은 물론 모든 철학자들의 동의를 얻지 못한다는 사실, 한 시대의 한 문화권의 진/위 판단 기준 즉 이성의 척도가 다른 시대의 다른 문화권의 판단 기준 즉 이성의 척도와 다르며, 한 분야에서의 담론의 규범과 논리가 다른 분야의 담론의 규범이나 논리와 다르다는 사실로 입증된다.

이같이 포스트모더니즘은 고전적 즉 근대적 이성 즉 시공을 초월한 단 하나의 보편적 이성을 부정하지만 다원적이고 다양한 이성을 인정한다. 이런 점에서 포스트모더니즘의 이성 비판은 이성 자체의 부정이 아니다. 포스트모더니즘의 관점에서 볼 때 '이성 일반'이란 개념은 공허하지만, '서양적 이성' '동양적 이성' '고대의 이성' '근대적 이성' '도구적 이성' '이론적 이성' '실천적 이성' 또는 '과학적 이성' '미학적 이성' 등의 개념은 충분한 내용을 갖고 있다.

그러나 이성 비판은 여기에서 그치지 않고 이성 자체의 부정으로 이어진다. 이성 자체의 부정은 '인간의 종말' '주체의 소멸' '이성의 죽음' 등의 슬로건 등으로 나타나고 있다. 첨단 자연과학·수학·논리학·철학 등은 존재의 속성으로서의 이성, 즉 플라톤의 이데아/형상 혹은 칸트의 자연과 도덕적 행위를 지배하는 법칙, 고전적 철학이 전제하고 있는 자연의 결정론적 엄격한 법칙으로서의 이성과 아울러 인식의 주체의 속성으로서의 이성 즉 데카르트적 코기토, 플라톤적 직관, 칸트의 오성 등이 영원히 고정된 실체가 아니라 언어에 의해 조작된 허구적 개념임을 주장, 아니 실증하게 되었다. 지금까지의 이성관이 전제하고 있는 것과는 달리 '이성'이라는 것은 그것을 인식 주체의 속성으로 해석하든, 아니면 존재의 속성으로 해석하든, 형이상학적 실체로서 존재하지 않는 언어적 허구에 지나지 않는다는 것이다.

고전적 이성관은 이성이라는 인간의 유일성을 전제하고, 그 유일성의 근거로 본능·감정·충동 등과 같은 의식의 속성과 형이상학적으로 구별되는 이성이라는 의식의 또 하나의 속성을 근거로 댄다. 그러나 한편으로 인간의 형이상학적 유일성은 이미 오래 전에 진화론에 의해서 의심스럽게 되고, 최근에는 유전자 조작에 의한 인간 복제, 더 나아가서 인공 유전자를 생산하기에 이른 생명공학에 의해서 깨어지게 되었다. 진화론과 생명공학에 따르면 인간은 존재론적으로 다른 동물들, 더 나아가서는 식물 혹은 물질과 연속적 관계에 있고 형이상학적 구별이 가지 않으며 따라서 유일한 존재가 아니다.

다른 한편으로 영원 불변하게 고정된 심리학적으로 특수한 속성으로서의 이성은 정신분석학에 의해서 이론적 허구로 드러났다. 인간의 의식 속에서 다른 의식적 상태와 근본적으로 구별되는 속성으로서 그 밖의 본능·충동·감정·의지와 같은 의식의 속성들을 통제할 수 있다고 믿었던 이성이라는 또 하나의 정신적 속성은 알고 보면 본능·충동·감정 등의 시녀로서 지배당한다고 정신분석학은 주장하게 되었다. 괴델은 인식 주체로서의 인간의 속성으로 이성의 투명성에 대한 증거로 들 수 있는 수학적 명제도 지금까지 확신했던 바와는 달리 궁극적으로는 불투명함을 수학적으로 증명했다. 인간의 본질적 속성을 규정하는 이성이라는 형이상학적 실체를 찾아볼 수 없다면 도대체 '이성'이라는 말이 무엇을 지칭하는지 알 수 없게 되었다. 오늘날 인간과 그의 근본적 속성을 규정하는 이성은 해체되고 있다.

고전적 이성관에 의하면 이성은 인식 주체로서의 인간의 속성만이 아니라 인식 대상으로서의 모든 현상 즉 우주의 형이상학적 속성이기도 하다. 이때 이성의 구체적 의미는 영원 불변한 실체로서 플라톤의 이데아/형상이나 과학이 전제하는 절대적 시간과 공간 속에 갇혀 있는 자연의 인과 법칙이나, 논리학이 전제하는 선험적 영원한 법칙 등이다. 그러나 현대 철학은 플라톤의 이데아/형상은 개념의 보편성과 그 개념이 적용되는 다양한 현상들의 관계를 설명하기 위해 구성된 이론적 허구라는 사실을 밝혀냈고, 양자역학은 고전적 과학에 전제된 영원 불변한 자연의 인과 법칙의 허구성을 입증했고, 상대성 이론은 뉴턴의 역학과 칸트의 철학에 전제된 절대적 시간과 절대적 공간을 부정하고 상대성 시간과 상대적 공간을 드러내 보였다. 한 걸음 더 나아가서 근래의 카오스 이론은 고전적 철학과 과학이 전제했던 것과는 전혀 달리 우주는 고정된 궁극적 질서/구조 즉 '존재의 이성'을 부정하고 모든 존재가 궁극적으로는 무질서/탈구조적임을 입증했다. 인식 주체의 본질적 속성으로서의 이성이 허구인 것처럼 그 인식 대상으로서의 존재, 우주의 객관적 속성으로서의 이성도 허구인 것으로 보인다. 이성의 대표적인 산물인 철학·과학·수학·논리학·사회학 등의 학문이 이성 자체를 부정하게 되었다는 것은 극히 역설적이다.

그렇다면 '이성'이라는 낱말은 그 내용 즉 의미가 없는 정말 무의미한 목소리나 기호에 지나지 않는가. 그럴 수는 없고, 사실 그렇지도 않다.

첫째, 이성을 부정하는 주장은 그 자체에 논리적 모순을 내포하고 있다. '이성'의 주장의 근거가 되는 과학·철학 등의 학문이 바로 이성의 산물이며, 그러한 학문들을 부정하는 바로 그 근거로 이성을 부정하는 그 활동 자체가 바로 이성적 활동이라는 사실을 댈 수 있기 때문이다. 이성의 부정에는 역설적으로 이미 이성의 존재가 전제되어 있다. 둘째, 이성의 부정은 경험적 사실과도 맞지 않는다. 만일 존재의 질서/구조로서의 이성이 존재하지 않고 우주 전체가 완전히 카오스라면, 인식 주체의 인식 능력으로서 이성의 존재를 인정하더라도 인지되는 것은 아무것도 없고 그 결과로 세계는 암흑 상태일 것이며, 역의 경우도 마찬가지 상태를 낳게 될 것이다. 그러나 적어도 무엇인가를 희미하게나마 인식하고, 어떤 명제의 진/위를 판단할 수 있으며, 과학적 지식을 토대로 많은 것을 예측하고, 만들고 있다. 세계에 관한 지식이 불확실하고, 명제들의 진/위가 때로는 바뀔 수 있다고 하더라도 세계는 완전한 혼돈과 암흑이 아니며 인간은 맹인과 같이 완전한 어둠과 혼란 속에 빠져 있지는 않다. 세계에 대한 단 하나의 총괄적이고 절대적인 진리를 발견할 수는 없더라도 그것에 대한 단편적이고 잠정적인 다수의 진리는 발견될 수 있고, 또 발견되었다. 그러한 진리들 없이는 인간은 물론 어떠한 동물도 생존할 수 없다.

이러한 사실은 비록 서양의 고전적 이성관을 지배했던 바와 같은 단 하나의 보편적이고 절대적인 이성이 인간과 자연의 속성으로서 존재하지 않는다고 해도, 특수하고 상대적인 다원적 다수의 이성의 존재를 증명한다고 볼 수는 없고, 그것들이 분명히 어느 점에서는 서로 다름에도 불구하고 다 같이 '이성'이라는 범주 속에 묶일 수 있다면, 그 모든 경우에 이성은 적어도 한 가지 점에서라도 공통적인 어떤 속성을 지칭할 것이다. 이러한 사실은 고전적 이성관의 문제는 이성의 부재를 뜻하는 것이 아니라 부정할 수 없이 존재하는 이성의 속성에 대한 새로운 해석의 필요성을 의미할 뿐이라는 것이다.

3. 이성의 재해석과 구성

I. 이성의 사회 / 문화적 재구성

이성의 해체와 죽음에 직면하면서 새로운 출발점에서 이성의 의미를 재해석 · 재구성함으로써, 그것을 해체와 죽음으로부터 구해내려는 몇 가지 시도가 있다.

고전적 이성관의 핵심이 이성을 하나의 형이상학적 실체로 보는 데 있다면, 이성의 비판과 해체의 근본적 의미는 '이성'으로 불리는 형이상학적 실체의 부재를 의미한다. 그러나 '이성'이라는 말이 지칭하는 실체가 존재하지 않는다 하더라도 '이성'이라는 무엇인가의 개념을 나타내는 말이 존재하지 않는 담론은 물론 그러한 인간의 세계를 상상할 수 없다. 그렇다면 '이성'의 의미는 새로운 각도에서 재해석되고 규정되어야 하며, '이성'이라는 낱말의 개념적 재해석과 규정은 형이상학적 · 존재론적 관점, 즉 이성을 인위적으로 제작된 사회 문화적 산물이 아니라 자연적으로 존재하는 객관적 존재로 보는 관점과는 다른 관점에서만 가능하며, 그러한 관점은 문화/사회적 관점, 즉 이성을 문화 사회적 산물로 보는 관점이다.

전통적, 특히 근대적 관점에 의하면 이성은 전통, 관습, 사회적 의견과 대치된 것으로 이해되어왔을 뿐만 아니라 그것들을 초월하여 반성하고 비판하는 인간의 지적 기능 혹은 존재의 객관적 질서/구조로서 판단의 옳고/그름, 명제의 진/위를 결정하는 기준 · 원칙으로 파악되어왔다. 근대 계몽 사상 그리고 막스 베버의 사회학은 전통과 이성의 위와 같은 뚜렷한 대립을 전제로 하고 있다. 그러나 가다머와 매킨타이어에 의하면 그러한 기준은 전통적 이성관이 전제하고 있는 바와는 달리 인식 주체로서의 인간의 의식이나 자연/우주 속에서 발견될 수 있는 어떤 형이상학적 속성이 아니라 인간 사회의 문화적 산물로서의 전통에 지나지 않는다는 것이다. 전통은 한 사회에 오래 전승되어온 여러 가지 관례/관습으로서, 그것의 지각적 경험을 분류하고 조직하는 언어적 규범으로서 언어적 개념과 범주, 신념의 진/위를 구별하는 기준, 윤리적 선악이나 행동의 옳고/그름을 판단하는 규범 등으로 나타난다. 그들에 의하면 이러한 전통을 빼놓는다면 어떤 곳에서도 명제의 진/위의 근거, 판단이나 행동의 옳고/그름의 기준을 찾을 수 없다는 것이다. 그러므로 전통은 곧 이성이며, 이성은 곧 전통이다.

그러나 이성과 전통의 동일/등가화는 다음과 같은 두 가지 문제를 안고 있다. 이러한 이성관의 첫째 문제는 전통이 고정된 것이 아니라 사회와 문화, 때와 장소에 따라 다르고, 그것들은 흔히 서로 상충한다는 사실을 간과한다. 똑같은 경험의 대상/세계는 어떤 언어를 사용하느냐에 따라 다른 존재의 범주에 의해서 분류되고 지각되며, 똑같은 명제의 진/위와 윤리적 행동이나 가치가 다른 규범과 척도에 따라 그 진/위, 옳고/그름, 선/악이 정반대로 결정될 수도 있다는 것이다. 그렇다면 전통의 이 같은 다양성과 유동성은 전통의 보편성을 상실하고, 보편성이 없는 전통은 명제의 진/위 판단과 행동의 옳고/그름, 가치의 선/악을 결정하는 기준/근거로서의 이성일 수 없다.

둘째 문제는 전통은 그것이 아무리 오래됐거나, 아무리 많은 사람들이 믿어오고 지켜왔던 것이더라도, 언제나 한 개인 아니면 몇몇의 이성에 의해서 반성되고, 비판되고, 폐기될 수 있다는 사실을 간과한 데 있다. 사실 인류 문화의 역사는 기존의 전통에 대한 부단한 도전, 그 전통의 전복, 새로운 전통을 형성하는 끊임없는 과정에 지나지 않았다. 이성을 전통으로 규정하는 행위는 이성의 재해석이 아니라 알고 보면 이성의 포기, 이성의 죽음을 확인하는 행위에 다름아니다. 이성을 정확히 어떻게 규정해야 하는가의 문제는 아직 남아 있지만, 한 가지 확실한 것은 가다머나 매킨타이어가 주장하고 있는 것과는 달리 이성을 '전통'으로 규정할 수 없다는 것이다. 설사 전통이 장구한 역사를 거치면서도 변하지 않는 판단과 행동의 규범의 기능을 하더라도 그것은 어디까지나 이성의 역사적 및 문화적 표현이며 산물이지 그 자체가 '이성'일 수는 없다.

하버마스의 '의사 소통으로서의 이성'론은 이성을 해체와 죽음으로부터 구하려는 또 하나의 시도이다. 고전적 이성관에 깔려 있는 형이상학적 실체로서의 이성을 부정한다는 점에서 하버마스의 이성관은 가다머나 매킨타이어의 이성관과 동일하지만, 이성의 보편성을 인정한다는 점에서는 후자의 이성관과 다르다. 그의 해석에 의하면, 이성은 어떤 객관적 존재의 속성을 지칭하는 것이 아니라 표현의 자유가 보장된 이성적 민주주의 언어 공동체의 구성원들이 오랫동안 대화와 상호 간의 비판을 통하여 언어적으로 함께 도달할 수 있는 의견의 합의를 지칭한다. 이러한 합의는 한 특정한 언어권의 구성원들 사이만이 아니라 그것이 어떤 것이든, 언어를 사용하는 모든 인간 공동체의 구성원들 간에도 가능하다. 왜냐하면 모든 언어는 그것을 사용하는 모든 구성원들이 각기 그들이 사용하는 자연어의 특수성에도 불구하고, 보편적으로 공감하고 합의할 수 있는 가능성이 이미 논리적으로 전제되어 있기 때문이다. 이상적으로 모든 인류가 함께 도달할 수 있는 보편적 의견의 합의가 존재한다면, 그것은 개인적 및 문화적 요인들을 초월한 명제의 진/위나 행동의 옳고/그름, 가치의 선/악에 대한 보편적 기준, 근거,

정당성의 기능을 할 수 있다. 그러므로 진/위 또는 옳고/그름, 선/악은 상대성을 넘어 보편성을, 주관성을 초월하여 객관성을 보장할 수 있다. 이성은 상대적이 아니라 보편적이며, 주관적이 아니라 객관적이다.

하지만 하버마스의 이성의 재해석에도 적어도 두 가지 점에서 문제가 있다.

첫째 문제는 합의 조건과 구체적 합의에 대한 필연성의 문제이다. 합의의 기본 조건으로 전제된 완전한 표현의 자유가 보장된 사회는 무한한 미래에나 가능한 이상일 뿐, 현실적으로 존재하지 않고, 앞으로도 존재할 것 같지 않으며, 설사 그러한 이상적 조건이 마련된다고 하더라도 모든 사람들이 합의를 하게 되리라는 필연성은 존재하지 않는다. 몇천 년 동안의 철학적 사고에도 불구하고, 근본적 문제에 관해서 문화권의 철학마다, 아니 같은 문화권의 철학자들 사이에서도 아직도 의견이 엇갈리고 있다. 또한 보편적이고 객관적인 진리로 의심되지 않았던 합의/사회적 신념들이 어느 특정한 시대와 장소에 존재했던 몇몇 특정한 개인들에 의해서 반성·비판·부정되어왔던 것은 부정할 수 없는 역사적 사실이다. 토레미, 기독교, 피타고라스, 데카르트, 아리스토텔레스, 라이프니츠 등에 의해서 각기 우주, 인간의 기원, 기하학적 공리, 직관의 확실성, 이성의 본질, 수학적 논리의 명증성에 관한 영원 불변한 진리로서 믿었던 보편적인 합의가 각기 코페르니쿠스, 다윈, 리만, 니체, 프로이트, 괴델에 의해서 전복되고 부정되었다. 따라서 보편적 판단 기준으로서의 이성을 합의로 규정하더라도 실제로 그러한 합의 즉 이성은 존재하지 않고, 이러한 이성이 존재하지 않는 상황에서 진/위, 옳고/그름, 선/악을 따지고 생각한다는 것은 무의미하다. 그런데도 진/위, 옳고/그름, 선/악을 따지고 결정하지 않는 사회는 실제로 존재하지 않고, 상상할 수도 없으며, 이러한 사실은 누구나 어떤 의미로서의 판단의 기준, 근거로서의 이성에 대해 막연하나마 어떤 의식을 갖고 있음과 모든 인간이 어느 의미에서든 어느 정도 '이성적'으로 생각하는 능력을 갖고 있음을 말해준다.

둘째 문제는 이성 자체와 이성의 산물과의 관계에 관한 것이다. 백 보를 양보해서 사람들 간에 보편적이고 확고한 합의가 이루어진다고 해도, 그러한 합의는 자연적으로 주어진 것이 아니라 그러한 합의를 끌어낸 사람들의 사유와 판단의 결과/산물인 만큼, 합의로서의 이성은 이성 자체가 아니라 이성이라고 부를 수 있는 인간의 사유, 인식 활동의 표현이며 결과에 지나지 않는다. 그렇다면 이성은 합의와 일치할 수 없고, 그 이전의 인간의 사유/인식 능력, 더 정확히 말해서 그러한 능력을 발휘하는 의식의 어떤 속성을 지칭하는 것으로 보아야 한다. 요컨대 이성은 언어적·논리적·문화적 개념으로 환원될 수 없는 인간, 그 인간에게서만 나타나는 우주의 어떤 형이상학적 속성을 지칭하는 것으로 보아야 한다. 문제는 형이상학적 실체로서의 '이성'의 개념에 대한 규정은 그것을 '전통' 혹은 '합의'라는 문화적 산물로의 환원으로는 불가능하고, 새로운 분석과 서술로써만 가능하다.

II. 역동적 실체로서의 이성

'이성'이라고 부를 수 있는 무엇인가의 존재는 부정할 수 없다. 이성의 부정 자체는 어떤 존재 아니면 신념에 대한 인식이며, 인식 주체로서의 이성과 그 대상을 서로 환원하는 것은 마치 자신의 그림자를 잡으려고 달리는 행위의 경우처럼 논리적으로 불가능하기 때문이다. 이성은 인식론적으로는 존재의 인식을 가능하게 하는 기본 조건이라는 점에서 선험적 transcendental이고, 존재론적으로 그 인식 기능에 환원될 수 없다는 점에서 초월적transcendent으로 존재한다. 인식 주체로서의 초월적 이성은, 마치 물 위에 뜬 기름이 물로, 꽃의 향기가 꽃으로, 촛불의 빛이 촛대로, 마음이 몸으로 환원될 수 없는 것과 꼭 마찬가지로 인식 대상으로서의 세계/자연/존재에 존재론적으로 환원될 수 없다. 이런 점에서 이성이라는 존재는 아무리 잘라내도 솟아나는 인간/우주의 히드라(九頭蛇)이다.

이 같은 이성의 존재론적 속성은 서양의 고전적 이성관에 깔려 있는 존재론적 이원론의 세계관이 옳았음을 입증하는 것같이 보인다. 한편 일원론적 세계관에 의하면 인식적 이성의 소유자로서의 인간은 그 인식 대상인 자연과 따로 분리된 다른 존재가 아니라 그것의 한 일부에 지나지 않는다. 일원론적 세계관은 오랫동안 동양의 사상을 지배해왔으며, 우리의 직관으로 알 수 있고, 첨단 과학으로 실증되었다고 보이는 이원론적 세계관과 갈등한다. 오늘날 일원론적 세계관은 더 이상 의심할 수 없는 진리인 듯싶다. 그러나 바로 여기에 큰 문제가 있다. 만약 일원론적 세계관이 옳다면 이성을 다른 존재에 환원될 수 없는 선험적 및 초월적 특수한 존재로 보아야 한다고 앞에서 말한 우리의 주장은 틀린다. 이성의 속성에 대한 우리의 주장은 이원론적 세계관을 전제하는 것같이 보이기 때문이다.

그러나 이성의 속성을 선험적 및 초월적으로 규정하는 입장과 일원론적 세계관은 모순되지 않는다. 좀더 엄밀히 검토해보면, 처음 생각했던 바와는 달리 이성이 선험적이고 초월적이라는 주장은 이원론적 형이상학을 함의하지 않는다. 그것은 형이상학적 명제가 아니라 현상학적 명제이다. 이성의 초월성과 선험성은 단 하나로서의 자연/우주/존재 전체와 형이상학적으로 구별되는 실체가 아니라 그것의 한 현상학적 측면임을 의미할 뿐이다. 현상학적으로는 꽃의 향기가 꽃에, 촛불의 빛이 촛대에, 마음이 몸에 환원될 수 없지만, 형이상학적으로는 꽃의 향기의 속성이 꽃의 속성에, 촛불의 속성이 촛대의 속성에, 마음의 속성이 몸의 속성에 환원될 수 있듯이, 이성의 초월적 및 선험적 속성도 단 하나인 자연/우주/존재 전체의 한 속성으로 환원될 수 있는 것으로 볼 수 있기 때문이다. 이런 차원에서 볼 때 인식 주체로서의 인간을 포함한 모든 것들을 형이상학적으로는 구분할 수 없는 단 하나의 존재/전체라는 일원론적 세계관과 이성을 그것의 대상으로서의 현상들과 구별하여 초월적 및 선험적으로 보는 입장에는 모순이 없다. 똑같은 두 개의 현상은 보는 차원에 따라 다른 것으로 볼 수 있고 동일한 것으로도 볼 수 있다. 일원론적 세계관과 이성을 초월적 및 선험적 속성으로 규정하여 그 대상과 이원론적으로 구별하는 데서 생기는 존재론적 갈등은 형이상학적 즉 세계관적 갈등이 아니라 세계를 보는 시각적 차원의 차이에서 생기는 혼동의 문제에 지나지 않는다.

고전적 이성관의 문제는 그것이 이성을 선험적 및 초월적 실체로 본 데 있는 것이 아니라 그것의 선험적 및 초월적 속성을 잘못 파악했던 데 있다.

1) 질서/구조/형태로서의 이성

첫째, 고전적 이성관에 의하면 이성은 인식 주체의 속성이기도 하지만 동시에 인식 대상으로서의 자연 현상, 모든 존재의 속성이며, 그 속성은 인간과 자연 현상에서 발견될 수 있는 질서/구조/형태를 지칭한다. 그러나 사물 자체는 그것이 어떤 질서/구조를 갖고 있다고 하더라도 그냥 그대로 있는 것이지,

그 질서/구조는 그 자체가 이성일 수 없고 오로지 그것이 어떤 인식 주체에 의해서 '질서/구조'로서 파악됐을 뿐이다. 그러므로 이성은 자연/우주의 속성이기 전에 인식 주체의 속성일 뿐이다. 사물 자체의 내재적 질서와 구조가 전혀 없다면 어떠한 주체에 의해서도 인식될 수 없지만, 그것은 주체의 이성 즉 정신적 질서/구조에 의해서 파악되는 한에서만 '이성적'이라고 말할 수 있을 뿐이다.

2) 이성의 역동성

둘째, 인식 주체의 이성으로서의 정신/의식의 질서/구조/형태나 자연/존재의 이성으로서의 질서/구조는 고전적 이성관이 전제하고 있는 것과는 달리 데카르트의 코기토라는 실체 substance, 플라톤의 이데아라는 형상 form, 아리스토텔레스의 본질이라는 개체 entity, 자연과학이 말하는 원자 atom 등처럼 영원 불변하게 따로 고정된 정지적 존재가 아니라 역동적 힘/기능/활동/에너지로서 자신에게 주어진 모든 여건들에 적응과 도전의 과정을 거치면서 역동적으로 부단히 재구성된다. 이런 세계관은 서양의 전통적 세계관과 대립되며 동양적 세계관의 기본 틀, 즉 불교적 윤회 사상, 중국적 음양 사상과 맞는다. 불교적 윤회 사상에 의하면 모든 것 즉 우주의 삼라만상은 인과(因果)라는 고리 관계로 움직이는 무한한 윤회의 반복 과정이며, 중국적 음양 사상에 의하면 상호 보조적인 음과 양이라는 힘의 두 고리를 축으로 영원히 역동적으로 작동한다. 이러한 우주는 그냥 혼돈 자체가 아니라 나름대로의 인과적 법칙 즉 일종의 원리/논리로서의 질서/구조/형태를 갖추어 상호 보조적으로 작동한다. 그러나 이러한 우주의 질서/구조/형태/원리/논리는 플라톤의 이데아/형상이나 과학이 전제하는 자연의 인과 법칙과는 달리 영원히 고정된 원자적 그리고 기계적인 것이 아니라 그 자체도 영원히 유동적으로 변하는 것으로서 노장 철학에서 말하는 '도'의 질서/구조/형태에 가깝다. 자연의 형이상학적 질서/구조/형태와 인간 행위의 규범/원칙을 지칭하는 '도'는 플라톤의 이데아/형상, 아리스토텔레스의 본질, 자연과학에서 말하는 인과 법칙, 데카르트의 코기토라는 실체처럼 영원히 고정된 것이 아니라 마치 바다의 파도, 빛의 파장처럼 항상 역동적으로 변신한다.

3) 이성의 탈개념성

셋째, 존재의 본질적 속성으로서의 이성은 뚜렷한 개념·법칙·규범·원칙에 따라 분석적으로 투명한 논리로써 포착할 수 없으며, 인식 주체의 본질적 속성으로서의 이성은 플라톤이나 데카르트의 인식론이 전제하는 것처럼 기하학적인 것이 아니라 개념·법칙·규범의 고정된 틀을 초월하여 인식 대상을 모든 것들과 한없이 복잡하게 얽힌 가운데 부단히 높은 차원에서 단 하나의 주체로서 종합적으로 파악하는 전 개념적·탈언어적 인식 능력이다. 이러한 이성의 전형은 중국적 '지(智)'의 개념, 선불교의 '현량(現量) paska' 등의 개념들 속에 담긴 이성의 개념에 가깝다.

노장적 그리고 선불교적 인식 주체의 본질적 속성으로서의 이성은 분석적이 아니라 종합적 인식 능력을 지칭한다. 이러한 이성관에 내포된 인식론에 의하면 궁극적 실체는 개념의 틀 속에서가 아니라 개념 이전의 직관에 의해서 직접적으로만 인식될 수 있다. 이런 관점에서 노자는 "도가도 비상도(道可道 非常道)"라 했고, 선불교는 궁극적 진리가 지성·언어로써가 아니라 오로지 명상적 수련을 통해서만 '각오(覺悟) budhi' 즉 깨달을 수 있음을 강조한다. 이성의 궁극적 의미가 존재의 본질을 뜻하고 이성의 궁극적 목적이 진리의 파악, 더 정확히는 깨달음에 있고, 그러한 진리의 깨달음은 궁극적으로 논리, 지적 분석에 의존하는 지식을 통해서 수련에 의존해야 하는 이유는 궁극적 진리가 경험의 추상화 · 언어화 · 개념화가 아니라 그러한 관념적 · 언어적 · 개념적 차원을 초월해서 존재하고, 따라서 그러한 진리의 인식도 관념적 · 언어적 · 개념적 차원을 넘어서만 가능하다는 것을 의미한다. 궁극적 진리를 깨닫는 방법, 길로서 지적 훈련과 계시가 아니라 명상과 육체적 수련을 강조하는 불교 및 도교의 존재론과 인식론의 관점에서 볼 때 존재하는 것의 본질은 그 하나하나를 서로 명확히 분절시킬 수 있는 원자로서가 아니라 근본적으로는 다른 모든 것들과의 무한한 생태학적 관계의 그물망 속에만 존재하고 그러한 존재는 오로지 생태학적 관계 속에서만 통합적으로만 인지 즉 깨닫게 될 수 있다. 그렇다면 이성은 다른 것이 아니고 이같이 언어 이전의 존재 구조와 동시에 언어 이전의 깨달음이라는 직관을 지칭한다.

4) 생태학적 이성

넷째, 위와 같은 인식론과 존재론을 전제할 때, 인식 주체로서나 인식 대상으로서나 이성은 그 구조적 및 그 기능의 두 가지 측면에서 다 같이 본질적으로 생태학적이다. 즉 이성은 원자적 존재가 아니라 역동적인 관계의 그물망 속에서 그물망으로만 존재하고 의미를 갖는다는 것이다.

1) 구조적 측면에서 볼 때, 앞서 보았듯이 자연/존재의 본질적 질서/구조/형태로서의 이성과 인식 주체의 질서/구조/형태로서의 이성은 다 같이 모든 것들 간의 역동적 상호 관계

의 그물망 속에서만 의미를 가질 수 있기 때문이다.

인식 주체의 본질로서의 이성은 생태학적이다. 산과 들, 인간과 동물, 장미와 장미꽃, 책상과 책 등은 서로의 관계 속에서 그리고 관계로써만 지각될 수 있을 뿐, 그것들이 완전히 분리된 서로 독립된 상태로는 인식될 수 없기 때문이다. 인식 주체의 본질로서의 이성의 본질은 본질적이 아니라 관계적이다.

마찬가지로 존재의 본질로서의 이성도 생태학적이다. 가령 아인슈타인의 상대성 원리가 증명해주었듯이 시간과 공간이라는 존재들은 고전적 물리학이 전제했던 것과는 달리 서로 분리된 상태에서 따로 존재하지 않고, 상호 간의 역동적 상관 관계 속에서만 존재한다. 바로 이런 점에서 자연·우주라는 존재의 본질적 속성으로서의 이성은 생태학적이다. 플라톤이나 데카르트의 인식론과는 달리 칸트의 선험적 인식론은 인간의 선험적 인식 구조를 떠난 존재 자체의 인식이 불가능함을 이미 보여주었다. 현대의 인식론은 어떤 대상/존재의 기본적 발견으로 전제된 지각조차도 이미 인식 주체가 갖고 있는 이론에 의해서 이미 채색되었다는 것을 입증했다. 쿤의 과학 이론이 전제하는 자연의 어떤 속성과 법칙이란 객관적으로 존재하는 것이 아니라 이론적 패러다임의 선택에 따라 가변적이다. 우리가 독립적으로 존재한다고 믿고 있는 무엇무엇이라는 물질과 그것들의 법칙은 객관적으로 존재하면서 서로 단절된 채 무엇무엇으로 존재하는 것이 아니라 다른 것들과 완전히 구별될 수 없는 존재의 인위적 분절과 구별의 개념적 산물에 지나지 않다는 것이다. 이렇게 개념화되기 이전의 존재는 그것이 무엇이든 간에 그 밖의 다른 모든 것들과의 끊을 수 없는 유동적 상호 관계 즉 생태학적으로만 존재한다는 것이다.

마찬가지로 인식 주체의 본질적 속성으로서의 이성과 존재의 본질적 속성으로서의 이성의 관계도 한 단계 높은 차원 즉 메타 차원에서 생태학적이다. 위의 두 가지 이성들의 구조는 상호 간의 역동적 관계로서만 존재하고 의미를 가질 수 있다. 이러한 사실은 양자역학에서 입증되었다. 양자역학에 의하면 관찰/인식의 주체로서의 이성과 그 대상/존재의 본질적 속성으로서의 이성은 서로 완전히 분리할 수 없는 역동적 상호 관계로 맞물려 있다.

2) 인식 주체의 본질적 속성으로서의 이성은 구조적으로만 아니라 기능적으로도 궁극적으로 생태학적이다. 모든 활동이 그러하듯이 의식적 인식 활동으로서의 이성은 필연적으로 어떤 목적 즉 가치/선을 지향한다. 가치는 다양하다. 그러나 궁극적으로 생명의 가치/선을 전제하지 않거나 그것을 떠난 가치/선은 논리적으로 불가능하다. 생명의 가치/선은 모든 가치/선의 뿌리이며 목적이며 그 밖의 모든 가치/선은 생명의 가치/선에 논리적으로 종속된다. 물질의 가치/선, 문화적 가치/선, 육체의 가치/선, 논리·원칙·규범의 가치/선, 진리의 가치/선도 마찬가지다. 진리를 발견하거나 결정하는 인식 주체로서의 이성의 가치/선도 예외일 수 없다. 이런 차원에서 논리나 원칙에 따른 행동이 생명의 가치/선과 갈등할 때 두 가지 중 하나만을 선택해야 할 경우 이성이 택해야 할 것이 생명의 가치/선임은 자명하다. 한 걸음 더 나아가서 개별적인 몇몇의 생명들과 생명 일반, 또는 나 혹은 인류의 생명의 보존/번영과 생명 일반을 뜻하는 생태계의 보존/번영 중 하나를 선택해야 한다면, 이성이 택해야 할 것이 나의 보존과 번영보다는 내 종족의 보존과 번영을, 인류의 보존과 번영보다는 생명 일반 즉 생태계의 보존과 번영이라는 것은 논리적으로 분명하다. 바로 이 같은 가치 선택의 측면에서도 인식 주체의 본질적

속성으로서의 이성은 근본적으로 생태학적이다.

이러한 사실들은 이성이 모든 논리나 진리와 상충함을 함의하지도 않고, 그러한 것들의 가치를 거부함을 의미하지도 않는다. 또한 이러한 사실은 어떤 차원에서 이성으로서 존재할 수 있는 특정한 논리와 개별적 진리가 자기 반성을 통해 도달할 수 있는 한결 더 넓은 틀과 한층 높은 차원에서 볼 때 초월되어야 함을 의미할 뿐이다.

5) 자기 반성적/자기 초월적 에너지로서의 이성

다섯째, 고전적 이성관에 의하면, 인식 주체의 속성으로서의 이성의 본질은 본능과 충동을 억제하고, 전통·권위·관습·제도·예의 범절 같은 패턴/규격, 아니면, 이러한 패턴과 대립된다고 전제되는 논리·전통·원칙·규범·법칙 등과 같은 또 다른 패턴/규격에 맞는 규칙적 사유·판단 및 행동으로 구현된다. 적어도 이성의 한 속성은 이미 주어진 어떤 패턴/규격/조건에 맞추어 사유하거나 행동하는 능력으로 파악되었다. 위와 같은 사유와 행동 즉 이미 주어진 논리·원칙·규범을 기계적으로 추종하여 맞추는 사유와 행동이 규격적 이성의 한 측면을 나타내는 것은 틀림없다.

그러나 이러한 사유와 행동은 이성의 충분한 속성을 나타내지 않는다. 이성의 본질은 순응적·종속적 적응이 아니라 도전적·비판적 기능에 있으며, 인식 대상만이 아니라 인식 주체로서의 자기 자신을 반성하고 비판하는 무한한 자기 반성적 능력에서 찾을 수 있다. 이성은 반사적인 데 그치지 않고 반성적일 때만 존재한다. 이성은 자신의 대상을 비판할 수 있을 뿐만 아니라 자기 스스로에 대해서도 비판의 눈을 부단히 던진다. 이성은 기존의 신념·규범만이 아니라 자기 자신까지도 반성적으로 관찰하고 비판함으로써 새로운 신념, 새로운 규범을 제안할 수 있는 부단히 창조적인 힘/에너지로 존재한다. 이런 점에서 이성은 관조적 대상으로 존재하는 것이 아니라 창조적 활동으로 역동하며, 영원히 고정된 존재가 아니라 역사와 사회, 자연과 문화적 여건 속에서 더욱 보편적이고 높은 어떤 이상을 향해서 부단히 역학적으로 차원을 높여 변신하고 성장하는 생명체로 존재한다.

이성의 본질은 자기 반성적으로 스스로를 부단히 초월하는 자기 반성적인 정신적 에너지이며, 그것은 인간의 본질 속성인 동시에 자연/우주/존재의 속성이기도 하다. 인간이 자연/우주/존재의 한 측면이기 때문이다. 인간이 존재하는 한 이성은 영원히 살아 있다. 바로 이런 점에서 이성의 궁극적 본질은 고정된 질서/구조/형틀/원칙/규범/논리에서가 아니라 부단한 질서화/구조화/형틀화/원칙화/규범화/논리화에서만 찾을 수 있다. 한마디로 자연의 본질적 속성으로의 이성이나 인식 주체의 본질적 속성으로서의 이성의 궁극적 본질은 역동적이며, 그것은 역동적으로 파악될 수 있다. 인간과 자연을 포괄한 우주는 정체된 질서/구조로서가 아니라 역동적인 질서화/구조화의 영원한 과정 자체이기 때문이다.

현상학의 실존주의적 전개
—20세기 전반기의 프랑스 철학

20세기 프랑스 철학이 영미 철학에는 별로 큰 영향을 미치지 않았지만, 한국 철학계에서는 영미와 독일 철학에 못지않게 줄곧 지대했다. 20세기 프랑스 철학의 흐름은 시간에 따라 대충 사르트르와 메를로퐁티의 실존주의로 대표되는 1940년대와 1950년대 전반, 레비스트로스와 바르트의 구조주의로 대표되는 1960년대 중반, 그리고 들뢰즈, 료타르, 푸코와 데리다로 대표되는 1970년대 후기 철학으로 크게 구분할 수 있다. 이러한 각기 다른 철학 간의 관계를 추적하면 20세기 프랑스 철학의 전체에 대한 총체적 특징을 찾아낼 수 있을 것이다. 그러나 이 글은 20세기 전체가 아니라 그 전반기만의 철학적 특징을 고찰하기로 한다.

1. 현대 프랑스 철학과 독일 철학

플라톤을 제외하고 서양 철학을 생각할 수 없다면 데카르트를 언급하지 않고는 근대 철학을 생각할 수 없다. 그렇다면 철학은 곧 그리스적이며 프랑스적이어야 한다. 그런데 20세기 중반의 프랑스 철학을 대표하는 한 사람인 리쾨르는 1962년 소르본 대학에서 강의 시간에 "철학자로서 누구나 그리스인이며 독일인이다"라는 말을 했다. 그는 데카르트와 프랑스를 빼놓은 것이다. 무엇이 잘못된 듯하다. 그러나 그의 이 언명은 철학,

더 정확히 말해서 철학적 진리가 국적이나 문화권을 초월한 보편적 진리를 추구하는 학문이라는 그의 신념과 사실을 보여주며 그리고 역사적으로는 칸트 이후 독일 철학의 막중한 공헌과, 더 나아가서는 20세기 프랑스 철학은 20세기 독일 철학에 비추어서만 이해할 수 있다는 사실을 말해준다. 데카르트 이후 세계 철학은 프랑스적이 아니라 독일적으로 변했다. 19세기 말에서 20세기 초엽까지 다소 세계적인 명성을 얻은 베르그송을 제외한다면 근대 철학의 틀을 마련한 데카르트 이후의 프랑스는 세계 철학사에 우뚝 설 만한 철학을 창조해내지 못한 사실을 상기시켜준다. 데카르트 이후 20세기 초엽까지 세계 철학사는 독일어권에서 태어난 칸트 · 헤겔 · 니체 · 마르크스 · 후설 · 하이데거로 대표되는 현상학적 색깔이 짙은 '대륙 혹은 유럽' 철학사였으며, 현상학과는 전혀 다른 입장인 '분석철학' 이라는 하나의 새로운 철학적 사조를 만들어 20세기 영미 철학을 완전히 지배하게 된 프레게, 카르나프, 비트겐슈타인도 독일어권의 철학자였다는 사실은 추호의 의심도 없다.

20세기 프랑스 철학이 현대 독일 철학으로부터 얼마큼 막중한 영향을 받았는가는 20세기 전반을 대표한 사르트르 세대나 20세기 후반의 특징을 가장 극명하게 드러내는 데리다 세대나, 3H 즉 헤겔 · 후설 · 하이데거 등의 독일 철학자들과 마르크스 · 니체 · 프로이트 등의 독일 사상가들이 다 같이 항상 언급되고 그들의 철학적 담론이 자주 인용되고 있다는 사실로써 더욱 분명하다. 그런데도 사르트르 세대를 3H 세대로 부르고, 데리다 세대를 마르크스 · 니체 · 프로이트의 세대로 부르는 것은 두 세대가 각기 달리 강조하는 철학적 특징이 부각되기 때문일 것이다.

3H 즉 헤겔 · 후설 · 하이데거 세대로 불리는 20세기 전반의

프랑스 철학은 20세기에 들어와서 분명해진 위와 같은 독일 철학의 영향을 받았다. 2차 대전 전까지 프랑스 철학은 베르그송의 '생동철학philosophie d'elan vital,' 블롱델Blondel, 브룬슈비크Brunschvieg로 대표되는 신칸트주의가 지배하고 있었다. 그런데 독일에서 교육을 받고 파리에 이민 온 소련인 코제브Kojeve가, 1933년 헤겔 철학을 강의하게 됨으로써 3H 세대로 불리는 프랑스 철학의 싹이 돋기 시작한다. 그후 사르트르가 베를린 대학에서 후설의 현상학을 발견하고, 독일에서 프랑스로 이민 온 유대계 철학자 레비나스Levinas가 후설과 하이데거 철학을 소개하고, 소련 혁명 후에는 마르크스주의 영향이 확산된다. 아롱Aron에 의해 베버Weber가 소개되고, 발Wahl에 의해 키에르케고르 철학이 되며, 이폴리트Hyppolite에 의해 헤겔의 『정신현상학』이, 라캉Lacan에 의해 프로이트 정신분석학에 관한 세미나 등이 열리면서 독일 철학의 영향은 급속도로 확산되고 깊어갔다.

20세기 초엽 프랑스 철학이 얼마만큼 '독일적'으로 되어가고 있었는가는, 당시 프랑스 인문학계의 정수를 상징한다고 볼 수 있는 소르본 대학과 콜레주 드 프랑스College de France에서 어떤 철학자와 어떤 인문 사회 계열의 교수가 어떤 종류의 강의를 어떤 관점에서 했는가를 회고해보면 피부로 더 느낄 수 있다.

메를로퐁티는 1961년 작고할 때까지 소르본 대학과 콜레주 드 프랑스에서 현상학을 강의했고, 원래 과학철학자였던 바슐라르Bachelard는 1962년 작고할 때까지 '시적 경험의 현상학'에 대한 몇 권의 책을 냈으며, 그후 그의 딸이자 후설 전문가로 알려진 소르본 대학 교수 수잔 바슐라르는 후설의 논리학에 대한 전문가였다. 메를로퐁티의 후계자로 부임한 리쾨르는 '기호'라는 제목으로 프로이트의 정신분석학적 관점에서 '기호'라는 강의 제목을 걸고 2년에 걸쳐 독일에서 시작된 해석학에 대해 독자적인 이론을 펴고 있었다. 또한 사회철학자 아롱은 베버에 대한 강의를 했고, 얀켈레비치Jankelevitch는 현상학과 미학적 입장에서 자신의 윤리학을 개진했다. 철학사를 전공한 알키에Alquie는 칸트와 헤겔의 텍스트를 해석해냈고, 키에르케고르를 프랑스에 소개하고 헤겔의 전문가로 알려진 노교수 발은 이 두 철학자를 현상학적 입장에서 풀이했다. 미학을 담당했던 그르니에Grenier는 예술현상학에 관한 강의를 했으며, 기유르비치Guirvitch는 실증주의와 현상학을 결합한 사회학적 방법론을 제창했다. 또한 소장 정치철학자 르포르Lefort는 마르크스주의에 대한 강의도 개설했고, 당시 리쾨르 교수의 조교로 있던 데리다는 후설의 『기하학의 기원』을 번역한 것에 본문보다 더 길고 독창적인 비판적 서문을 붙여 중진 교수들의 주목을 받기 시작하기도 했다. 소르본 대학 밖에서 활동하고 있던 학자들의 경우도 마찬가지였다. 고등사범학교에서는 정신분석학자 라캉이 프로이트와는 다른 '정신분석학'에 대한 방법론을 제시함으로써 전문가들 사이에 큰 화제를 불러일으켰던 세미나를 주재하고 있었다. 또한 대학 밖에서는 초현실주의 운동에 이미 참여했던 바타유Bataille와 하이데거와 니체의 영향을 받은 블랑쇼Blanchot가 문학과 철학을 넘나드는 저술 활동을 활발히 펴서 20세기 후반기 철학에 각별한 영향을 미치게 된다.

또한 당시 콜레주 드 프랑스의 교수였던 레비스트로스의 『슬픈 열대』『원초적 사유』와 거의 때를 같이하여 바르트의 『기호학의 요소』『신비평』 등의 저서가 출판됨으로써 개인적 주체에 의한 '주관적 경험'과는 달리 객관적으로 검토할 수 있는 기호의 의미론적 관점에서 인문학의 방법론으로서 **구조주의**가 탄생한다. 그 영향이 프랑스는 물론 세계적으로 확산되었지만 소르본 대학 내에서는 아직 구조주의에 대한 특별한 강좌는 존재하지 않았고, 강단 밖에서는 헤겔·후설·프로이트 그리고 마르크스의 결정적 영향을 받은 프리랜서 철학자임을 고집하고 있던 사르트르의 실존주의가 여전히 절대적인 영향을 유지하고 있었다. 이 당시까지만 해도 대학 내에서 이미 영미 철학의 대명사가 되어버린 '분석철학' 혹은 분석철학을 대표하는 카르나프·러셀·비트겐슈타인·콰인 등에 대한 강의는 전무했으며, 대학 밖에서도 분석철학이나 분석철학자들에 대한 논쟁이나 저술은 거의 눈에 띄지 않았다.

20세기 후반 즉 대략 1960년대 초부터 1970년대 초까지 전통적 의미의 철학적 담론은 그 열기가 식고 그 자리에 인문과학의 방법론으로서 레비스트로스와 바르트가 주장한 구조주의가 순수한 철학적 담론의 공백을 메우면서 세계적인 영향을 미치게 된다. 곧 이어 데리다가 주도하는 해체주의 철학의 전개에 의해서 프랑스의 철학은 전 세대와는 전혀 다른 모습으로 변모하여 새로운 양상으로 태어났다. 그러나 이 세대의 철학자들이 스스로 '마르크스·니체·프로이트의 세대'로 자처했다는 점에서 20세기 후반의 프랑스 철학은 '헤겔·후설·하이데거'의 세대로 자칭하는 20세기 전반의 프랑스 철학과 마찬가지로 다 같이 독일 철학에 막중한 영향을 받은 한에서 그들의 철학이 '독일적'이라는 사실에는 변함이 없다.

아무리 독창적인 철학이라도 그것이 어떤 철학적 영향을 받았다면, 그 철학은 그것에 영향을 미친 철학에 비추어서만 그 내용의 윤곽을 보다 잘 규정할 수 있고 그 철학의 역사적 의미도 보다 더 투명해질 수 있다. 우리가 정리해보고자 하는 20세기 전반의 프랑스 철학의 경우도 이와 다르지 않다.

20세기 프랑스 철학을 각기 대표하는 전반기 사르트르의 실존주의와 후반기 데리다의 해체주의는 접근 방법과 입장에 있어서 서로 상반될 만큼 다르지만, 이 두 세대의 철학적 무드, 문제, 접근 방법에 있어서는 동일하다. 철학의 일반적 무드가 반형이상학적이라는 점에서는 20세기 영미 철학과도 같았지만, 20세기 영미 철학이 철학의 기능을 '개념의 명료화'로 설정하고, 그 방법으로 '논리적 분석'을 채택한 데 반해서, 20세기 프랑스 철학의 핵심적 문제는 '존재와 인간의 관계의 서술'에 있었고 그 방법은 '경험의 반성적 성찰'이라는 넓은 뜻으로서의 '현상학적 서술'에서 찾았다.

헤겔이 '우주의 형이상학적 역사'를 '절대 정신의 현상학'으로 보았다는 점에서, 후설이 현상학적 인식론을 창안했다는 점에서 그리고 하이데거가 '존재의 의미'를 밝히기 위해서 후설의 인식론적 방법을 차용했다는 점에서 다 같이 현상학적이라는 데에 이의가 없다면, 3H 즉 헤겔, 하이데거 특히 후설로 대표되는 근대와 현대 독일 철학의 영향을 받은 20세기 전반의 프랑스 철학의 특징은 일반적인 뜻에서 '현상학적'이고, 특히 후설의 영향이 결정적이었다는 점에서 좁은 뜻 즉 인식론의 관점에서 한결 더 그렇다.

'현상학'이란 무엇인가? 철학은 세계에 대한 총체적이며 일관된 진리를 추구한다. 우리가 가장 일차적으로 그리고 직접적으로 알 수 있는 세계는 감각적 경험 대상인 구체적 현상들로 구성되어 있다. 철학과 과학의 궁극적인 목적이 현상에 대한 총체적이며 체계적인 진리 탐구라는 점에서 그것들은 다 같이 아주 일반적인 뜻에서 현상학이다. 그러나 좁은 의미로서의 현상학은 철학에 적용될 수 있지만 과학에는 적용되지 않는다.

철학과 과학의 차이는 진리 명제에 대한 근거에 대한 철저성의
정도에 있다. 과학이 자신의 명제를 감각적 경험에 두는 것으
로 만족하는 데 반해서 철학은 바로 그러한 과학적 근거의 근
거를 추구하며 보다 철저한, 아니 더욱 절대적인 투명성을 갖
춘 근거를 추구한다.

그렇다고 모든 철학이 현상학은 아니며 모든 철학이 현상학
적이지는 않다. 모든 철학이 세계에 대한 철저한 근거를 갖는
진리를 추구하려는 점에서 동일하더라도 그러한 진리를 도출
하는 방법이 다를 수 있다. 한편으로는 플라톤의 철학이나 기
독교의 경우처럼, 직관이나 계시에 근거한 진리로서의 이데아
나 절대신의 실체에 비추어 세계의 다양하고 혼돈스러운 현상
을 설명하는 이론적 방법이 있는가 하면, 다른 한편으로는 데
카르트, 헤겔의 경우처럼 어떤 형이상학적 실체를 전제하지 않
고 다양하고 개별적인 현상들을 경험한 대로 자세히 관찰하여
기록함으로써 그것들에 대한 진리 명제를 도출하려는 서술적
방법이 있다. 기존의 모든 진리 명제를 '근원적 근거'가 없는
것으로 그 진위에 대한 판단을 일단 보류한 후 자신의 구체적
인 경험을 철저하게 반성적으로 관찰하고 그것을 서술함으로
써 진리 명제를 찾고자 했던 데카르트의 철학적 방법은 근본적
으로 새로운 철학적 방법이었으며, 그 철학적 방법은 기존의
사념적이며 추론적인 방법과는 다른 서술적인 것이었다. 협의
의 현상 즉 후설의 현상학은 데카르트의 방법론이 그랬듯이 절
대적 근거를 갖는 진리에 도달하기 위한 새로운 철학적 인식론
이 되고자 한다. 명실공히 참된 철학 즉 철학의 근원적 목적을
달성하기 위해 독창적으로 고안해낸 후설의 협의의 현상학은
다름아니라 철학의 서술적 방법론에 지나지 않으며, 협의의 현
상학은 후설이 처음 발견하고 이론화한 특별한 종류의 철학적

인식론에 지나지 않는다. 바로 이런 점에서 그는 자신의 현상학을 '데카르트적'이라고 부를 수 있었다. 다 같이 현상학적이라고 지칭하면서도 자신들의 철학적 신념과 주장들의 구체적인 내용은 후설 현상학의 구체적 내용과는 각자 천차만별로 다르지만, 후설 현상학에 영향을 받았다는 수많은 철학자들이 자신들의 철학을 현상학이라고 부르는 근거는 그들의 철학적 방법이 다 같이 사념적이거나 추론적이 아니라 경험적이고 서술적이라는 데 있다.

20세기 전반 프랑스 철학의 특징을 단 한마디로 요약할 수는 없다. 이 시대는 색깔을 달리한 수많은 철학자가 존재했고 그들의 철학은 서로 다른 목소리를 냈다. 그럼에도 불구하고 이 시대 프랑스 철학의 특징은 사르트르, 메를로퐁티 그리고 리쾨르 세 철학자를 중심으로 한 철학적 경향을 검토함으로써 그들이 공유하는 일반적 특징을 도출해낼 수 있다. 20세기 영미 철학의 특징이 전통 철학관에 맞서서 철학의 기능을 '개념의 해명'으로 본 데 있다면, 20세기를 관통하는 프랑스 철학의 특징은 플라톤과 데카르트의 전통을 따라 철학의 기능을 세계와 인식 주체로서의 인간의 관계에 대한 진리 발견을 위한 천착으로 보고, 그러한 천착을 통해 어떤 궁극적 명제를 도출하는 것을 철학적 사명으로 보았다는 데 있다. 또한 20세기 후반기 프랑스 철학의 전반적 특징을 '반인본주의적' '탈현상학적' '해체주의적'이라 할 수 있는 데 반해서 그 전반기의 일반적 특징은 그 다양성에도 불구하고 '현상학적' '인본주의적' '구성적'이라 할 수 있다.

2. 사르트르와 실존의 현상학

I. 후설의 현상학적 인식론

후설의 현상학을 떠나서는 20세기 전반 프랑스 철학을 대표하는 사르트르, 메를로퐁티 그리고 리쾨르의 존재를 생각할 수 없는 이상, 그들의 철학을 검토하기 전에 후설의 철학을 간단하게나마 정리해볼 필요가 있다.

철학은 앎을 추구하는 욕망이며 활동이고, 앎은 필연적으로 진리 인식을 뜻하고, 진리의 개념이 객관성과 보편성 즉 의심할 수 없는 근거의 존재를 내포한다면, 객관성과 보편성을 갖춘 즉 추호의 회의도 있을 수 없는 명제만이 철학이 추구하는 앎 즉 진리일 수 있다. 모든 종류의 회의주의적 앎과 상대주의적 진리라는 개념은 자기 모순이다. 유럽의 16세기는 몽테뉴 Montainge의 회의주의와 상대주의가 지배하는 시대였다. 바로 이런 맥락에서 데카르트는 절대적 진리의 가능성에 대한 신념을 갖고 절대적 명증성을 갖춘 진리에 도달할 수 있다는 믿음에 근거하여 그러한 진리에 도달할 수 있는 현상학적 인식론으로서의 『방법론』과 『성찰』을 저술함으로써 현대 철학의 기초를 닦았다. 데카르트가 당시의 철학을 지배하고 있던 몽테뉴적 회의주의와 상대주의에 맞서 객관적이고 절대적으로 자명한 진리를 마련할 수 있는 방법론을 제시했듯이, 후설은 19세기 말 철학계를 다시금 지배하게 된 역사주의·심리주의·경험주의·과학주의·문화주의의 형태로 나타난 상대주의에 맞서 그것을 비판하고 더 나아가서 절대적으로 객관적이고 보편적인 앎과 절대적 진리 획득을 위한 인식론적 방법론으로서『엄밀한 과학으로서의 철학』을 썼다. 그래서 데카르트적 자기 반성적 철학 즉 합리주의적 혹은 경험주의적 혹은 칸트의 선험주의적 그 어느 것도 아닌 인식론으로서의 현상학을 창안해냈다. 후설의 철학이 현상학인 것은 단순히 그의 철학적 방법이 서술적이라는 점에서만이 아니다. 그것은 후설의 철학이 절대적 객관성과 보편성을 갖는 명증한 진리에 도달하기 위한 특별한 인식론이기 때문이다.

하나의 대상에 관습적으로 정해진 범주적 개념을 입히거나 어떤 전통을 따라 그것을 무엇무엇으로 그냥 호칭한다고 해서 그 대상을 알았다고는 할 수 없다. 어떤 대상에 대한 앎은 경험주의자의 주장대로 그 대상에 대한 구체적 경험을 전제한다. 그러나 한 대상, 가령 '개' 혹은 '장미꽃'의 구체적 지각 경험은 사람마다, 그것을 보는 시간과 공간 및 각자의 관점에 따라 무한히 변하고 다양하다. 그러나 한 대상에 대한 다양한 경험을 무조건 나열적으로 서술함으로써 그 대상을 알았다고는 즉 발견했다고는 말할 수 없다. 한 대상이 동시에 a, b, c, 즉 non-a, non-b, non-c일 수는 없기 때문이다. 어떤 인식 대상을 안다는 것은 그것의 본질을 아는 것이며, 본질은 다양한 것의 통계학적 종합일 수 없다. 그것은 다양한 속성들을 꿰뚫고 지나가는 것으로 시간과 장소, 관점과 맥락을 초월하여 영원 불변한 속성일 수밖에 없기 때문이다.

바로 이러한 문맥에서 후설의 현상학적 인식론에서 말하는 이른바 '자아' '의식의 지향성' '현상학적 서술' '판단 중지' 그리고 '현상학적 환원' 등의 핵심적 개념들이 의미를 갖고 설명되며, 후설의 현상학적 인식론은 전통적 경험주의 인식론과의 그 차이를 보여준다. '자아'는 모든 인식론에 논리적으로 전제된 인식 주체이다. 데카르트와 칸트의 경우에서 분명하듯이 인식 주체로서의 생각하는 자아의 존재 ergo cogito에 대한 나름대로의 이론이 없는 인식론은 생각할 수 없다. '생각하는 자아'는 무엇인가? 그것의 본질은 의식이다. 데카르트의 경우 그것은 일종의 고정된, 정체된 실체substance로 파악되어 있다.

그러나 후설에 의하면 그것은 언제나 어떤 대상을 '지향'해 역동적으로 존재한다. 인식이 필연적으로 어떤 대상을 전제하고, 인식의 의도가 그 대상의 진리 즉 영원 불변한 속성의 파악에 있다고 한다면, 그러한 진리는 다양하게 경험된 대상의 여러 모습 속에 공통적으로 불변하게 지향된 무엇일 것이다. 그러므로 진리를 파악하는 방법은 사념적 직관이나 막연한 감각적 경험에만 의존할 수는 없고, 다양한 개별적인 경험들을 서술에 바탕을 두고 그 다양한 서술 속에서 '환원될 수 있는' 보편적 속성 즉 '본질'을 찾아내는 데 있다. 바로 이러한 맥락에서 '현상학적 판단 중지' '현상학적 서술' '현상학적 본질 환원'이라는 개념들의 의미가 밝혀진다.

II. 인식론으로서의 현상학에서 철학적 인간학으로서의 실존주의

사르트르의 철학에서 인간 의식 즉 자아는 생물학적으로, 더 나아가 물리학적으로 설명할 수 있는 심리 현상으로 환원되거나 혼동될 수 없는 선험적이고 초월적인 순수한 속성으로 파악된다. 이런 점에서 사르트르의 철학은 데카르트의 인식론, 칸트 철학 그리고 후설의 현상학과 다를 바 없다.

그렇지만 두 가지 점에서 사르트르는 데카르트와 칸트는 물론 후설과도 다르다.

첫째 차이는 지향적 의식 즉 인식과 행위 주체인 자아의 존재론적 속성에 대한 해석에 있다. 후설의 의식이 데카르트나

칸트의 경우와는 달리 지향적이기는 하지만, 의식 주체로서의
자아는 위의 두 철학자들의 경우와 마찬가지로 일종의 고정된
실체/존재로 파악되는 반면에 사르트르의 그것은 고정된 실체
가 아니라 역동적 운동 자체로 인식되고 있다. 다시 말해서 의
식의 지향성은 고정된 실체인 자아의 한 표현 형태가 아니라
지향 자체가 곧 의식이며, 인식 주체인 자아의 본질은 고정된
속성이 아닌 속성 없는 속성 즉 역설적 속성이다. 둘째 차이는
현상학적 관심의 초점에 있다. 후설의 철학이 인식 대상 즉 세
계에 초점을 맞추고 있는 데 비해서 사르트르의 철학은 인식
주체 즉 의식에 그 초점을 둠으로써, 후설의 세계의 현상학은
사르트르에게서는 철학적 인간학으로서의 '실존철학'으로 변
형한다.

　사르트르에 의한 현상학의 이러한 변모는 그가 후설 현상학
의 가장 기본적 전제인 의식의 지향성을 보다 더 철저히 천착
함으로써 그 속에 내포된 논리적 결론을 현상학적으로 도출한
결과이다. 사르트르가 후설에게서 수용한 핵심점은 인식 대상
의 '본질-진리론'과 그러한 본질에 도달하는 절차로서의 '현상
학적 환원'이 아니라, 의식의 '지향성'에 논리적으로 내포된
의식의 본질에 대한 궁극적 결과이다. 의식이 본질적으로 지향
적이라면 의식은 그것이 어떤 종류의 것이든 간에 '고정된 실
체'일 수 없고, 자기 자신을 밖으로 구현하는 순수한 역동적 행
위 즉 자기 자신의 무화la neantisation 바로 그 자체로 파악되
어야 한다는 것이다. 의식이 다만 영원한 무화 활동 자체인 이
상 그것은 오로지 '없음'으로만 존재하며, '없음'으로서의 의
식은 필연적으로 지향하게 되는 자신의 외부에 대상으로 존재
하는 세계/존재 일반에 비추어 볼 때 '없음'으로만 규정될 수
있다. 그래서 사르트르는 모든 존재를 존재 '있음/존재 l'etre'

와 '없음/무 le neant'로 분류하고, 그것들의 속성을 각기 '즉자적 존재'와 '대자적 존재,' 더 간략하게 말해서 '즉자 l'en-soi'와 '대자 le pour-soi'로 규정함으로써 사르트르는 데카르트의 전통을 답습하면서 이원론적 존재론을 전승한다.

'즉자'로서의 모든 의식의 대상이 어떤 인과적 관계에 연결되고 그 결과 어떤 형태로 나타나지만, '무'로서 존재하는 '의식' 즉 '대자' 즉 '인간'은 어떠한 인과 법칙에도 속박될 수 없으므로 필연적으로 '자유' 그 자체이다. 그 이유를 다음과 같은 사실에서 찾을 수 있다.

의식은 필연적으로 인식적 의식을 뜻하고, 무엇을 인식한다는 것은 그것을 무엇무엇 즉 x, y, z로 의식함에 지나지 않는 만큼, 인식적 의식은 필연적으로 '의식의 의식' 즉 '자의식'이며, 이러한 자의식을 가질 수 있는 동물은 인간 외에는 없다는 것이 사실이라면 '없음' 즉 '무'라는 의식은 곧 인간의, 오로지 인간만의 의식을 지칭한다. 육체적 존재로서의 인간은 더 나아가서 다른 물질과 다르지 않게 '있음' 즉 '존재'로서의 존재이지만, 인식적 즉 자기 반성적 의식을 갖고 있는 동물이라는 점에서 인간은 '없음' 즉 '무'로서 존재하고 '무'로서 존재하는 한 인간은 자유로울 뿐만 아니라 자유롭지 않을 수 없다. 바로 이런 근거에서 사르트르는 인간의 본질이 "자유롭지 않을 수밖에 없다"라는 사실에 있다고 말한다.

그렇다면 인간, 더 정확히 말해서 인간의 자유는 그의 인식 대상으로서의 세계 즉 '즉자'와 인식 주체로서의 인간 즉 '대자'에 관해서 무엇을 밝혀주는가? 의식되지 않는 의식 대상을 생각할 수 없는 것과 마찬가지로 대상이 부재한 의식도 생각할 수 없다. 의식의 본질적 속성 중의 하나가 그 대상을 지향하는 데 있고, 그런 한에서 의식은 의식과 그 대상, '대자'와 '즉

자,' 세계와 인간은 존재론적으로 서로 혼동될 수 없지만 그렇다고 서로 뗄 수 없는 관계로 얽혀 있다.

인식 대상으로서의 세계는 물론 인식 주체로서의 나의 행동, 나의 삶은 처음부터 객관적으로 고정된 상태에서 영원히 있는 것이 아니라 나의 자유로운 선택에 의해서 부단히 그리고 새롭게 다시 해석되고, 구성되고, 결정된다. 나의 삶은 그때그때 주어진 상황에서 내가 자유롭게 선택한 것이며, 그러한 선택들에 전제된 나의 가치관도 내가 자유롭게 선택한 것이며, 그러한 가치관의 선택에 전제된 나의 궁극적 목적이나 기획도 처음부터 결정된 것이 아니라, 그 결과가 좋건 나쁘건 상관없이 한결같이 내가 선택한 산물이다. 바로 이런 점에서 사르트르는 자유로운 인간의 구체적 삶의 구조를 '실존l'existence' 이라 부르고, "실존은 본질에 선행한다"라고 선언한다. 나의 자유로운 능동적 선택에 의존하는 것은 나의 가치, 나의 획, 나의 삶만이 아니다. 나의 존재 이전에 그리고 나의 선택과는 상관없이 객관적으로 존재하는 것으로 데카르트나 후설에 의해서 전제되는 세계의 모습도 마찬가지다. 바로 이런 점에서 사르트르의 인식론은 후설의 인식론과 자못 다르다. 후설의 경우 세계의 진리는 객관적으로 존재하는 대상noema의 본질eidos의 파악 즉 인식을 뜻하며, 그러한 인식은 체험적 의식noesis 속에 대상의 반영을 의미한다. 후설의 경우 세계는 소극적 발견의 대상이며, 인식은 발견된 세계의 재현 행위에 지나지 않는다. 이에 반해서 사르트르의 경우 인식은 발견이 아니라 역동적 의식에 의한 적극적 해석이며, 조작이며, 재구성이며, 구성적이며 창조적인 행위이며, 세계는 그냥 수동적 존재로서 정적으로 있는 것이 아니라 인간의 자유로운 의식에 의한 능동적 작품이다. 이처럼 후설의 인식론으로서의 현상학은 사르트르에게서

는 인간적 삶의 존재 방식 즉 구조를 해명하는 실존주의적 인
간학으로 탈바꿈한다.

Ⅲ. 인간적 삶의 구조로서의 실존

　　존재론적으로 '자유'라 규정할 때 인간 즉 '대자'는 '실존'
이라 불린다. 인간의 자유 즉 실존성 다시 말해 '대자' '무'의
존재 구조는 인간이 우주의 주체이며 세계와 가치의 창조자,
운명의 관리자임을 그에게 확인해주며, 자부심의 충분한 근거
를 제공한다. 인간의 자유는 그에게 더 이상 바랄 수 없는 축복
이다. 그러나 자유는 다음과 같은 두 가지 차원에서 축복인 동
시에 저주의 대상이기도 하다. 첫째, 논리적 차원에서 세계의
모습만이 아니라 나 자신의 삶이자 인간됨이 처음부터 운명적
으로 주어진 실체가 아니라 내 스스로 이미 주어진 아무 근원
적 기준도 없는 상황에서 내 선택대로 만든 작품이며 그러한
한에서, 나는 나 자신의 인생과 내가 사는 세계의 모습에 대해
서 전적으로 책임을 져야 한다. 그런데 이러한 책임을 동반하
는 선택은 필연적으로 불안l'angoisse 즉 정신적 고통을 동반하
게 마련이다. 둘째, 존재론적 차원에서 인간으로서의 삶 즉 실
존은 구조적으로 무엇인가를 항상 지향해야 하는데 그가 궁극
적으로 지향하는 목적은 운명적으로 실패로 끝날 수밖에 없는
운명에 처해 있기 때문이다. 인간의 운명적 불안 즉 고통은 그
가 자유로운 존재라는 사실에 기인하고, 그 자유는 그가 '대
자' 즉 '무' 즉 '없음' '비어 있음'으로 존재해야 하는 사실에
연유한다면, 자신의 책임·고통에서 해방될 수 있는 유일한 방
법은 즉자 즉 반성적 의식이 부재한 대상으로서 그냥 존재하는
것이다. 그러나 내가 사물로 존재한다는 것은 내가 의식이 없
는, 즉 아무 경험도 할 수 없는 존재가 됨을 함의하는데, 그것

은 나의 근원적인 소망에 배치된다. 왜냐하면 내가 본래 원하는 것은 책임과 그것이 필연적으로 동반하는 불안과 고통에서 해방된 상태를 경험 즉 의식하는 데 있다. 그러나 내가 이러한 상태를 경험·의식하기 위해서 나는 의식적 존재 즉 대자로서 남아 있어야 한다. 그것은 절대신과 같이 완전한 존재로 존재하는 것이다. 그러자면 나는 대자인 **동시**에 즉자 즉 자유로운 의식적 존재인 동시에 자유가 박탈된 물건으로서의 존재이다. 그러나 대자와 즉자, 의식과 그 대상은 그 구조상 서로의 존재를 요청하지만 동시에 서로 간의 갈등적 관계 속에 있으므로 양립할 수 없다. 그러므로 절대신은 논리적으로 존재할 수 없고, 인간의 궁극적 소망과 그런 소망을 충족시키기 위한 모든 노력은 고통만 남길 뿐 실패로 돌아간다. 이런 점에서 "인간의 삶은 쓸모없는 고통이다." 모든 것을 자신의 자유로운 결단에 의해서 의미와 가치를 부여하고 정당화할 수 있는 근원적 바탕으로서의 인간은 자신의 존재와 삶의 궁극적 의미와 정당성을 발견할 수 없이 우연히 태어나 평생을 불안과 고통을 겪으면서 근본적 이유도 없이 탈사회적으로 고독하게 살다가 죽어가는 비극적인 동물이다. 인간의 실존은 근원적으로 비극적이다.

　사르트르의 실존주의가 난삽한 철학적 이론에 의해 뒷받침됨에도 불구하고, 그의 실존주의가 2차 대전이라는 역사적 비극 후에 강단 철학이나 일반 학계 그리고 지성계를 훨씬 넘어서서 세계적인 차원에서 사상계를 뒤흔들 수 있었던 이유는 어디에 있는가? 첫째 이유는 그것이 삶의 비극을 체험한 그 시대가 자기 자신의 모습을 재확인할 수 있게 해주었다는 사실에서 찾을 수 있을 것 같다. 그러나 이러한 설명은 충분치 않다. 둘째, 더 중요한 이유는 그의 인간 실존의 분석이 한 시대에 특수한 인간 실존이 아니라 모든 시대를 관통하는 보편적 인간 실존의 구조를 밝혀주기 때문이다. 셋째, 더 근본적인 이유는 다음과 같은 사실 때문일 것이다. 인간이 어떤 상황에서도 자유라는 실존주의적 기본 명제는 인간 존재의 비극성을 함의하는 동시에 인간이 운명적으로 결정된 것이 아니라 자신의 선택과 결단에 달렸음을 함의하기 때문에 인간에게 삶에 대한 용기와 의지 그리고 그것에 동반되는 긍지를 부여하기 때문이다. 개인의 구체적 체험에 비추어 볼 때, 인간으로 산다는 것이 무엇인가를 사르트르의 실존주의만큼 일관성 있게 보여주고 선명하게 밝혀준 철학은 지금까지 찾아볼 수 없다.

그렇다면 그의 실존철학은 궁극적 진리인가? 그의 철학이 이원론적 존재론에 입각하여, 어떤 대상으로도 환원할 수 없는, 즉 어떤 것과도 완전히 구별되는 형이상학적 존재로서의 '없음' 혹은 '무'라는 대자로서의 인간 의식을 전제한다면, 과연 그러한 이원론적 형이상학의 전제는 참인가? 한 인간의 의식 즉 주체와 그 의식 대상의 관계는 존재론적으로 서로 화합할 수 없이 대립적인가? 사르트르의 실존주의적 전제가 현상학적 서술과 분석에 근거한다면, 그러한 전제를 도출한 사르트르적 현상학은 현상학적 근거를 갖고 있는가? 사르트르의 실존적 현상학이 안고 있는 이러한 물음들을 정면에서 받아 현상학적 테두리 안에서 처음으로 대답을 찾고자 한 사람은 그와 동시대의 현상학자이며 그와 가장 가까웠던 학문적 친구들 가운데 하나였던 메를로퐁티였다.

3. 메를로퐁티와 지각의 현상학

I. 지각의 원초성

데카르트의 철학적 문제가 절대적 확실성 즉 근거가 있는 앎의 추구에 있었듯이, 후설의 철학적 문제도 추호의 의심도 허락할 수 없는 자명성을 갖춘 앎의 추구에 있었으며, 이러한 요청을 충족시킬 수 있는 방법으로 데카르트가 플라톤 이래 모든 종류의 전통적 인식론을 부정하고 합리주의적 인식론을 제안했듯이, 후설은 자기 시대를 지배하게 된 실증주의적·과학주의적·역사주의적·상대주의적 인식론의 자기 모순을 지적하면서 그 대안으로 현상학적 인식론을 창안해냈고, 그러한 인식론의 핵심적 열쇠를 데카르트와 칸트의 전통에 따라 신험적 자아의 순수한 경험에서 찾았다. 세계와 자아를 설명하는 입장은 다르지만, 인식과 설명의 시원적인 근거를 한 개인의 선험적 자아의 순수 경험에서 찾았다는 점에서 데카르트·칸트·후설은 서로 전혀 다를 바 없다. 그러나 바로 이 점에서 다 같이 후설의 뒤를 이은 사르트르와 메를로퐁티의 두 현상학은 서로 다른 방향으로 전개된다.

메를로퐁티의 경우 세계 및 자아에 대한 인식과 설명의 시원적 근거는 '지각,' 더 정확히 말해서 감각적 기관을 통한 구체적인 경험이다. 지각적 경험은 모든 지식에 선행하며 근원적 기초이다. 그에 의하면 절대 종교인들, 대부분의 철학자들과 과학자들 그리고 절대 다수의 일반인들이 생각했던 것과는 정반대로 메를로퐁티에 의하면 '지각의 선행성 la primaute de la perception'은 모든 형태의 인식에 다 같이 적용된다. 수학을 포함한 과학·철학 등 모든 지식은 궁극적으로 지각적으로 얻어진 인식에 비추어서만 그 진/위를 결정할 수 있다는 것이다. 이러한 주장은 전통적 철학만이 아니라 일반적 상식과 정면으로 배치된다. 철학의 목적이 세계에 대한 진리 명제를 찾는 데 있고, 한 명제의 진리는 추호의 의문도 용납하지 않는 명증성에 있으며, 그러한 진리는 개별적이고 불투명한 지각 즉 감각적 경험으로서가 아니라 보편적이고 투명한 이성 즉 직관적 통찰로만 가능하다면, 감각적 지각은 수학적·철학적·과학적 지식의 시원이며 토대이기는커녕 이성적 직관에 의해서 비판·수정·순화되어야 한다. 이런 사실에도 불구하고 메를로퐁티는 자신이 옳다고 채택한 후설의 현상학적 인식 방법을 보다 철저히 충실하게 적용할 때, 지각적 경험은 후설이나 사르트르가 생각했던 바와는 달리 비감각적 '본질로의 환원'이 불가능하고, 앎의 시원은 '순수 직관'이 아니라 '감각적 지각'에 있고, 진리의 정당성의 근원적 근거는 '선험적 자아'가 아니라 '육화된 자아'라고 주장한다. 이러한 메를로퐁티 인식론의 독창성은 인식의 원초적 바탕에 관한 사르트르나 후설만이 아니라 플라톤·데카르트·칸트의 전통적 전제를 깨뜨리고 그것을 뒤집어 전통적 입장과 정반대의 입장을 취한 데서 찾아볼 수 있다.

II. 육화된 자아

데카르트·칸트·사르트르적 인간관, 더 정확히는 '자아' 관은 인간과 자연, 정신과 육체를 구별하는 이원론적 존재론에 근거하거나 아니면 그러한 존재론을 함의한다. 인간은 인간 외의 모든 존재 즉 가변적인 자연 혹은 물질과 구별되는데, 이러한 구별은 인간이 육체와 존재론적으로 혼동할 수 없는 영원불변한 초자연이나 정신 혹은 이성의 소유자라는 데 있으며,

한 인간의 정체성은 자연에 속한 육체가 아니라 자연과는 전혀 별개의 존재 양식을 갖는 정신과 이성에서만 찾을 수 있고, 이러한 속성은 그의 육체와 구별된다. 사르트르에 의한 즉자 혹은 자연 혹은 물질과 대자 혹은 인간 혹은 의식은 이원론적 구별, 이원론적 존재론의 대표적 사례이다.

그러나 이러한 이원론은 모든 인식의 바탕에 자연과 육체로 환원될 수 없는, 즉 육체와 혼동할 수 없는 주체 혹은 정신 혹은 의식 혹은 이성의 존재와 그러한 것들에 의한 경험 즉 선험적 경험이 모든 인식 활동에 존재론적으로 선행되는 원초적이며 초월적인 인식임을 전제한다. 메를로퐁티는 모든 현상에 대한 인식에 함의된 근원적 '선행성'을 사르트르와는 달리 생각한다. 그는 가장 선행적 조건을 선험적 이성의 '초감각적 순수 경험'이 아니라 감각 기관에 의한 '지각'에서 찾는다. 메를로퐁티와 더불어 데카르트와 칸트 그리고 후설의 순수한 초월적 자아는 '육화된 자아 l'ego incarne' '내재적 의식 la conscience immanente'의 개념으로 바뀌고, 이러한 주체 혹은 자아 혹은 의식관에 의해 주체와 객체, 영혼과 의식, 마음과 몸, 인간과 자연의 존재론적 이원론 구별의 벽은 무너지고, 그것을 갈라놓는 경계선이 흐려지면서, 사르트르의 이원론적 세계관은 동양의 음양 사상에 나타난 형이상학과 유사한 일원론적 존재론으로 탈바꿈한다. 이와 같이 볼 때 메를로퐁티의 육화된 자아 혹은 육체가 없는, 세계로부터 분리된 데카르트의 '생각하는 존재,' 칸트나 후설의 '초험적 자아,' 사르트르의 '대자'와 달리 하이데거의 '현존재 Dasein' 즉 '세계 속의 존재'에 가깝다.

메를로퐁티적 일원론에 의하면 현대 자연과학이 주장하듯이 물질은 인간의 의식과는 상관없이 완전히 객관적으로 존재하지 않고, 인간은 데카르트·칸트·후설이 전제하고 있는 것처

럼 선험적인 초월적 존재가 아니며, 의식과 그 대상, 대자와 즉
자, 의식과 무의식, 정신과 육체, 마음과 몸은 사르트르가 주장
하듯이 서로 절대적으로 대립하는, 즉 형이상학적으로 서로 단
절된 두 종류의 실체가 아니라, 물질/정신, 몸/마음, 육체/영
혼, 객체/주체의 절대적 구별이 그 의미를 잃게 되는 그래서
어떤 존재 범주적 개념 속에도 포함시킬 수 없는 한 존재의 시
간과 공간과 인간의 다양한 관계 속에서 달리 나타나는 다양한
모습들이며, 그것들은 각기 개별적으로 독립해서가 아니라 전
일적 틀에서 역동적 상호 관계에 비추어서 파악될 수 있다는
것이다. 대자로서의 인간이 자유롭다는 것은 틀림없는 사실이
지만 그의 자유는 사르트르가 믿고 있는 바와 달리 절대적이
아니다.

　의식과 그 대상의 한 관계를 지칭하는 경험을 떠나서는 어떠
한 앎도 있을 수 없는 만큼, 경험은 모든 인식의 원초적 바탕이
다. 그러나 경험의 주체인 의식의 본질을 어떻게 보느냐에 따
라 인식의 원초적 바탕으로서의 경험은 달리 파악되고 따라서
인식의 원초적 바탕도 달리 서술된다. 인식 주체가 데카르트,
후설 그리고 사르트르의 경우처럼 선험적인 순수 의식이라 전
제할 때, 모든 인식의 원초적 바탕은 그러한 이성에 의한 순수
직관일 수밖에 없는 데 반해서 메를로퐁티의 경우 인식 주체로
서의 의식은 순수하지 않고 '육화'되었다는 모든 인식의 원초
적 바탕은 순수 직관이 아니라 **지각**이 된다. 이런 점에서 메를
로퐁티가 '지각의 선행성'을 주장한 것은 당연하다. 사르트르
가 주장하는 대자의 절대 자유도 '지각'에 근거할 수밖에 없으
며, 지각이 감성 즉 육체에 의한 경험인 한에서, 대자의 자유는
이미 감성 즉 육체의 제약을 완전히 벗어날 수 없고, 따라서 제
한적 즉 비순수할 수밖에 없다. 지각적 경험, 더 간단히 말해서

'지각'은 의식과 물리적 존재가 서로 뗄 수 없는 역동적 통합 상태를 지칭한다.

Ⅲ. '표현'으로서의 존재

데카르트·칸트·후설의 전통을 따르는 사르트르의 '이성적 직관의 선행'과 '선험적 순수 이성'과 '주체의 절대적 자유'와 대립되는 메를로퐁티의 '지각의 선행성'과 '육화된 의식'과 '주체의 제한된 자유'는 인식, 진리 그리고 형이상학적 존재에 관해서도 전혀 다른 입장으로 이어진다.

인식을 이성적 직관에 의해 처음부터 주어진 대상의 본질 파악으로 이해하고, 앎을 그렇게 파악된 객관적 존재의 재편으로 보는 플라톤, 데카르트 그리고 후설과는 달리, 인식을 역동적 의식에 의한 감각적 소여들의 인위적 재구성으로 보는 칸트와 사르트르와도 달리, 메를로퐁티에게 인식은 이미 객관적으로 존재하는 지각 대상과 역동적 의식의 교차점에서 육화된 주체 즉 몸으로의, 후기 하이데거가 본 대로, **열림** 혹은 개시 Offenheit 과정이며, 진리는 그러한 열림을 통해 나타난 주체와 객체, 인간과 세계의 공동적 **표현** l'expression이다.

사르트르에게서는 전혀 찾아볼 수 없는 메를로퐁티의 **육화된** 의식으로서의 인식 주체관, **열림**으로서의 인식론, **표현**으로서의 진리는 사르트르에게서는 볼 수 없는 메를로퐁티의 형이상학으로 연결된다. 인간과 세계, 정신과 물질, 의식과 그 대상, 주체와 객체, 마음과 몸, 영혼과 실체, 의식과 무의식 사이에는 형이상학적 단절 없이 연속적으로 이어진다. 위와 같은 통상적 구별은 존재 자체의 구별을 반영하는 것이 아니라 존재를 개념화하는 필연성에서 생겨난 개념적 구별일 따름이다. 그렇다고 해서 인간에 의한 연속적 단 하나의 존재의 개념적 단절과 구별이 아무 근거 없이 마음대로 만들어질 수 있다는 말은 아니다. 어떤 특정한 존재론적 개념으로도 완전히 그리고 투명하게 표상할 수 없는 하나의 존재 즉 존재 일반의 총체적 속성을 은유적으로라도 꼭 서술해야 한다면 이때 가장 적절한 낱말은 '살la chair' 이라는 말이라고 메를로퐁티는 주장한다. '살' 은 의식도 아니며 육체도 아니고, 정신도 아니고 물질도 아닌, 그러나 그것들을 통합하는 속성을 갖고 있다.

'살' 로서의 세계 혹은 일반 자연의 개념화는 우리가 개념화하기 이전부터, 지각적 경험을 통해서 희미하게나마 시원적으로 인식할 수 있는 객관적 속성과 구조에 근거를 두어야 한다. '살' 로서의 세계 혹은 존재 일반은 영혼과 육체, 정신과 물질 가운데 그 어느 존재론적 범주에도 속하지 않지만 그렇다고 혼돈 자체가 아니라 나름대로의 구조 혹은 질서를 갖추고 있다. 메를로퐁티는 '살' 로서의 단 하나의 세계 혹은 존재 일반의 나름대로의 질서와 구조를 법칙이라는 말 대신 **존재의 파장** l'ondulation 또는 **관절** l'articulation이라는 말로 부른다. 세계 혹은 존재 일반의 궁극적 속성은 투명한 개념이나 기하학적 수식으로 설명할 수 없다는 점에서 플라톤 · 데카르트 · 칸트 · 후설 그리고 사르트르의 형이상학은 의심할 수 없는 이원론인 데 반해서 메를로퐁티의 형이상학은 헤겔 · 니체 · 하이데거 그리고 동양적 전통에 따라 일원론적인 것은 분명하다.

모든 존재가 어떤 것으로도 결코 완전히 분절할 수 없지만 그렇다고 그것이 카오스가 아니라 파장 혹은 관절의 질서를 가졌다면, 그러한 존재의 질서는 투명한 선험적 순수 이성에 의한 직관이 아니라 육화된 경험으로서의 지각을 통해서만 가장 충실히 인식될 수 있다. 또한 그렇게 인식된 존재를 가장 가깝게 표상할 수 있는 언어는 수학이나 과학이나 철학이 아니라 예술이며, 예술 가운데서도 문자 언어를 사용하는 문학보다도 비문자 언어를 사용하는 음악·춤 특히 회화이다. 메를로퐁티가 그림에 관해 큰 관심을 갖고 세잔 작품의 철학적 의미를 부각시킨 것은 전혀 우연한 일이 아니다. 그는 세잔의 예술적 의도가 지각을 통해서만 드러나는 존재의 원초적 구조 즉 파장과 관절로 표현할 수 있는 세계 혹은 일반 존재의 본질을 어떤 담론, 어떤 예술 작품보다도 충실히 드러냈다고 주장한다.

메를로퐁티의 현상학에서 우리들이 지각적·과학적·철학적 경험을 통해서 믿고 있는 사물들, 존재들, 더 나아가서 인간의 인식 주체의 의식에 비치는 대상으로서의 세계 혹은 존재 일반의 본질적 속성은 어떤 것인가? 플라톤·헤겔·후설 등의 철학과 마르크스의 유물론이나 고전적 과학에서는 그 구조가 분명한 객관적 **발견**의 대상으로 전제되고 있으며, 사르트르의 철학에서는 인간 즉 대자의 자의적 선택에 의해서 그 구조를 **구성**할 수 있는 즉자 즉 **물질적** 존재로 전제되고 있다. 그러나 메를로퐁티의 형이상학적 존재론은 위의 어느 존재론과도 다르다. 그에 의하면 '살'로서 존재하는 세계 혹은 존재 일반의 근본적 본질은 **관념** 또는 **물질**로 규정할 수 없는 **의미** le sens이며, 그러한 의미로서의 세계 혹은 존재는 발견의 대상으로 처음부터 그냥 있는 것이 아니라 **육화된** 의식과 세계 혹은 존재의 역동적 즉 변증법적인 원초적 만남에서 탄생한다.

메를로퐁티의 현상학에서 인식은 주지주의 즉 합리주의적 인식론의 경우처럼 순수한 이성의 활동이나, 실증주의 즉 경험주의적 인식론의 경우처럼 물질적 대상의 통계적 귀납도 아닌 원초적 **지각**의 산물이며, 발견도 구성도 아닌 **존재의 열림**이며, 인식의 주체는 순수 의식도 물리적 존재로서의 육체도 아닌 육화된 의식으로서의 몸 le corps이며, 이 몸 속에서 정신과 육체,

영혼과 자아, 인간과 자연은 형이상학적 구별이 불가능한 단하나의 세계 혹은 존재 일반으로 된다. 인간과 자연, 정신과 육체, 영혼과 자아, 관념적 존재와 물질적 존재, 대자와 즉자, 이성과 감성의 엄격한 존재론적 구별은, 궁극적으로는 세계 혹은 존재 일반을 투명하게 분간할 수 있도록 **지각**의 원초적 경험을 서술할 필요성에서 고안된 형이상학적 픽션에 지나지 않는다.

플라톤 · 데카르트 · 후설 · 사르트르의 철학에서 볼 수 있는 의식, 인간, 언어의 의미, 인식, 진리, 존재의 투명성은 메를로퐁티에 와서 드 바랑de Waelhens의 표현대로 한결같이 '애매'하게 되었다. '애매성'은 철학에서 가장 먼저 제거되어야 할 악덕이다. 그럼에도 불구하고, 세월이 갈수록 '투명한' 철학을 대표하는 사르트르의 철학적 주가가 떨어지는 반면에 '애매한' 철학을 대표하는 메를로퐁티의 철학적 주가가 상승해가는 오늘의 철학계의 현상은 어떻게 설명할 수 있는가? 그 이유는 '애매성'이 모든 존재와 그에 대한 인식의 보다 참된 모습이라는 사실을 포스트모던 세대가 깨달았기 때문인지 모른다. 철학에서는 진리와 투명성이 다 같이 필수 조건이지만, 전자는 후자에 선행한다.

4. 리쾨르와 해석학

I. 인간 실존의 초월적 의미

사변적 관심의 넓이와 철학적 관심 대상 폭의 다양성이 리쾨르만큼 크고 많은 사상가는 극히 드물다. 그의 관심은 철학사 · 신학 · 문학 · 역사 · 언어학 · 정신분석학 · 인류학 · 정치 · 사회 · 현상학 · 실존주의 · 해석학, 영미의 분석철학, 구조주의 · 마르크스주의 등으로 넓게 퍼져 있다. 그의 담론에는 플라톤 · 데카르트 · 칸트 · 헤겔 · 니체 · 후설 · 하이데거 · 야스퍼스 Jaspers · 마르셀 Marcel · 슐라이어마허 Schleiermacher · 딜타이 Dilthey · 가다머 Gadamer · 사르트르 · 데리다 등의 철학자들, 성 바울 St. Paul · 성 어거스틴 St. Augustine 같은 성인들, 바르트 Barth · 불트만 Bultmann · 틸리히 Tillich 등의 신학자들, 마르크스 · 베버 · 생시몽 Saint-Simon · 만하임 Mannheim 같은 사회학자들, 소쉬르 Saussure · 옐름슬레브 Hjelmselv · 야콥슨 Jakobson 등의 언어학자들, 레비스트로스 · 바르트 · 그레마스 Greimas 등의 구조주의자들, 브로델 Braudel 같은 사학자들, 프로이트 · 라캉 등의 정신분석학자들, 그리고 프레게 Frege · 콰인 Quine · 설 Searle 등의 분석철학자들이 방대하게 언급되고 있다.

그러나 리쾨르는 어느 특정한 철학 사상이나 철학자를 연구하고 해설하는 철학사가도, 역사학자도, 정치사회학자도, 언어학자도 그리고 신학자도 아니다. 그의 철학은 무신론에 뿌리박고 있는 사르트르와 메를로퐁티를 비롯한 거의 대부분의 현대 프랑스를 대표하는 철학자들과는 달리, 그리고 레비나스가 유대교라는 종교적 신앙에 뿌리를 내린 것처럼 개신교라는 종교적 신앙에 뿌리박고 있지만, 그렇다고 종교철학자도 아니며 더군다나 신학자도 아니다. 그들의 작업이 종교적 신앙의 옹호나 전파에 있지 않기 때문이다. 리쾨르는 플라톤 · 데카르트 · 칸트 · 헤겔을 철학자로 부른 이유와 똑같은 이유에서 철학자이다. 전통적 철학자의 관심이 줄곧 그러했던 것과 꼭 마찬가지로 그의 철학적 초점이 세계와 인간에 대한 궁극적 진리의 탐구에 있다는 점에서 철학자이며, 또한 탐구 활동의 경로가 종교적 계시가 아니라 어디까지나 이성적 성찰과 개념의 논리적 분석에만 의존하고 있다는 점에서 전형적인 철학자이다.

리쾨르의 철학적 관심의 초점은, 하이데거의 경우와 유사하게, 세계와 인간 실존의 관계로 이해할 수 있는 존재의 **궁극적 의미**를 탐구하는 데 있다. 의미가 필연적으로 비문자적 다양한 기호, 상징을 포함한 넓은 뜻으로서 언어의 의미인 한에서, 그리고 언어가 인간 활동에서 다양한 분야와 측면에서 존재하는 한에서, 또한 언어의 의미는 관찰과 측정의 대상이 아니라 해석의 대상인 한에서, 리쾨르의 철학적 작업은 필연적으로 언어의 해독 문제 즉 해석학이 된다. 철학자로서의 그의 궁극적 목적은 다양한 분야와 측면에서 관찰할 수 있는 언어 속에 함의되었다고 전제되는 존재 일반의 총체적 의미를 읽어내는 데 있고, 따라서 그의 철학의 구체적 문제는 그러한 의미 해독을 위해 가장 적절한 방법을 찾아내는 데 있다. 바로 여기서 리쾨르 철학의 특징이 **해석학** 즉 존재의 궁극적 의미 해석의 이론으로 집약될 수 있는 이유를 알 수 있고, 바로 이런 맥락에서 리쾨르와 신화·현상학·언어학·정신분석학·구조주의·역사 등과의 관계가 설명된다.

II. 현상학과 구조주의 인식론

인간이 의도적 존재인 한에서 그에게 세계 혹은 존재는 생물학적 눈으로 관찰하고 인과 법칙으로 설명할 수 있는 물리 현상으로서가 아니라 해석과 이해의 대상으로서의 언어로서만 존재한다. 그러므로 철학의 궁극적 기능이 세계 혹은 존재 일반의 인식에 있다면, 세계의 철학적 인식은 곧 언어의 해독과 일치한다. 과학·철학·문학·예술·종교·신화, 역사적 사건, 사회 현상 등 인간의 모든 행위와 작품 등은 다 같이 세계의 의미를 담고 있는 다양한 언어이다. 그러므로 철학의 기본적 목적은 이러한 언어에 담긴 의미의 해독에 있다. 그러나 그러한 목적 추구에 앞서 철학이 해야 할 우선적 과제는 그러한 의미 해독을 위한 확실하고 적절한 방법을 고안해내는 데 있다. 이런 시점에서 철학은 해석학이 되며, 리쾨르의 철학적 구체적 작업은 철학적 방법론으로서 해석학을 철학적으로 세우는 일이다.

해석학의 개념은 리쾨르의 발명이 아니다. 그것은 이미 슐라이어마허에 의해서 그리스의 고전 작품 혹은 성서의 해석 방법으로, 딜타이에 의해서 자연과학과 구별되는 인문과학의 방법론으로, 하이데거에서는 '기초 존재론'의 방법으로, 가다머에게는 철학적 인식론의 뜻으로 사용되면서 그 적용 영역이 점차로 넓어져왔다. 그러나 리쾨르는 가다머를 따라 그리고 그 밖의 해석학자들의 이론을 보완하면서, 이 개념을 철학적 인식론으로서 채택하지만 거기서 멈추지 않고, 그것을 비철학자 분야에 있어서의 방대한 자신의 지식에 근거하여, 여러 각도에서 비판하고 보완하여 보다 실증적이고 논리적으로 정밀한, 명실 공히 보편적일 수 있는 인식론으로서의 '해석 이론' 즉 해석학을 정립하고자 한다.

리쾨르의 해석학의 골격은 무엇인가? 해석학의 목적이 세계 혹은 존재의 의미를 해석하는 데 있으며, 그 구체적 내용이 그러한 의미를 해석하는 철학적 방법이라면, 리쾨르가 주장하는 해석 방법의 핵심은 무엇인가?

첫째는 인간의 **구체적 경험**이다. 그가 일찍이 세계에 대한 이해와 앎의 토대를 사념적 사색이나 과학적 방법에 의해서가 아니라 구체적인 개인의 구체적인 경험에서 찾아야 한다는 '기독교적' 실존주의자인 야스퍼스와 마르셀을 일찍이 읽고 그들에 관한 책을 두 권이나 썼다는 사실은 전혀 우연이 아니다. 마찬가지로, "사태 자체로 돌아가라"라는 후설 현상학의 기본적 구호가 모든 앎이 '원초적 경험Erlebnis'에 근거해야 한다는 주장에 지나지 않음을 감안할 때, 그리고 리쾨르가 무신론적 실존주의자인 사르트르에게 결정적 영향을 준 현상학의 시조, 후설의 초기 저서 『관념 *Ideen*』을 번역하여 긴 해설을 붙여 출판했을 만큼 후설의 현상학에 심취했던 것도 역시 우연이 아니다. 후설의 현상학 없이는 사르트르의 실존철학을 생각할 수 없고, 실존철학의 영향 없이는 리쾨르의 해석학을 생각할 수 없다면, 후설의 현상학 없이는 리쾨르의 해석학이 나올 수 없었을 것이다.

　그러나 리쾨르는 후설 현상학을 그대로 추종하지 않는다. 그에게 현상학은 해석학의 두 축 중의 하나일 뿐이지 전부가 아니다. 어떤 대상에 대한 앎은 곧 그 의미를 인식하는 것이며, 의미의 인식은 궁극적으로 주관적 경험을 전제하는 이상, 의미를 안다는 것은 적어도 주관적 경험에 내포된 어떤 의도를 안다는 것을 뜻한다. 그렇다면 그러한 주관적 의도의 인식은 그것의 객관적 서술로서가 아니라 그 서술 속에 담겨 있는 주관적 의도를 경험해야만 가능하다. 이런 점에서 세계 혹은 존재의 의미 해석의 방법이 현상학적 즉 주관적 경험에 바탕을 두어야 한다는 주장은 옳다.

　그럼에도 불구하고 현상학이 전제하는 바와는 달리 대상의 경험적 의미 인식은 현상학적 방법 즉 선험적 직관에만 의존하는 방법만으로는 불충분하다. 왜냐하면 직관은 후설이 그리고 그 이전에 데카르트가 확신하고 있던 바와는 달리 투명하지 않으며, 따라서 그 결과는 자명하지 않다. 세계, 더 정확히 말해서 세계의 의미 해석의 객관성과 신뢰성을 확보하자면 현상학적 방법 즉 주관적일 수밖에 없는 경험에만 의존할 수 없고, 그 경험을 담을 수 있는 객관적으로 누구나가 다 같이 함께 검토할 수 있는 언어의 구조 분석으로 보충되어야 한다. 그 이유는, 경험은, 리쾨르의 말대로, 이미 의미 해석이고, 의미 해석은 이미 언어적인 것이기 때문이다.

그리하여 리쾨르에 와서 해석학은 구체적 개인의 경험의 현상학적 서술이라는 축과 아울러 언어적 분석이라는 또 하나의 축으로 보완된다. 그가 현상학과 실존주의와 전혀 상반되는 관점에서 인식론에 접근하는 구조주의 그리고 더 일반적으로는 언어학과 분석철학에 깊은 관심을 갖게 된 것도 이 때문이다. 인식 즉 해석 대상으로서의 세계 혹은 존재의 의미는 필연적으로 주관의 의도와 관점의 산물이지만, 객관적으로 검토할 수 있는 언어로 표현되기 이전에는 그 의미의 인식자 즉 해석자만이 아니라 그러한 의미의 생산자에게도 '무의미' 한 채 남아 있다. 의미가 의미로서 존재하기 위해서는 그것은 필연적으로 경험적 즉 주관적인 동시에 언어적 즉 객관적으로 존재해야 하며, 따라서 의미의 인식 즉 해석은 현상학적인 주관적 서술과 동시에 언어적 즉 객관적 분석을 거쳐야만 가능하다. 이런 점에서 볼 때 개인의 주관적 경험에 의존하는 현상학적 인식론을 객관적으로 관찰할 수 있는 언어에 의존하는 구조주의적 인식론은 옳다.

구조주의 인식론은 모든 의미가 오로지 언어적이라는 신념과 언어의 의미는 오로지 언어를 구성하는 여러 가지 언어학적 요소들 간의 수평적 즉 공시적인 논리적 관계에 의해서만 결정되며 그러한 관계들이 객관적으로 분석될 수 있다는 신념을 전제한다. 그러나 리쾨르는 구조주의가 주장하는 바와 같이 의미가 필연적으로 언어적이며, 그러한 의미는 역시 구조주의적 인식론의 주장대로 객관적으로 분석되고 규정되어야 한다는 데는 전적으로 동의하지만, 그러한 구조주의적 의미론과 인식론은 의미와 인식의 총체적 본질을 파악하지 못한 것이라 주장한다. 구조주의적 인식론이 전제하는 바와 같이 의미가 필연적으로 언어적이고, 언어의 의미는 그 언어를 구성하는 언어적 단위들 간의 논리적인 구조적 관계의 산물이기도 하지만, 그와 동시에 그 언어가 필연적으로 지칭하는 언어 외부의 어떤 대상이기도 하다. 사실 언어가 지각적으로 관찰할 수 있는 물리 현상적 존재이기는 하지만, 그러한 물리 현상적 존재가 어떤 대상을 지칭하지 않을 경우 그것은 그저 하나의 물리적 현상으로만 존재일 뿐 언어일 수 없다. 한 낱말, 가령 '개'라는 청각적 혹은 시각적 존재는 그것이 자신 밖의 무엇인가를 지칭한다고 전제되지 않는다면, 그것은 단순한 즉 전혀 의미가 없는 물리적 소리나 시각적 대상에 지나지 않는다. 언어의 이 같은 지칭 기능은 세계 혹은 존재의 객관적 일부로서 존재하는 것이 아니라 필연적으로 자신 밖의 무엇인가를 지향하는 역동적이며 창조적인 인간의 비가시적인 의식의 산물이다. 구조주의적 의미론과 해석 이론의 치명적 결함은 바로 위와 같은 사실을 간과한 데 있다.

리쾨르의 관점에서 볼 때, 철학의 문제가 진리 발견의 문제이며, 진리 발견의 문제가 세계 혹은 존재의 인식 문제이며, 세계 혹은 존재의 인식 문제가 세계 혹은 존재의 의미 해석의 문제이고, 의미 해석의 이론적 방법 문제가 곧 해석학이라면, 해석학의 방법은 현상학적 즉 경험적 동시에 구조주의적 즉 언어 분석적이어야 한다. 이 두 방법은 서로 완전히 독립되거나 서로 배타적인 것이 아니라 인간에 의한 세계 혹은 존재의 인식 곧 그 의미 해석이라는 단 하나의 역동적 과정의 상호 비판적인 양면에 불과하며, 상호 보완적인 이른바 '해석학적 순환'의 두 측면으로서, 리쾨르에 의하면, 이러한 '해석학의 순환성'은 '악성적' 즉 정체적이 아니라 '발전적' 즉 '선형적'이다. 무한히 계속되는 해석의 순환 과정을 통해서 보다 객관적이고 보다 참되고 보다 총체적인 세계 혹은 존재의 의미에 접근할 수 있다는 것이다.

III. 역사의 텔로스와 인간의 유한성

리쾨르의 해석학 즉 '해석 이론' 혹은 '해석 방법론'은 개개의 문장, 개개의 텍스트 그리고 문학 작품들을 비롯하여 자연 언어로 작성된 과학적·역사적·사회학적·종교적·법률적 텍스트만이 아니라, 회화·조각·무용·건물, 인간의 행동, 그리고 자연어 자체에도 다 같이 적용된다. 한 걸음 더 나아가서 그것은 역사적 사건과 종교적 신념과 행위, 사회적 구조, 그리고 다양한 관습과 같은 다른 문화적 현상에도 똑같이 적용된다. 이러한 개개의 현상들 혹은 개별적 영역의 현상에 대한 의미 해석은 과학적 연구 대상이 될 수도 있고 철학적 연구 대상이 될 수도 있다. 그러나 철학자로서의 리쾨르의 궁극적 해석의 대상은 위와 같은 인간의 수많은 다양한 경험, 활동, 역사적 사건, 작품의 개별적 의미를 해석하는 데 그치지 않고, 위와 같은 다양한 개별적 현상들과 사실들을 매개로 구현되는 '세계 일반' 혹은 '존재 일반' 즉 '존재 전체'의 총체적이고 궁극적인 의미를 해석하고 밝혀내는 데 있다. 다시 말해서 그의 궁극적인 철학적 야심은 인간이 관찰하고 생각할 수 있는 자연을 비롯한 모든 현상들 속에 내재하고 있는 것으로 전제된 어떤 초월적·형이상학적·신학적 의도와 목적을 알아내는 데 있다. 앞서 보았듯이 리쾨르의 철학적 관심이 방대한 학문적 분야와 수많은 문제들에 퍼져 있다는 사실은 그의 궁극적인 철학적 목적이 특정한 문제와 분야에 국한되지 않고 존재 일반의 의미를 찾는 데 있음을 함의한다. 그가 그리스적이고 기독교적인 유럽에서 프로테스탄트 집안에서 태어나 그러한 종교를 지키고 있다는 사실로 미루어 볼 때 쉽게 이해할 수 있는 것이지만, 어쨌든 리쾨르의 해석학은 위와 같은 점에서 근본적으로 형이상학적이며, 종교적이며, 신학적이고, 그의 해석학은 위와 같은 자신의 철학적 기획을 수행하는 방법으로 고안됐다.

문제는 과연 그의 해석학이 그가 의도했던 만큼 그 기능을 만족스럽게 할 수 있는가에 있다. 그렇지 못하다. 그의 해석학에 의하면 해석의 근본적 구조상, 어느 누구도 그것이 문학적이든, 철학적이든, 종교적이든, 역사적이든, 과학적이든, 신화적이든, 어떤 한 단편의 텍스트이든, 하나의 회화나 조각이나 곡이든, 하나의 행동이든, 역사적 사건이든, 문화적 현상이든 각기 그것의 궁극적이며 결정적인 의미를 찾았다고 확신할 수 있는 이는 존재하지 않는다. 그렇다면 이러한 텍스트들, 작품들, 무한한 종류의 인간 행동들, 자연 혹은 문화 현상들을 통해서 구현되는 존재 일반의 총체적이고 궁극적인 의미를 발견한다는 것은 더구나 불가능하다.

해석학이 할 수 있는 최선의 길은 그 대상이 하나의 낱말이든, 단 하나의 문장이든, 단 한 편의 시의 경우이든 아니면 존재 일반이든 각기 그것의 절대적이며 총체적인 의미의 궁극적 발견과 이해가 아니라, 그러한 의미의 발견과 이해를 위해서 끝없는 사유를 무한히 계속하는 작업이다. 여기서 우리는 해석학의 구조적 한계, 인간의 존재론적 유한성 그리고 마지막으로 세계 혹은 존재 일반의 궁극적 신비를 깨닫게 된다. 그리고 실존의 궁극적 의미, 역사의 텔로스telos, 하이데거적 의미인 존재의 궁극적 의미는 유한한 인간의 이성 앞에서 한없는 비밀에

잠겨 있고, 인간의 애절한 물음 앞에서 영원한 수수께끼로 말 없이 남아 있을 것을 알게 된다.

5. 결론: 철학과 인간에 대한 해체주의적 도전

플라톤, 칸트 그리고 데카르트의 전통 철학은 '이성'이라는 형이상학적 속성에 의해서 그 밖의 모든 존재와 구별되는 인간 존재를 전제하며, 그들의 인식론은 또한 이러한 인간관에 기초한다. 이러한 인간관은 인간의 본질을 '자유'로서 규정하는 인간관이다. 모든 현상이 인과 법칙으로 설명될 수 있고, 이성이 그 밖의 모든 현상과 형이상학적으로 분리된 실체라면, 그것은 이성의 주체로서 인간이 어느 정도는 인과 법칙의 지배 밖에 있음을 함의한다. 무엇인가 인과 법칙의 밖에 존재한다는 말은 그것의 '자율성'을 뜻하기 때문이다. 인식론으로서 후설의 현상학은 위의 철학자들과 여러 가지로 구별되지만 위와 같은 형이상학적 인간관에 기초하고 있다는 점에서는 그들과 다를 바 없다. 후설의 현상학을 다 같이 수용하고 그것을 제각기 나름대로 다른 방향으로 변형시키면서 자신들의 '실존주의적' 현상학을 전개한 20세기 전반의 프랑스 철학을 대표하는 사르트르 · 메를로퐁티 · 리쾨르도 그 **정도**와 **한계**에 관해 견해 차이가 있음에도 불구하고, 인간의 자유를 인정한다는 점에서는 후설, 더 나아가서 플라톤, 데카르트와 전혀 다를 바 없고, 그들의 각기 '실존의 현상학' '지각의 현상학' '의미의 현상학'은 후설의 현상학과 구별되지 않는다.

20세기 전반까지의 프랑스 철학에 일반적으로 전제된 위와 같은 인간관은 1960년대에 소쉬르의 언어학의 영향을 받아 인류학자 레비스트로스, 문학비평가 바르트, 철학자 알튀세 Altusser 등에 의해서 과학적 인문사회과학의 방법론으로 제창 된 구조주의에 의해서 전면적으로 비판되고, 흔들리고, 깨어지 고 그리고 부정된다. 구조주의는 암암리에 '인간 주체의 자유 부정' 아니 숫제 '주체의 부재'라는 철학적 명제를 그 밑바닥 에 깔고 있다. 이래서 20세기 중반부터 프랑스 철학의 면모는 전혀 다른 모습으로 바뀌기 시작하고, 20세기 후반에는 마르크 스·니체·프로이트의 영향을 받은 들뢰즈·료타르·푸코 그 리고 데리다 등으로 대표되는 이른바 포스트모더니즘에 의해 서 '자아의 허상' '진리의 허구' '이성의 허상' '인간의 죽음' '철학의 해체'가 선언되는 데까지에 이른다.

20세기 후반의 프랑스 철학에 대한 위와 같은 점을 짧게 첨 부하여 20세기 프랑스 철학의 동향을 총괄하여 전체적으로 뒤 돌아볼 때 두 가지 역설을 지적할 수 있다.

첫째는 이론적 역설이다. 20세기 전반의 프랑스 철학, 아니 전통 철학에 전제된 주체로서 인간, 그의 이성 그리고 이성의 자율성이 프랑스의 포스트모던적 철학자들이 주장하는 바와 같이 부정될 수 있느냐는 물음을 던질 수 있다. 지금까지의 전 통 철학이 뿌리박고 철학에 전제된 인간관은 근본적으로 자기 모순 없이는 부정될 수 없다. 철학에 오래 뿌리박고 있는 인간 관에 대해 부정적으로 사유하는 주체로서의 인간들의 선언이 며, 그들의 주장은 그들의 주장이 진리라는 신념을 전제하고 있으며, 그들의 신념이 진리라는 주장 자체는 그 주장이 맞든 틀리든 역시 이성의 목소리이기 때문이다.

둘째는 일종의 역설적인 역사적 사실이다. "철학자로서 우리 는 누구나 다 같이 그리스인이며 독일인이다"라는 리쾨르의 말 대로, 20세기의 프랑스 철학은 전반기의 철학이나 그 철학의 전제를 근본적으로 부정하는 후반기의 철학이나 다 같이 독일 철학으로부터 결정적 영향을 받아 그것을 계승하여 변형시킨 것으로 볼 수 있다. 20세기 전반을 대표하는 프랑스 철학 사르트르, 메를로퐁티 그리고 리쾨르는 헤겔, 하이데거 특히 후설 없이는 상상할 수 없으며, 20세기 후반을 대표하는 푸코·들뢰즈·데리다는 마르크스·니체·프로이트 없이는 불가능했다. 그럼에도 불구하고 사르트르는 그의 스승 후설보다 더 큰 영향을 미쳤고, 세계적으로 더 널리 알려졌으며, 데리다는 니체나 하이데거보다 더 근본적인 철학적 혁명을 도모한 자로서 오늘날 인문사회학의 모든 분야에서 누구보다도 많이 언급되고 있다는 사실, 즉 독일 철학에서 배운 프랑스 철학이 독일 철학보다 더 찬란한 빛을 냈다고 봐야 하는 사실은 역사적 역설이 아닐 수 없다.

20세기 전반에 걸친 세계의 철학 흐름을 '대륙'을 지배한 현상학과 영미를 지배한 분석철학으로 분류할 수 있는 것은 분명하고, '대륙'의 한구석에서 싹튼 분석철학이 대륙을 떠나 영미에서 한결 더 화려한 꽃을 피우고, 독일에서 씨를 뿌린 현상학이 프랑스에서 한결 더 무성하게 자랐다는 사실 또한 분명하다. 아무튼 20세기 프랑스 철학이 왕성했다는 것만은 확실하다. 그러나 20세기에 왕성하게 빛났던 프랑스 철학의 불꽃이 21세기에도 빛을 계속 낼 것인가, 아니면 완전히 꺼져서 한 주먹도 안 되는 차디찬 재로 '해체'될 것인가는 아직도 미지수이다.

108   대부분의 정치가·사업가·상인·과학자·과학 기술자·군인·노동자 및 일반 시민들이 환경 운동가나 환경주의자가 아니고, 또 대부분 그들의 활동과 그들이 생산하는 것들이 반환경적이라고 하더라도 우리는 놀라지 않는다. 그러나 예술가와 예술에 대한 우리의 일반적 관념은 좀 다르다. 비록 모든 예술가들이 환경 운동가인 것은 아니지만 반환경적 예술가를 상상할 수 없고, 반환경 친화적 예술은 상상할 수 없다. 환경과 예술 간에는 깊은 관계가 있기 때문이다. 이런 생각은 예술가들 사이에서는 각별히 분명하고 예술가 아닌 사람들 사이에도 널리 퍼져 있다.

환경과 예술에 대한 이와 같은 관념은 자연을 떠난 환경을 생각할 수 없고, 과거 시인들 특히 과거 동양의 시성들이 자연을 즐겨 노래하고, 화가들은 주로 산수화를 그렸다는 사실과, 자연은 원래 아름다운 것이고, 모든 예술 작품이 자연의 풍경처럼 아름답다는 통념에 근거를 둔 것 같다. 그러나 이러한 통념이 사실과 꼭 맞는 것은 아니다. 이상이나 도스토예프스키가, 추사나 다 빈치가, 홍난파나 베토벤이, 백남준이나 뒤샹이, 그리고 각기 그들의 예술 작품 「오감도」나 『지하 생활자의 수기』가, 「세한도」나 「모나리자」가, 「봉선화」나 「운명」이, 「TV 부처」나 「샘물」이 공자나 플라톤, 뉴턴이나 아인슈타인, 진 시황이나 율리우스 카이사르, 그리고 각기 그들의 업적인 『논어』나 『대화록』, 만유인력설이나 상대성 이론, 진나라나 로마 제국에 비해서 왜 환경 친화적인지는 분명하지 않다. 경제적으로 비생산적인 삶을 살았던 수없이 많은 작가들, 화가들, 조각가들, 배우들, 음악가들, 그리고 빛도 보지 못하고 폐기된 그들의 수많은 문학 작품들, 미술품들, 조각들, 연극들, 음악들 특히 록 음악들은 자연 친화적이거나 아름답다기보다는 오히려 환경을 오염시키는 작은 원인이라고도 볼 수 있기 때문이다. 그럼에도 불구하고 예술가와 예술 작품이 깊은 환경 친화적 관계가 있다는 생각은 예술가들은 물론 일반인들도 떨칠 수 없는 신념인 것 같고, 그것들 간에 필연적인 관계가 있다는 것은 그것들의 관계가 우연적이 아니라 필연적이라는 점을 함축한다. 이러한 신념에 근거가 있다면 그것은 무엇인가?

그것은 우선 예술이 환경에 도구적으로 기여할 수 있고 실제로 많은 경우에 그렇게 취급되고 있다는 사실에서 찾을 수 있다. 거실에 걸린 그림이나 배치된 조각들이 집 안의 생활 공간에서 시각적인 면으로 기여하고, 수많은 미술관이 마을이나 도시를 미학적으로 향상시킨다. 음악을 듣거나, 무용이나 연극 관람을 통해서 마음의 환경을 정서적으로 개선하고 승화한다. 이 경우 예술은 환경을 위한 일종의 장식물로서의 의미만을 갖는다는 점에서 환경과 예술의 관계는 평등적이 아니라 주종적이며, 예술 작품들이 그렇게 장식물로 사용될 수도 있고 그렇지 않을 수도 있다는 점에서 환경과 예술의 관계는 필연적이 아니라 우연적이다. 그렇다면 환경과 예술 사이에 뗄 수 없는 관계가 있다는 신념의 근거는 없다.

나는 이 글에서 환경과 예술의 필연적 관계를 전제하고 그 관계의 필연성의 근거를 '둥지'라는 개념으로 정리할 수 있는 구조적 공통점에서 찾을 수 있다는 주장을 펴고, 그러한 주장을 바탕으로 '예술 작품으로서의 환경' 개념을 도입하여 환경의 예술적 계획, 조성 및 관리의 필요성을 제안하고자 한다.

그렇다면 우선 **둥지**란 무엇을 뜻하는가?

1. 거처로서의 둥지

동물이나 인간이 잠을 자고, 휴식하고, 추위와 더위, 약탈자로부터 자신을 보호하고, 사랑을 하고, 새끼를 낳아 키우고, 그 새끼들을 교육하여 각기 자신들의 유전자를 계승시켜나가기 위해서는 거처가 필요하다. 거처는 자연의 일부로서 발견의 대상으로 존재하는 것이 아니라 자연의 진화 과정에서 나타난 동물이나 인간에 의해서 자연 속에서 그리고 자연으로 동물과 인간에 의해서 만들어진 제품이다.

다 같이 거처이면서도 포플러 나무 꼭대기에 지은 까치의 거처, 초가집 추녀 속의 참새의 거처, 호숫가 버드나무 가지 사이에 매달린 어여쁜 물방울새의 거처, 풀숲의 꿩의 거처, 땅굴에 있는 여우의 거처, 개펄에 있는 게의 거처 등과 같은 동물의 거처는 옛날 한국인의 거처였던 초가집이나 기와집, 오늘의 대부분의 한국 도시인들의 거처인 아파트, 근대 유럽 귀족들의 거처인 성들과는 그 규모·기술·견고성·편이성에 있어서 비교가 될 수 없이 다르다. '사랑의 둥지' '신혼 부부의 둥지'라는 낱말의 경우처럼 인간의 거처가 '둥지'로 불리는가 하면, '까치집' '개집'이라는 낱말의 경우처럼 동물의 거처가 '집'으로 불리기도 하지만, 인간의 거처를 '둥지'라고 부르는 대신 '집'이라 부름으로써 동물의 거처와 인간의 거처 사이의 차이를 지각적으로도 쉽게 알 수 있다.

그러나 여기서 두 가지 점에 주의할 필요가 있다.

첫째, 피상적인 차이를 본질적인 차이로 착각해서는 안 된다
는 것이다. 동물들의 거처로서의 둥지와 인간의 거처로서의 집
의 차이는, 마치 까치의 둥지로서의 까치집 모양과 참새의 둥
지로서의 초가집 추녀의 차이가 그러하듯이, 또 집으로서의 옛
날 한국 초가와 집으로서의 근대 서양의 양옥의 차이가 그러하
듯이, 그리고 인간으로서의 황색인과 인간으로서의 백인의 차
이가 그러하듯이 본질적이 아니라 우연적이며, 근본적이 아니
라 피상적이다. 기능과 구조라는 본질적인 관점에서 볼 때, 까
치 둥지나 참새의 둥지가 동물들의 거처라는 점에서 동일하고,
초가와 양옥이 인간의 거처라는 점에서 똑같으며, 황색인과 백
인이 인간이라는 점에서 전혀 다를 바 없듯이, 거처로서의 기
능과 구조를 가졌다는 점에서 동물의 거처인 둥지와 인간의 거
처로서의 집은 본질적으로 똑같다.

둘째, 둥지가 인간으로 아직 진화하지 못한 동물이 고안해낸
거주지인 데 반해서 집이 동물에서 월등 진화한 인간의 거주지
라는 점에서, 그리고 동물이 만들 수 있는 둥지가 인간이 제작
할 수 있는 집에 비추어 그 크기나 질이나 기술에 있어서 비교
할 수 없이 빈약하다는 점에서, 집은 발달된 둥지로 규정할 수
있고, 바로 이런 점에서 둥지는 집에 비추어서만 그 기능, 구조
가 설명되고 그 가치가 평가될 수 있다고 언뜻 생각할 수 있다.
그러나 이러한 생각은 잘못이다. 사정은 정반대다. 둥지와 인
간의 집이 다 같이 거처를 지칭하지만, 언뜻 생각하기와는 전
혀 달리, 동물의 둥지가 인간의 집보다도 더 좋은 거처의 이상
적 원형이라는 사실 즉 집을 통해서 둥지가 설명될 수 있는 것
이 아니라 둥지에 비추어서 집이 설명되어야 한다는 사실이다.
왜일까?

자연은 한편으로는 땅과 하늘, 산과 들, 나무와 물처럼 '물리

적' 즉 '비주체적' 자연과 다른 한편으로는 동물과 인간과 같은 '생명적' 즉 '주체적' 자연으로 분류할 수 있다. 이 두 종류의 자연은 처음부터 그냥 존재하는 자연의 일부로서 객관적으로 존재한다. 거처로서의 둥지와 집도 자연의 일부로서 객관적으로 존재한다. 그러나 거처로서의 둥지와 집이라는 존재는 주체적 자연 즉 생명체와 그 대상으로서의 모든 자연의 관계가 빚어낸 새로운 '이차적' 자연이다. 역동적 생명체로서의 인간을 포함한 동물과 그 이외의 존재들과의 관계는 이러한 관계라는 개념에 비추어서만 그것이 둥지이든 집이든 거처라는 개념의 의미를 가질 수 있다.

거처로서의 둥지와 집은 동물과 그 이외의 존재와의 관계를 떠나서는 이해할 수 없고, 그러한 관계의 중심에는 역동적 주체가 있고, 역동적 주체의 복판에는 눈으로는 볼 수 없는 욕망/의도가 자리잡고 있다. 거처는 발견된 것이 아니라 의미가 담긴 **제품**이다. 예술 작품, 결혼 반지, 사랑의 엽서가 물리적으로만 인식될 수 없는 의미로서 존재하듯이 거처로서의 둥지와 집의 의미 또한 가시적으로만 설명될 수는 없는 가치라는 관념적 속성을 포함하고 있다. 거처로서의 둥지와 집에는 동물과 인간이라는 역동적 그리고 주체적 생명체의 이상적 삶에 대한 꿈이 담겨 있고, 그것을 실현하는 지혜가 배어 있다. 한 동물이 갖고 있는 꿈의 내용과 지혜의 수준에 따라 거처는 둥지의 양식을 가질 수도 있고 집의 양식을 갖출 수도 있으며, A라는 둥지 대신에 B라는 둥지가, A라는 집 대신에 B라는 집이 세워질 수도 있고, 그것들은 각기 달리 평가될 수 있다.

이 같은 동물의 꿈과 지혜의 측면에서 볼 때, 동물의 거처로서의 둥지와 인간의 거처로서의 집은 각기 어떻게 다르며, 상대적으로 어떻게 평가될 수 있는가?

결론부터 말하자면, 누구나가 자명한 진리라고 믿고 있는 바와는 달리, 거처로서는 둥지가 집의 모델이 될 수 있지만 집이 둥지의 모델이 될 수 없고 또 되어서는 안 된다고 나는 믿는다. 어째서일까?

진화론적으로 동물이 인간의 원조이듯이, 동물이 자신의 거처로 지은 둥지는 인간이 자신의 거처로 지은 집의 원형이며, 따라서 집은 둥지의 한 형태이며 따라서 둥지에 비추어 설명될 수 있지만, 그 반대의 경우는 성립되지 않는다는 사실에서 그 이유를 찾을 수 있을 것 같다. 그러나 이러한 사실은 거처의 탁월성이라는 점에서 집에 비한 둥지의 구조적 우열성을 증명하지는 못한다. 오히려 그 반대일 수 있다. 무엇이든 옛것보다는 그후에 그것을 모방하여 개량해서 만든 것이 월등 뛰어난 것이 일반적인 진리이기 때문이다. 미루나무 위의 까치 둥지나 땅속의 두더지 둥지는 크기·견고성·호화성·기술에 비추어 볼 때 20층 아파트나 바티칸 궁전의 지하 3층 거처에 비해 상상을 초월하게 열등하다.

그럼에도 불구하고 둥지는 역시 집의 원형 즉 모델이며, 거처로서의 둥지의 건축학은 거처로서의 집의 건축학보다 역시 월등하다.

거처의 관점 즉 한 동물 혹은 한 인간이 자신의 안정과 행복에 대한 근원적 욕망, 종족 번식과 번영의 생물학적 본능을 충족시키기 위한 기본 조건으로서의 가장 바람직한 장소의 관점에서 볼 때, 둥지를 지은 동물의 '세계관'과 그 세계관을 반영하는 건축학적 구조와 규모는 집을 지은 인간의 '세계관'과 그 세계관을 반영하는 건축학적 구조와 규모와 비교해서 볼 때 역시 월등 높게 평가되어야 한다. 그것은 둥지가 집에 비해 시간적으로만이 아니라 논리적으로도 '원형적' 즉 '규범적'이라는 사실에 근거한다.

앞서 보았듯이 인간을 비롯한 대부분의 동물은 그의 생물학적 구조상 생존해야 하고, 자신의 생명을 위협하는 여러 가지 위험으로부터 보호되어야 하고, 그러자면 잠정적이나마 안전한 거처가 필요하다. 그러나 그의 생존·안전·번식·번영 그리고 그러한 목적을 실천하기 위한 불가피한 거처의 구조도 그 이외의 무수한 다른 동물들, 더 나아가서는 모든 생명의 공동 원천인 생태계, 자연과 균형을 깨뜨리거나 파괴하지 않는 한계 내에서만 기획되어야 한다. 만일 이러한 균형이 깨진다면 언젠가는 다른 동물들, 다른 생물들의 죽음만이 아니라 그러한 것들의 죽음에 따르는 불가피한 생태학적 결과로 인간 자신의 죽음을 면할 수 없기 때문이다. 이런 점에서 볼 때 동물들은 이러한 원칙의 틀에서 자신의 생존을 계획해왔고, 거처로서의 둥지를 지으며 살아왔다. 그러나 동물들과는 달리 인간은 문명을 발전시키고 자연을 지배하게 되면서부터 점차적으로 균형을 잃은 욕망을 키워왔고, 이런 과정에 그가 자신의 거처로 지은 집들은 다른 사람들, 생태계, 자연 그리고 지구 전체와의 균형을 점차적으로 더 깨고 궁극적으로는 자연·지구를 파괴하는 형태로 그 구조가 변형되어왔다. 나 이외의 다른 사람들, 다른 동물들, 다른 생명들을 존중해야 한다는 이타적 도덕심을 위해서만이 아니라 장기적으로는 자신의 생존을 위해서만이라도 인간의 거처로서의 집은 동물의 거처로서의 둥지에서 그 원형, 범전을 다시금 발견해야 한다. 이상적 거처의 근본적 조건 중의 하나는 그것이 생태학적 즉 '자연적'이어야 한다는 점이다.

집에 비교한 둥지의 건축학적 우월성의 근거는 미학적 관점에서도 뒷받침된다. 둥지는 집에 비해 한결 아름답다. 수많은 양식의 둥지가 있지만 건축학적 아름다움을 갖춘 대표적인 둥지는 아마도 나뭇가지·풀잎·조개 껍데기·이끼로 겉을 꾸미고 작게 뚫린 입구를 들여다보면 새들의 속털로 포근하게 단장된 한 산새의 보금자리 그리고 좀 간소하지만 보리밭의 조용한 곳에 마련한 종달새 보금자리를 예로 들 수 있을 것 같다. 이러한 둥지는 주어진 자연이 아니라 자연의 의도적 조작적 변형화 산물 즉 자연의 비자연화, 비유적인 뜻에서 문화화의 결과이지만, 그 조작화·비자연화·문화화는 너무나 '자연적'인 것이어서 그 둥지가 과연 자연의 일부인지 아니면 '문화'의 일부인지 알 수 없을 정도이다. 이런 점에서 둥지에서 자연과 문화, 그냥 주어진 것과 조작된 것과의 경계선은 애매하게 흐려진다. 그래서 둥지는 자연 아닌 자연인 동시에 '문화' 아닌 '문화'라고 부를 수 있고, 둥지에서 자연과 '문화'의 가장 원천적 차별과 관계, 생명체와 비생명체, 동물과 그 존재 조건, 주체와 그 객체로서의 모든 대상 간의 가장 원초적 대립과 화해 즉 생태학적 균형을 읽어낼 수 있다.

2. 둥지로서의 환경과 예술

둥지는 지성과 더불어 감성의 접근과 이지적 인식 대상인 동시에 지성에 앞서 감성의 미학적 감상 대상이다. 다른 자연적 및 문화적 존재들은 물론 인간의 거처로서의 집보다도, 동물들 특히 산새들의 둥지가 우리의 미학적 감성을 자극하고 매료하는 것은 바로 둥지의 이와 같은 특이한 존재론적 그리고 건축학적 구조 때문이며, 그 특징은 생태학적이라는 데 있다. 바로 위와 같은 몇 가지 점에서 새의 둥지를 비롯한 모든 동물의 집인 둥지는 일종의 비언어적 예술 작품이며, 집의 원형인 동시에 환경 조성의 모델이다. 그러나 환경과 예술의 관계를 분명히 파악하자면, 비록 환경과 예술 작품이 다 같이 둥지의 존재론적 범주에 속하더라도, 먼저 둥지로서의 환경과 예술 작품으로서의 둥지의 구별을 분명히할 필요가 있다. 그 구별은 환경이 몸의 거처로서의 '사물적 둥지'인 데 반해서 예술은 '마음의 거처로서의 언어적 둥지'라는 사실에서 찾을 수 있다.

I. 몸의 사물적 둥지로서의 환경

우주에는 지구, 산과 바다, 들, 공기와 물, 나무와 풀, 광물과 식물, 동물과 인간, 자연 현상과 문화적 산물 등이 각기 자연·우주의 일부로서 존재하고, '환경'하면 이러한 것들이 먼저 머리에 떠오른다. 그러나 위의 어느 것도 그 자체만으로서는 '환경'이 아니다. 환경은 객관적으로 발견할 수 있는 존재가 아니다. 그것은 지구·우주를 구성하는 단순한 일부가 아니라 이러한 것들과 지구·우주 안에서 진화론적 과정에서 역시 지구의 일부로서 출현한 동물이나 인간의 특수한 관계를 지칭한다. 그러므로 '환경'은 진화적 과정에서 동물 혹은 인간이 우주·지구에 출현하기 이전에는 존재하지 않았고, '환경'이라는 말은 무의미하다.

모든 관계에는 개념들 간의 논리적 관계와 사물들 간의 인과적 관계가 있고, 인과적 관계는 기계적·의도적인 것이 있다. 광물과 같은 무기물이나 식물과 같은 유기물들 간의 관계는 기계적으로 설명할 수 있지만 동물이나 인간의 경우는 의도적으로만 설명될 수 있다. 어떤 의도도 갖지 않은 무기물이나 식물은 그 밖의 존재와 물리적 혹은 화학적 인과 법칙에 의한 기계적 관계를 맺는 데 그치며, 따라서 A라는 존재와 B라는 존재 간의 관계는 일정하다. 이와는 대조적으로 동물이나 인간은 의도를 갖고 있고, 의도는 어떤 동물 혹은 어떤 인간이냐에 따라 혹은 경우에 따라 가변적인 만큼 한 동물이나 한 인간과 그 밖의 모든 것들의 관계는 무한히 가변적이다. 이러한 점에서 동물이나 인간은 넓은 뜻에서 주체적이라고 말할 수 있고, 주체로서의 동물이나 인간과 그 밖의 모든 존재들과의 관계는 의도적이며, 목적론적이고, 창조적이며 유기적이다. 주체적 존재로서의 동물과 인간은 자신에게 주어진 물리적 혹은 문화적 모든 여건을 자신의 특정한 의도·목적·계획에 따라 그것에 대해 기계적으로 반응하지 않고 그것을 주체적으로 변형·재구성·개조한다. 환경은 동물이나 인간의 위와 같은 창조적 활동에 의해서 새롭게 조정된 그들과 그들을 둘러싼 모든 여건들과의 새로운 관계인 동시에 결과이다.

생명체로서의 동물이나 인간의 가장 근본적인 본능·욕망·의도·목적·가치는 자신의 생존과 번영이다. 자신의 생존을 위해서 먹어야 하고, 먹기 위해서 활동해야 하고, 보다 잘 활동하고 먹기 위해서 휴식을 취해야 한다. 자신을 추위와 더위, 다른 약탈자로부터 보호해야 한다. 한 걸음 더 나아가서 자신의 삶을 가능한 한 즐겨야 한다. 또한 자신의 개별적 생명의 한계를 넘어 자신의 종족을 이어가기 위해서 짝짓기를 통해서 자신의 새끼를 낳아 양육함으로써 자신의 유전자를 다음 세대에 전수할 필요가 있다. 이러한 가장 원초적인, 따라서 보편적 목적을 실현함에 있어서 자신의 거처 즉 둥지가 절대적으로 필요하다. 환경은 다름아니라 동물이나 인간과 같은 주체자가 자신의 거처 즉 둥지로서 주어진 자연적 여건들을 자신이 재구성하여 만들어 자신의 입장에서 자신을 중심으로 바라보고 평가할 수 있는 물리적 조건들의 유기적 총체이다. 환경은 동물이나 인간이 각기 자신의 특정한 욕구와 목적에 의해서 자신의 지혜와 능력에 따라 재구성하고 따라서 변형한 자신을 둘러싼 모든 존재들의 총칭이다. 이런 점에서 환경은 거처 즉 둥지이기는 하지만 그 둥지는 어디까지나 '존재의 둥지'이다. 미루나무 가지 사이에 구성된 까치집, 새털·흙·이끼·나뭇가지 등을 조합해서 만든 예쁜 산새들의 보금자리, 땅 밑에 있는 두더지의 굴 같은 동물의 둥지나 초가집, 벽돌집, 고층 아파트 같은 인간의 둥지 즉 환경은 다 같이 물리적 존재이다. 한마디로 말해서 환경은 객관적으로 즉 물리적으로 존재하는 것들의 재조합을 지칭하며, 동물이나 인간에 의한 존재/자연의 창조적 재구성 즉 하나의 작품이며, 이런 점에서 환경은 동물과 인간의 거처로서의 둥지이되 그것은 언어의 둥지 즉 관념적 둥지로서의 예술작품과는 달리 어디까지나 존재의 둥지 즉 실질적 둥지이다.

모든 동물이나 인간은 자신의 궁극적 목적인 생존·번영, 생물학적 및 문화적 만족을 가장 효율적으로 만족시킬 수 있게끔 거처 즉 환경을 조성할 것이다. 그러나 동물과 인간의 생존 및 번영의 조건은 생물학적으로 다르며, 같은 동물이나 같은 인간이더라도 동물마다 그리고 인간마다 서로 다르다. 따라서 가장 이상적인 환경 즉 둥지의 구체적 모습은 똑같은 잣대에 의해서 평가될 수 없다. E라는 환경 즉 둥지가 동물에게는 이상적이지만 인간에게는 정반대일 수 있으며, H-1이라는 환경은 인간에게는 좋지만 H-2라는 환경은 인간에게는 가장 나쁠 수 있다. 이러한 점을 고려한다면, 한 동물 혹은 한 인간의 환경은 각기 그 동물과 그 인간의 생물학적 혹은 심리학적인 객관적 조건과 그러한 주체들이 각기 놓여 있는 객관적 조건에 비추어 각기 그들이 조성한 환경은 객관적으로 평가될 수 있다.

이같이 한 동물이나 한 인간의 가장 바람직한 환경의 모습이 객관적으로 평가될 수 있고, 또한 모든 동물이나 인간이 필연적으로 가장 효율적인 즉 가장 이상적인 환경을 만들려고 할 수밖에 없다 하더라도, 각기 그것들의 지혜와 능력은 동물마다 그리고 사람마다 천차만별이다. 그러므로 모든 동물과 인간의 욕구가 동일하고, 그러한 욕구 충족으로 똑같이 추구하고, 그러한 방법으로 거처 즉 환경을 조성하려고 한다 하더라도, 각 동물이나 인간이 조성하는 거처 즉 환경은 동일하지 않으며, 그중 어떤 것은 우월할 수 있고 다른 것은 열등할 수 있다.

환경이 동물이나 인간의 사물적 거처이며, 동물의 경우와는 달리 적어도 인간의 경우 환경의 구성은 본능에 따른 것이 아니라 의도적 그리고 이성적으로 조성될 수밖에 없다면, 이상적 환경 조성에 적용할 수 있는 가장 일반적 구조 원칙은 존재하는가? 만일 존재한다면, 그 원칙의 모델은 어디서 찾을 수 있는가? 이 물음을 접하면서 머리에 언뜻 떠오르는 것은 예술 작품이다.

3. 마음의 언어적 둥지로서의 예술 작품

환경이 동물이나 인간이 자신들의 생물학적 생존 · 번영 그리고 안정을 위한 몸의 거처로서 자신들의 주변에 있는 사물들을 창조적으로 재구성해서 조성한 사물적 둥지라면, 예술 작품은 인간이 자신의 인식적 투명성, 총체성, 일관성과 정서적 안정을 위한 마음의 거처로서 자신이 알고 있는 모든 언어를 창조적으로 재조합해서 만든 언어적 둥지이다. 몸을 위한 물리적 둥지로서의 환경이 생물학적 욕망을 갖고 욕망에 따라 움직일 수 있는 인간을 포함한 모든 동물에게 존재할 수 있지만, 마음을 위한 언어적 둥지로서의 예술 작품은 이성적 · 언어적 동물로서의 인간에게만 가능한 제품이다.

언어는 주로 의사 전달이나 무엇인가를 표상하는 매체이며, 그 매체는 주로 한국어 · 일어 · 영어와 같은 '자연어'를 지칭한다. 인간이면 누구나 그리고 어디서나 사용하는 자연어는 사회적 약정에 의해서 그 의미가 인위적으로 정해진 매체이다. 예술의 기능도 무엇인가를 표상하고 표현하는 데 있으며, 그러한 기능을 수행하기 위해서는 매체를 사용할 수밖에 없다. 그러나 예술에 사용된 매체는 문학의 경우처럼 자연어 즉 문자일 수도 있고, 미술이나 조각이나 무용이나 음악의 경우처럼 선 · 색깔 · 동작 · 소리 등일 수도 있다. 그렇다면 예술 작품을 통틀어 언어적 둥지라고는 말할 수는 없다. 그런데도 예술 작품을 언어적 둥지라고 부를 수 있다면, 그것은 언어의 개념을 확장함으로써만 가능하다. 언어를 '자연어'로서가 아니라 의사 소통이나 표상의 매체로 규정한다면, 문학만이 아니라 미술 · 음악 · 조각 · 무용 등도 다 같이 언어에 속할 수 있고, 모든 예술이 무엇인가를 전달하고, 표상하고, 표현하는 이상, 그것들을 다 같이 '언어'의 범주에 포함시킬 수 있다. 여기서 나는 언어를 바로 이 같은 넓은 뜻으로 사용하여 모든 예술을 언어의 범주에 귀속시킨다.

언어는 일상 대화, 철학 · 과학 · 문학 등 여러 가지 인간의 활동에 다 같이 사용된다. 그것은 의사의 전달, 지식의 전달, 감정의 표현, 명령, 의례 등의 목적으로 사용되며, 구두어의 경우에서는 일회적으로, 문자어의 경우는 반복적으로 사용된다. 이 모든 경우에 언어를 대하는 우리의 태도는 어떤 목적을 위한 **도구/수단**으로서 대하는 경우와 그 자체를 **목적**으로 대하는 경우로 구별할 수 있다. 문학/예술의 맥락에서 언어가 사용되는 경우를 제외하면 그 밖의 모든 맥락에서 언어가 사용되는 경우, 언어에 대한 우리의 태도는 도구적이다. 문학의 의도와 기능이 이해와 감상의 대상이 될 수 있는 언어로 구성된 어떤 작품의 구성·제조에 있는 데 반해서 일상 생활에서는 물론 철학적 혹은 과학적 텍스트를 구성·제조하는 데 있어서도 언어 사용자의 의도와 언어의 기능은 그것이 구두로 사용된 경우나 문자적 텍스트로 존재하는 경우나 다 같이 어떤 특정한 목적 달성을 수행하기 위한 도구일 뿐이며 따라서 그것의 가치는 도구적 관점에서만 평가된다. 언어를 도구로서 사용하여 달성하고자 하는 목적, 가령 의도·지식·감정의 전달은 수많은 다른 언어에 의해서 표현되고 전달될 수 있으며, 그러한 다른 언어들은 아름답고 우아하고 박력 있게 사용된 것일 수도 있고 그렇지 않을 수도 있다. 그러나 이 경우 핵심적 문제는 언어의 선택이나 표현 양식에 있지 않고 그 표현 내용에만 있을 뿐이다. 물론 같은 내용의 철학적 사유 혹은 과학적 지식을 전달하는 철학적 혹은 과학적 텍스트는 물론 일상 생활에서 사용된 언어도 좋은 말과 좋은 구성을 갖거나 그렇지 않을 수 있으며, 따라서 순전히 언어적 차원에서 좋고 나쁨의 기준에 따라 감상과 평가의 대상이 될 수 있다. 그렇지만 문학의 경우를 제외하면 언어의 그러한 차원은 언제나 이차적·부수적이라는 사실에는 변함이 없다. 왜냐하면 문학을 제외한 맥락에서는 요점이 의사나 사유 또는 지식의 전달에 있기 때문이다.

이와는 달리 문학 작품 더 일반적으로 말해서 예술 작품의 경우 예술의 의도와 작품의 기능은 그 자체 즉 언어로서 감상과 평가의 대상일 수 있는 언어적 가치의 창출이다. 물론 예술가는 반드시 무엇인가를 전달할 감도·생각·지식이 있으며, 문학 작품은 반드시 인간에 대해서, 자연에 대해서, 사회에 대해서 어떤 지식을 전달하고 감동을 자극한다. 그러나 예술 작품과 위와 같은 것들 간의 관계는 직접적이 아니라 간접적이다. 예술 작품의 기능은 이미 존재하는 어떤 사실을 표상하는 것이 아니라 그러한 것들을 새로운 각도에서 보고, 표상하고 느낄 수 있는 새로운 언어적 틀을 창안해내는 데 있다. 문학 작품을 픽션/허구라 부르고 예술 작품을 상상(想像)의 산물로 취급하는 이유가 바로 여기에 있다. 어떤 텍스트를 철학이나 과학적 텍스트와 구별할 수 있는 근거는 그것이 담고 있는 내용에 앞서 그러한 내용이 어떤 언어로 즉 어떤 식으로 얼마나 새롭게 표현되었느냐는 관점에서 찾을 수 있다. 예술의 핵심적 과제는 이미 존재한다고 전제된 진리나 이미 알고 있는 사실이 아니라 진리라고 전제된 것, 사실로서 인정된 것을 얼마나 새롭게 관찰하고 인식할 수 있는가를 새삼 반성하고 알아볼 수 있게 하는 언어적 그물망을 짜고, 렌즈를 깎고, 갈고, 닦아내는 데 있다.

인간은 모든 존재와 현상에 대한 진리를 찾고자 하는 충동을 떨칠 수 없다. 이러한 충동은 사회·자연·우주 안에서 지적으로 투명하고, 정서적으로 편안하고자 하는 본능에서 솟아난다. 종교, 철학 그리고 과학은 이러한 욕망의 표현으로 볼 수 있다. 그것들은 인간·사회·자연·우주를 서술하고 설명한다. 그러나 종교, 철학 그리고 과학이 보여주는 것은 원래의 의도와는 달리 인간·사회·자연·우주가 우주 자체가 아니고 그것들의 관념화, 즉 추상화 즉 구체적으로 존재하는 인간·사회·자연·우주와는 별개의 것, 그러한 것들의 왜곡된 모습이다. 불행하게도 이러한 결과는 모든 인식, 모든 표상의 불가피한 숙명이다. 왜냐하면 표상은 필연적으로 언어적 표상이며, 언어의 표상은 지각할 수 없는 비관념적 즉 구체적인 것들의 의미화/관념화 즉 추상화로서만 가능하기 때문이다. 바로 이런 점에서 모든 표상, 모든 인식은 왜곡된 것이며, 진리에 대한 인간의 욕망의 완전한 충족은 원천적으로 좌절될 수밖에 없다. 자연 안에서, 우주 안에서 인간이 정말 편안할 수 있는 거처, 자연의 한가운데서 자연과 어울려 행복할 수 있는 아담하고 따뜻하고 안전하게 꾸며진 새의 거처, 즉 둥지는 존재하지 않는다. 그가 있는 곳과 시간은 언제나 조금은 불편하다. 그러나 그는 자신의 이상, 자신의 실존적 꿈을 포기할 수 없는 이카로스이다. 그는 자신의 꿈, 정신적 둥지를 마련하고자 진리의 태양열에 자신의 납으로 만든 날개가 녹아 땅에 추락하는 것을 알면서도 녹아버린 날개를 다시 펴서 진리라는 태양의 빛을 향하여 다시 날지 않을 수 없다.

종교적 · 철학적 · 과학적 언어는 이카로스의 몸을 진리인 태양에까지 올릴 수 없는 납으로 만든 날개이며, 문학적, 더 일반적으로 모든 예술적 언어는 땅에 추락한 이카로스가 어떠한 좌절에도 굴복하지 않고 다시금 자신의 이상, 행복의 거처로서 불타는 태양에 도달하기 위하여 끝없이 자신의 날개를 다시 고치고, 다시 펴고, 다시 고안해내는 날개이다.

종교 · 철학 · 과학이 지적으로 균형 있고, 확실하고, 정서적으로 편안하고, 미학적으로 아름다울 수 있는 언어적 거처로서의 세계관을 고안해내려는 계획이며 실천 방법이라는 점에서 그것들은 예술과 마찬가지로 다 같이 일종의 거처짓기이며, 종교인 · 철학자 · 과학자는 다 같이 예술가와 마찬가지로 다른 얼굴을 한 이카로스이다. 언어의 기능이 무엇인가를 가장 충실히, 즉 왜곡하지 않고 즉 그 대상과의 거리를 삭제한 채 그 자체로서 표상 · 표현 · 전달하는 데에 있지만 그러한 언어의 기능은 논리적으로 그가 삭제하고자 하는 그것과 그 대상 간의 거리를 전제하는 만큼, 종교적 · 철학적 · 과학적 · 예술적 기획은 필연적으로 실패로 돌아가고, 그것들이 지은 거처는 하나같이 어딘가 딱딱하고 불편하다. 하지만 예술적 거처와 그 밖의 거처 사이에는 차이가 있다. 그것은 정도의 차이다. 다 같이 언어로 지은 거처이기는 하지만, 예술적 거처에 비해서 그 밖의 거처는 더 딱딱하고, 더 불편하다. 그 이유는 예술적 언어가 가능한 **은유적/다의적** 즉 **사물적/구체적**으로 애매하게 사용되고 있는 데 비해서, 종교적 · 철학적 · 과학적 언어는 가능한 **개념적/일의적** 즉 **관념적/추상적**으로 투명하게 사용되고 있기 때문이다. 이런 점에서 종교적 · 철학적 · 과학적 거처 즉 이론들은 인간의 거처로서의 **집**에 비유할 수 있고, 예술적 거처 즉 작품들은 동물들 특히 일부 새들의 둥지에 비유할 수 있다. 같은 거처이지만 집보다는 둥지가 자연에 더 가깝고, 그만큼 평안하다.

예술적 거처의 위와 같은 특징은 예술적 언어가 은유적이며, 비정상적이라는 데서 드러난다. 예술적 언어가 은유적이고 비정상적으로 사용되는 경향을 띠는 것은 개념적 · 추상적 즉 관습적으로 전달할 수 없는 무엇인가의 사물적 · 감각적 즉 신선한 의미를 전달하기 위해서이며, 그러한 언어적 의미를 통해서 세상의 모든 것을 새로운 유일한 눈으로, 다양한 대로 그리고 하나의 조화롭게 통일된 전체로서 바라보고, 느끼고, 생각하기 위해서이다. 유일성 · 다양성 · 통일성이 예술 작품을 구조적으로 평가하는 가장 기본적 잣대로 사용되는 것은 전혀 우연이 아니다. 구조적 측면에서 볼 때 예술 작품의 근본적 원칙은 생태학적이다.

건축학적으로 생태학적 원칙에 따라 세워졌을 때 마음의 거처로서의 하나하나의 예술 작품은 비로소 하나하나의 개별적 마음이 모든 것과 원초적인 차원에서 그 밖의 모든 것과 그리

고 그 자체 안에서 조화롭고, 편안하고, 행복할 수 있는 언어의
둥지가 된다.

4. 예술 작품으로서의 환경

　마음의 언어적 둥지로서의 예술 작품은 몸의 사물적 둥지로
서의 이상적 환경과 구조적으로 동일하며, 따라서 언어적 둥지
로서의 예술 작품은 사물적 둥지로서의 환경을 계획하고, 설계
하고, 조성하고, 관리하는 데 있어서 가장 적절한 청사진·설
계도·패러다임으로서 적용될 수 있다. 모든 종류의 환경은 그
하나하나가 하나하나의 마음의 둥지로서의 예술 작품처럼, 즉
유일성·다양성·통일성의 원칙에 맞추어 하나하나의 몸의 하
나하나의 둥지로 꾸며져야 한다.
　하지만 문제는 그렇게 간단하지 않다. 인간에게 적절한 둥지
는 동물에게 적절한 둥지/환경과 일치하지 않고, A라는 인간
에게 바람직한 둥지/환경은 B라는 인간에게 이상적인 둥지/
환경과 상충하며, A라는 동물에게 맞는 둥지/환경은 B라는 동
물에게 적절한 둥지/환경과 갈등한다.
　이러한 갈등을 풀기 위해서는 거시적·원시적 그리고 보편
적 차원에서 지구 전체를 모든 동물과 인간이 공유하는 하나의
환경으로 보고, 각기 자신을 초월한 상위적 차원인 생태계 중
심적 입장에서 지구상의 모든 인간·동물·생물 그리고 무기
물이 생태학적 고리를 파괴하지 않고 전체적 조화를 잃지 않는
테두리 안에서 각기 자신의 환경을 일구어가야 한다. 이러한
환경 기획과 조성에는 예술 작품에서 그 모델을 찾을 수 있었
던 개별적 환경 기획과 조성의 원칙이 똑같이 적용될 수 있다.

환경을 언어적이 아니라 사물적 예술 작품으로 인식하고, 계획하고, 조성하고, 창조하고 관리해야 한다는 것이다. 그것은 자연·세계의 예술 작품으로 지속적 그리고 창조적 전환 작업의 필요성을 의미한다.[1] 니체는 "과학을 예술의 렌즈로, 예술을 삶의 렌즈로 봐야 한다"라고 선언했다. 이제 우리는 낱말 하나를 바꾸어, "환경을 예술의 렌즈로, 예술을 삶의 렌즈로 봐야 한다"라고 선언해야 한다.

5. 맺음말

인간 이외의 모든 동물은 이러한 문제를 의식 못하고, 설사 그러한 것을 의식한다고 하더라도 그들에게는 그러한 문제를 해결할 수 있는 자유 의지나 지적 및 기술적 능력이 전혀 없다. 따라서 그들에게는 이러한 문제가 제기되지 않는다. 그들은 본능에 따라 각기 자기 중심적으로 둥지를 짓는다. 다행히 동물들의 둥지들은 '자연적'으로 조절되어 생태학적 균형을 깨뜨리지 않는다. 오로지 인간만이 이러한 문제를 의식할 수 있고, 인간만이 지구적 차원에서 생태계를 파괴하지 않고 환경을 예술 작품으로 만들 수 있고, 관리하고 유지하여 자기 자신은 물론 자신 이외의 모든 동물들의 진정한 땅, 안전하고 포근한 삶의 둥지로 지켜갈 수 있다. 따라서 각기 자신의 개인적 환경은 물론 지구적 환경에 대한 책임을 과거에나 현재나 내일도 져야

---

1 Ynhui(Yeemun) Park, "The Transfiguration of the World into Artwork: a Philosophical Foundation of Environmental Aesthetics," presented at The XIth International Congress of Aesthetics at Lahti, Finland, 1995. published in *Aesthetics*, vol. 20, The University of Tokyo, 1995, and reprinted in Ynhui Park, *Reality, Rationality and Value*, Seoul National University Press, 1998.

한다.

지난 인류 역사 특히 지난 한 세계의 문명사를 뒤돌아볼 때 인류는 자신의, 오직 자신만의 단기적이고 미시적인 욕망 충족, 행복을 위해서 자신의 거처를 오늘과 같은 메가 도시로 만들고 그 과정에서 지구적 차원에서 환경을 파괴하기에 이르렀다. 누적되는 쓰레기, 공기 오염, 썩어가는 하천과 바다, 물의 부족 현상, 핵 에너지의 잠재적 위험성, 녹지의 무제한 개발, 자연 자원의 고갈, 생태계 파괴, 지구 온난화, 인구 폭발, 기후 변동, 대도시의 교통난, 무모한 생명공학 발달이 몰고 올지도 모를 인간과 생명의 존엄성 상실 등으로 상징되는 환경 문제를 감안할 때, 앞으로 이런 식으로 자신의 환경은 물론 지구 환경의 파괴, 그것에 수반되는 생태계 파괴, 인류의 멸망이 올 것은 불을 보듯 훤하다.

근시안적·미시안적 이성을 넘어 원시안적·거시적 이성으로 세계를 바라보고, 인간 중심적인 관점을 넘어 자연 중심적으로 지구/자연을 인간만을 위한 도구로서만이 아니라 그것을 하나의 예술 작품처럼 그 존재 자체로서의 내재적 가치를 깨달아야 하며, 그러자면 과학적 이성의 의미를 예술적 이성의 잣대로 파악하고, 도구적 이성을 생태학적 이성으로 통제해야 한다.

문명사적 갈림길의 20세기

1. 서론: 역사 기술의 대상 설정과 그 서술

모든 것이 그러하듯이 하나의 역사적 사건과 그 사태의 의미는 그것을 어떤 맥락에서 보느냐에 따라 달라질 수 있고, 그것의 본질은 근시/미시적인 것보다는 원시/거시적 맥락에서 관찰될 때 더욱 명확히 드러난다. 20세기의 역사도 마찬가지다. 현재가 아니라 천 년 후에 20세기의 역사적 의미가 어떻게 평가될 수 있는가를 상상해볼 수 있다. 여기서 나는 천 년 후의 역사가들은 문명사의 관점에서 20세기를 **기로의 세기**, 더 정확히 말해서 **기로에 선 인간 중심적 문명의 세기**로 기술하게 될 것이라는 주장을 펴고자 한다.

1950년대에 미국의 한 출판사가 중세, 르네상스, 17세기, 18세기, 19세기, 20세기의 서양 철학 사상을 각기 『신앙의 시대』 『모험의 시대』 『이성의 시대』 『계몽의 시대』 『이념의 시대』 『분석의 시대』[1]라는 제목으로 책을 냈고, 최근 홉스봄은 세계사를 18세기, 19세기, 20세기를 각기 『혁명의 시대』 『제국의 시대』 『극단의 시대』[2]라는 제목으로 구분하여 저서를 냈다.

---

1 Anne Fremante, ed., *The Age of Belief*, 1954; Giorgio de Santillana, ed., *The Age of Adventure*, 1956; Stuart Hampshire, ed., *The Age of Reason*, 1956; Isaiah Berlin, ed., *The Age of Enlightenment*, 1957; Henry D. Aiken, ed., *The Age of Ideology*, 1956; Morton White, ed., *The Age of Analysis*, 1955, N. Y., New American Library.

2 Eric Hobsbawm, *The Age of Revolution; The Age of Empire; The Age of Extremes*, N. Y., Random House, 1969, 1987, 1994.

언뜻 보아 이러한 제목들은 이미 객관적으로 존재하는 인식 대상으로서의 중세, 르네상스, 17세기, 18세기, 19세기, 20세기의 서양 철학사 혹은 세계 문명사라는 대상의 특징을 서술하는 말로 보인다. 그러나 좀더 생각해보면 이러한 판단은 사실과 맞지 않는다. 모든 서술은 그 대상의 객관적 존재를 전제로 한다. 어떤 지각 대상을 놓고 '뱀' 혹은 '썩은 새끼줄'로 서로 달리 서술할 경우가 있기 때문이다. 나와 네가 똑같이 공통적으로 인정할 수 있는 '이것'이 확정됐을 때에만 두 가지 다른 서술은 각기 서술적 의미를 가질 수 있다. 그러나 가령 '18세기'가 '계몽' 혹은 '혁명'의 시대로, '19세기'가 '이념' 혹은 '제국'의 시대로, 그리고 '20세기'가 '분석' 혹은 '극단'의 시대로 서로 달리 서술됐다고 할 경우, 그러한 서술 대상으로서의 '18세기' '19세기' '20세기'가 구체적으로 어떤 대상을 지칭하는지는 전혀 막막하다. 왜냐하면 '세기'라는 시간적 대상은 누구나 다 같이 공감할 수 있는 어떤 구체적인 관찰 대상들이 아니기 때문이다. 그러므로 언뜻 보기와는 달리 '계몽' 혹은 '혁명' '이념' 혹은 '제국' '분석' 혹은 '극단'이라는 말들은 객관적으로 지각할 수 있는 한 시대의 역사적 대상을 서술하는 것이 아니라 그러한 서술에 전제된 역사적 대상을 설정하는 기능을 하는 것으로 볼 수 있다. 그러므로 '분석의 시대' 혹은 '극단의 시대'라는 말들은 역사적 서술 대상이 될 수 있는 '20세기'를 지칭하는 말로만 해석할 수 있다.

하나의 시간적 공간에서 볼 수 있는 현상과 사건은 그 종류와 수에 있어서 무한하며, 그러한 것들은 관점과 맥락에 따라 다양한 의미를 가질 수 있다. 한 시대의 역사적 사실／사건들은 홉스봄을 포함한 대부분의 역사가들의 경우처럼 정치적 사건, 사상, 기술 등과 같은 문화적인 것에 제한될 수 있고, 브로델의 경우처럼 지리적 위치 및 기후 등과 같은 자연적인 요소를 포함할 수 있다.[3] '20세기'의 똑같은 모든 사실과 사건들은 철학사적 관점에서 보는가 아니면 문명사적 관점에서 보는가에 따라, 한국인의 관점인가 인류의 관점인가에 따라, 그리고 기독교적·불교적·철학적·과학적 등의 세계관에 따라 각기 다른 역사적 서술 대상으로 정립된다. 그러나 이러한 역사적 정립은 사실 및 사건의 물리적 재구성이 아니라 필연적으로 그러한 것들이 갖는 의미의 재구성 즉 평가이다. 그러나 의미는 언제나 언어적으로 구성할 수 있는 어떤 이야기의 문맥 안에서만 가능하다. 그러므로 한 시대의 역사적 사실과 대상의 정립은 그러한 역사적 사실/대상의 정립자가 이미 가설적으로 갖고 있는 큰 역사 이야기narrative의 틀 속에 차지하고 있는 위치를 구성하는 작업이다. 이런 점에서 "역사는 이야기이다L'histoire, c'est une histoire"라는 시인 발레리Paul Valery의 말은 옳다.

물리적으로는 누구에게나 똑같은 한 시대, 지구, 우주 안의 사실과 사건들의 의미가 이념적으로는 종교적·철학적·과학적, 기독교적/불교적, 헤겔적/마르크스적, 토인비적/슈펭글러적/포퍼적, 다윈적/모노Jacques Monod적 거시적 이야기의 틀에 따라,[4] 지정학적으로는 한국적/일본적, 동양적/서양적, 세계적 관점에 따라, 그리고 분과적으로 종교·철학·예술·과학·정치·기술·경제 등의 개별적 관점과 통합적으로 문명이라는 총괄적 관점에 따라 서로 다른 이야기로 짜여질 수 있다. 그러나 '이야기'로서의 역사 구성은 누구나 인정할 수 있는 객관적 사실과 사건에 대한 '이야기'이다. '이야기'로서의

---

3 Fernan Braudel, *La Mediteranee et le Monde Mediterreen a l'epoque de Philippe* II, Paris, Gallimard, 1949.

4 헤겔·마르크스·슈펭글러·토인비·포퍼·모노 등을 예로 들 수 있다. William H. Dray, *Philosophy of History*, Printice-Hall, 1964.

역사는 소설의 경우처럼 어떤 개인의 **상상물**이라는 뜻이 아니라 이미 주어진 객관적 사실과 사건에 대한 **해석**으로서 역사다. 해석은 언제나 사실의 **재현**이 아니라 사실의 **의미**에 대한 해석이며, 그 의미는 해석자의 관점에 따라 달라질 수 있으며, 역사가 '이야기'일 수 있는 것은 바로 이런 점에서만이다. 그러나 한 시대의 역사 기술이 비록 그 기술자가 자의적으로 구성한 이야기일지라도 소설의 경우와 달리, 마음대로 꾸밀 수 있는 것이 아니라 반드시 어떤 객관적으로 존재하는 대상에 대한 이야기이다. 그러므로 카의 말대로 "사실에 근거하지 않은 역사가는 뿌리가 없으며, 역사가가 기술하지 않은 사실은 무의미하다."[5]

역사적 사실과 그 해석의 관계를 위와 같이 전제할 때, '역사적 평가'의 문제는 한 시대의 사실 및 사건들의 **역사적 의미** 해석에 기초한 역사적 재구성의 문제로 바뀌며, 이러한 재구성은 반드시 어떤 입장/관점의 선택을 전제한다. 20세기의 경우도 마찬가지다. 그것은 이 학회의 주제 발표 논문들의 제목들이 말해주듯이 한국·동양·서양의 관점의 지역적 선택에 따라 혹은 '사상사' '예술사' '건축사' 등의 개념들이 말해주듯이 특정한 분야의 선택에 따라, 그리고 역사가의 역사관 즉 세계관의 선택에 따라 전혀 다른 역사적 사실 정립/평가가 가능하다. 위와 같은 사실을 전제하고 나는 '세계'라는 틀 안에서 본 문명의 관점에서 20세기의 역사적 사실/사건을 정립/해석/평가하기로 한다.

---

5 E. H. Carr, *What is History*, N. Y., Macmillian, 1961, p. 30.

2. 문명사로서의 역사

I. 역사와 문명

역사는 과거 인류가 살아오면서 남긴 인류만의 고유한 발자취의 통시적 기억과 기록이다. 인류의 고유한 삶의 양식은 자신의 지능으로 주어진 자연을 인위적으로 개발하고 바꾸는 능력에서 찾을 수 있다. 인간의 삶의 본질은 자연과의 관계에 비추어서만 설명될 수 있다. 문명과 문화는 다 같이 이 같은 인간의 고유한 삶의 장치와 구조를 지칭한다. 역사는 곧 문명/문화사이며 문명/문화사는 자연사와 대치함으로써만 의미를 갖는다. 그러나 문명과 문화라는 개념은 완전히 동일하지 않고 그 관계는 애매모호하다. 따라서 역사를 문명의 관점에서 보느냐 아니면 문화의 관점에서 보느냐의 문제가 생긴다.

독일의 학문적 전통에 따르면 '문명'이 한 사회의 경제나 기술과 같은 물리적 측면을 지칭하는 데 반해서 '문화'는 이념·예술·도덕·학문과 같은 정신적 양상을 가리킨다. 그러나 이러한 구별은 엄격히 적용되고 있지 않을 뿐만 아니라 실질적으로도 불가능하다. '동양 문명사'와 '동양 문화사'의 내용의 차이를 구체적으로 알 수 없기 때문이다. 그 이유는 한 사회의 물질적 수준과 문화적 수준은 서로 뗄 수 없는 인과적 관계를 갖고 있다는 사실에서 찾을 수 있다. 문명과 문화의 차이를 굳이 구별해야 한다면, 그것들의 차이는 한 사회의 서로 다른 두 개의 요소 즉 물질적 구성 요소와 정신적 구성 요소를 따로 지칭하는 것이 아니라 한 사회를 서술하는 관점의 차이에서 찾는 것이 더 바람직하다. '문명'이 한 사회를 시간적 축에서 통시적으로 본 발달 과정을 뜻하는 데 반해서, '문화'는 같은 사회

135

를 공간적 축에서 공시적으로 본 일반적 태도의 구조를 지칭하
는 것으로 볼 수 있다. 그러나 일반적으로 문화가 공간적으로
나 시간적으로 부분적 역사를 지칭하는 데 반해서 문명은 상대
적으로 보다 포괄적인 시간과 지역의 역사를 가리킬 때 사용되
고 있다. 이런 점에서 동양의 포괄적인 역사는 '동양 문화사'
로서보다는 '동양 문명사'로 씌어지고, 백제의 역사는 '백제
문명사'라는 말보다는 '백제 문화사'라는 말로 언급된다.[6] 그
러므로 한국·동양·서양의 특수한 지역의 역사가 아니라 세
계의 역사는 '문화사'의 관점에서가 아니라 '문명사'의 관점에
서 서술해야 하며, 인류사의 한 토막인 '20세기의 인류 역사'
의 특성과 그 의미는 인류 문명사의 거시적 맥락에서만 정리되
고 평가될 수 있다.

　문명은 주어진 자연적 여건 속에서 보다 바람직한 삶을 영위
하기 위해 인류가 고안하고 축적한 인류 고유의 물질적 및 관
념적 장치이다. 그것은 곧 자연에 대처, 자연의 개발, 자연의
정복, 자연의 착취를 의미했다. 5천여 년, 몇만 년, 아니 인류
라는 종으로 진화된 아득한 과거에서 시작하여 오늘에 이르기
까지 꾸준하게 지속된 인류의 노력은 축적되고 발달되어 반세
기 전까지만 해도 상상할 수 없었던 우주 정복, 인간 복제, 사
이버 기술 문명을 창조함으로써 5천 년 전, 천 년 전, 한 세기
전 만이 아니라 반세기 전과 비교하더라도 상상할 수 없이 인
류의 수가 천문학적으로 증가하고, 그들의 생활은 풍요롭게 되
었다. 인류의 긴 역사를 통시적으로 뒤돌아볼 때, 시대나 지역
에 따라 국부적으로 혹은 한시적으로 후퇴와 멸망, 불행과 비
극과 고통이 반복되어왔지만, 실제적으로는 진보해왔다는 사

---

6 박이문, 「문화냐 문명이냐」, 『문명의 위기와 문화의 전환』, 민음사, 1996; Samuel P. Huntington, *The Crash of Civilizations*, Simons & Schuster, 1996, pp. 40～55 참조.

실을 부정할 수 없다. 그렇다면 지나간 20세기에 대한 진단도 다를 수 없으며, 앞으로 20세기, 더 나아가서 세번째 밀레니엄의 문명에 대한 전망도 밝다.

과연 그럴까? 20세기를 문명의 시간적 고리를 맺는 여러 단위 중의 하나로 전제한다면, 인류 문명사의 맥락에서 20세기의 특징은 무엇으로 규정할 수 있으며, 그 특징은 역사적 진보의 문맥에서 어떤 의미로 해석될 수 있는가?

II. 20세기의 문명사적 구분

역사를 '세기'라는 순수한 시간적 범주로 분절하여 이해하는 것은 편리한 방법이지만 그러한 역사의 분절은 **역사적 변화**의 관점에서 본 분절과 일치하지 않는다. 시간적 변화와 역사적 변화를 세기에 따라 구분하는 것은 인위적이다. 역사적 변화의 관점에서 본 역사의 분절은 한 시대에 발생한 사실/사건의 역사적 중요성에 비추어서만 의미를 갖기 때문이다. 그러나 여러 사실/사건 가운데에 어떤 것들이 역사적 의미를 갖는 것으로 보는가는 역사가의 역사관과 밀접한 관계가 있으므로 반드시 객관적이며 보편적인 것은 아니다. 홉스봄은 시간적으로 20세기를 세계 1차 대전이 시작한 1914년부터 소련 연방의 붕괴를 상징하는 베를린 장벽이 무너진 1989년까지로 규정하는데 그것은 이 두 사건들이 20세기를 19세기와 구별하고, 다가올 21세기와 구별할 수 있는 독특한 역사적 성격을 설명하는데 결정적으로 중요하다고 전제하기 때문이다.

세기들 간의 선을 어디에 긋든 간에 한 세기의 독특한 특징은 이전의 세기와 비교하여 상대적으로만 이해될 수 있고, 그 특징은 보는 관점에 따라 달라질 수 있다. 홉스봄은 19세기와 20세기의 변화를 지리적 차원에서는 **유럽 중심적인 것에서 지**

구 중심적인 변화로, 세력의 차원에서는 유럽 중심적인 것에서 인류 중심적인 것으로, 이념적인 차원에서는 **자유주의적인** 것에서 **전체주의/다원주의적인** 것으로, 경제적 차원에서는 **지역적 자본주의적인** 번영에서 **사회주의/초국가자본주의적** 번영으로, 과학 기술적 차원에서는 경이로운 진보에서 **폭발적인 발달로,** 정신적인 차원에서 **인류 번영에 대한** 낙관주의에서 **종말론적 불안감으로의** 점차적 이동으로 진단한다. 그리고 그는 이러한 20세기의 총체적 특징을 '재앙'과 '전례가 없는 기적적 진보'가 공존했던 두 '극단의 세기'로 서술한다.[7]

한 세기의 역사적 특징은 바로 그 이전의 세기와 비교해서만 역사적으로 파악될 수 있다. 고대는 원시 시대에, 중세는 고대에, 근대는 중세에, 19세기는 근대에, 20세기는 19세기에 연대적으로 비교했을 때에만 비로소 그 문명사적 특징과 의미를 이해할 수 있다. 지금까지 인류의 역사가 예외 없이 세기적·시대적으로 구분되고 세기/시대 간의 상대적 특징을 조명하는 방법으로 씌어진 것은 우연이 아니다. 19세기와 비교한 20세기의 특징에 대한 홉스봄의 관찰은 그 방법과 결론에 있어서 전혀 잘못이 없다. 그럼에도 불구하고 20세기의 역사를 서술하고 평가하는 홉스봄의 위와 같은 방법과 판단은 만족스럽지 않다. 19세기, 아니 20세기를 제외한 어떤 세기에 대한 그의 서술 방법이 적절하고 그의 평가가 깊이를 갖고 있다고 하더라도, 20세기에 관한 한 그의 통찰은 피상적이고 그의 접근 방법은 적절치 않다. 홉스봄의 방법론적 문제는 역사 즉 문명의 본질과 그러한 본질에 비추어 본 20세기의 근본적인 역사적 사실/사건들에 대한 홉스봄의 통찰력의 미흡함에서 찾을 수 있다.

---

7 Eric Hobsbawm, *The Age of Extremes*, N. Y., Random House, 1994, p. 13.

3. 20세기의 문명사적 특수성

I. 평가로서의 역사의 기술

역사를 인간이 살아온 양식의 변화 과정으로 정의하고, 문명을 그러한 변화를 가능케 한 물리적 및 정신적 장치로 규정할 때, 역사는 곧 문명의 역사이며, 역사는 문명 즉 인간이 개발한 삶의 장치의 변화와 그러한 것들의 효율적 결과의 관점에서 서술된다. 이러한 서술 방법은 문명의 여명에서 오늘날까지도 통괄하는 인류사에도 적용되고, 시대나 지역으로 구분해서 본 한 시대사나 한 지역사의 서술의 경우에도 똑같이 해당된다. 그러나 문명사의 서술은 과학적 서술과는 달리, 이미 주어진 객관적 장치의 사실적 재현이나 복사가 아니어서 그러한 객관적 장치의 의의와 가치에 대한 평가를 떠나서는 불가능하며, 이러한 평가는 삶의 장치로서 개발한 문명이 인간적 번영에 이바지할 수 있는 기능에 비추어서만 가능하다. 이런 틀로 볼 때 홉스봄에 따라 18세기를 '혁명의 시대'로, 19세기를 '제국의 시대'로 서술하는 것은 18세기와 19세기의 역사적 서술로서는 불충분하다. 그것들은 사실적 서술이지 어떤 문명의 틀에서 본 평가적 표현이 아니기 때문이다. 18세기의 '혁명'이라는 사건과 19세기의 '제국주의 발생'이라는 현상이 갖는 의미가 **문명의 일반적 의미 즉 인간의 번영**이라는 관점에서 측정됐을 때에만 비로소 18세기와 19세기에 관한 역사적 서술일 수 있다. 이런 점에서 18세기와 19세기를 각기 '혁명'과 '제국'으로 규정하는 홉스봄의 역사 기술은 불충분하다. '혁명'이라는 18세기의 사건과 '제국'이라는 19세기의 '현상'들의 각기 특수한 문명사적 의미/중요성에 평가를 동반했을 때에만 18세기와 19세기는 비로소 역사적으로 이해될 수 있다.

생명의 보존과 연장, 물질적 및 정신적 고충으로부터의 해방, 더 나아가서는 물질적 및 정신적 생활의 풍요를 떠나서는 인간의 번영을 생각할 수 없다. 이런 평가 기준에서 볼 때 원시적 문명에서 적어도 20세기를 끝내는 오늘의 문명에 이르기까지 총체적 인류 역사 즉 문명사에 대해 긍정적으로 서술되어야 한다는 것은 자명하다. 인구와 평균 수명의 놀라운 증가, 자연의 공포로부터의 해방 및 자연 개발에 의한 물질적 풍요, 정치 및 사회의 꾸준한 개혁으로 얻어낸 증가된 자유의 획득과 개선된 정의의 실천 등을 부정할 수 있는 이는 아무도 있을 수 없기 때문이다.

그러나 총체적으로 본 문명사의 이러한 긍정적인 평가적 서술이 시대나 지역으로 분할해본 문명사에도 똑같이 적용되지는 않는다. 한 시대의 문명을 진보적인 것으로 서술할 수 있는 반면 다른 시대의 문명은 퇴보적이었다고 평가할 수 있으며, 한 지역의 문명을 발전했다고 서술할 수 있는 반면 다른 지역의 문명은 침체했다고 평가할 수 있다. 18세기와 19세기는 중세와 르네상스에 비추어 상대적으로 '진보'적으로 평가되는 반면 중세는 고대 그리스에 비추어 상대적으로 '퇴보'했다고 서술할 수 있다. 또한 고대 지중해 문명은 고대 유럽 문명에 비추어 상대적으로 월등히 '발전'했던 것으로 기술할 수 있고, 어쩌면 헤겔의 관점대로 근대 동양 문명은 근대 유럽 문명에 비추어 상대적으로 '침체'했던 것으로 서술할 수 있다. 20세기의 유일성은 어떻게 기술될 수 있는가?

1) 미흡한 기술의 예

20세기를 화이트는 철학사적 관점에서 '분석의 시대'[8]로, 타르나스는 서양 사상사의 측면에서 '전일적·동참적 세계관의 시대'[9]로, 홉스봄은 세계사의 차원에서 '극단의 시대'[10]로 각기 기술한다. 그러나 이러한 기술들은 철학 혹은 사상이라는 특수한 분야의 차원에서이든, 세계사 일반의 차원에서이든 간에 20세기의 역사적 평가/서술로서 다 같이 미흡하다. 20세기의 철학적 특징을 '분석철학'의 출현으로, 사상사적 특징을 '전일적·동참적 세계관'의 출현으로 서술하든, 아니면 20세기의 총체적 특징을 두 '극단' 즉 '극단적 기술/경제적 발전'과 '극단적 비인간성'의 돌출로 기술할 수 있다 하더라도, 그것은 각기 통시적으로 본 철학사, 사상사, 세계사적 변화/발전 과정의 맥락에서 그것들이 차지하고 있는 특수한 의미/중요성을 설명하지는 못하기 때문이다. '20세기의 역사'는 오로지 20세기에 특수하게 나타난 사태/사건들이 차지하는 의미/중요성이 문명사적 관점 즉 인류가 자신의 복지 증가를 목적으로 개발한 물리적 및 정신적 장치가 차지하는 효율적 가치의 관점에서 측정되어야 한다. 20세기는 시간적으로 볼 때 다른 어느 세기나 시대와는 다른 위치에 있고 따라서 어느 세기나 시대를 보는 관점과는 다른 각도에서 서술되고 평가되어야 한다.

20세기는 어떻게 평가될 수 있으며, 그러한 평가는 어떤 역사적 사실에 근거하는가?

---

8 Morton White, ed., *The Age of Analysis*, Boston, Houghton Mifflin, 1955.

9 Richard Tarnas, *The Passion of the Western Mind*, N. Y., Crown Publishers, 1991, p. 440.

10 Eric Hobsbawm, *Ibid.*

2) '세계화'의 세기로서의 20세기

20세기의 역사적 사태와 사건은 몇 가지 관점에서 그 예를 들 수 있다. 정치적인 특수성으로 미증유의 파괴적인 2차 대전, 한국 전쟁, 월남 전쟁으로 첨예화됐던 자유주의와 사회주의 간의 냉전 상태, 베를린 장벽의 붕괴로 상징된 사회주의 진영의 패배, 오늘날에도 지역적인 전쟁이 부단히 일어나고는 있지만 세계적인 차원에서 유지되고 있는 평화가 그것이다. 경제적으로는 1930년대의 대공황으로 세계 경제가 밑바닥에서부터 붕괴되는 것 같았음에도 불구하고 전세계적으로 인류의 물질적 조건은 꾸준히 개선되었으며 1950년대 특히 1960/70년대에 미국을 비롯한 선진국과 아시아는 폭발적인 경제적 성장을 성취했다. 문화적으로는 조이스나 엘리엇의 문학, 피카소나 뒤샹의 미술, 쇤베르크나 스트라빈스키의 음악, 바우하우스나 르코르뷔지에의 건축 등 화려한 성과가 있었다. 철학적으로는 후설, 하이데거, 프레게, 비트겐슈타인, 푸코, 데리다 등의 스타가 나타났다. 사상계에서는 프로이트의 정신분석학, 사르트르의 실존주의, 레비스트로스의 구조주의, 료타르의 포스트모더니즘, 코모도의 생태주의를 들 수 있다. 과학계에서는 아인슈타인의 상대성 이론, 보어의 양자역학, 호킹의 우주학이 나타났고, 기술적으로는 TV, 점보 제트기, 우주선, 컴퓨터, 네노 프로젝트, 인간 복제에 이른 생명공학 등의 발명과 그러한 발명이 급속하게 지구에 보급된 것을 들 수 있다.

이러한 사태와 사건들이 20세기의 특수성을 보여주는 것임에는 틀림없지만, 그것들은 20세기의 어떤 특정한 관점에서 본 특수성일 뿐, 20세기의 총체적 특수성을 밝히지는 못한다. 위와 같은 20세기의 사태와 사건들을 **문명사적 발전**의 시각에서

19세기에 비추어 봤을 때, 그것들이 다른 두 세기, 가령 19세기를 18세기와 비교해보았을 때보다 양적 측면에서 경이적이었다는 사실을 서술할 뿐, 20세기의 총체적 그리고 근본적 특수성을 드러내지는 못한다. 20세기의 문명사적 특수성은 다른 두 어떠한 세기들 간의 특수성과도 질적으로 다르다. 세계화가 바로 그 특수성이다.

19세기, 어쩌면 20세기의 전반까지를 포함한 과거의 모든 문명이 어떤 도시, 지방 즉 지역의 문명이었다면, 20세기 아니면 적어도 20세기 말의 문명은 지구촌의 문명이다. 인류가 자신의 복지 향상을 위해 고안한 장치라는 점에서 모든 문명은 보편적 기능을 갖고 있지만, 문명은 필연적으로 서로 동일할 수 없는 어떤 특정한 지역에서 특정한 시대를 배경으로 능력에 있어서 결코 완전히 동일할 수 없는 구체적인 인간 집단의 지혜와 의지의 산물이라는 점에서 모든 문명은 그 형태나 효율성에 있어서 서로 다를 수밖에 없다. 따라서 한 시대의 문명이 다른 시대의 문명을 대치하고, 어떤 문명이 지역적으로 점차 세력을 확대하면서 다른 문명을 점차적으로 지배하게 된다. 인류의 역사는 이러한 문명 간의 경쟁과 지배 과정의 관점에서 기술될 수 있으며, 20세기는 한 문명이 이전의 다른 여러 문명보다 우위에서 어떤 제한된 지역만이 아니라 지구 전체를 지배하게 됨으로써 문명의 세계화가 처음으로 완료된 세기로 볼 수 있다. 20세기의 막이 내리는 오늘날의 지점에서 처음으로 한 문명의 세계화에 의한 지구촌이 형성되었다.

오늘날 지구는 문자 그대로 하나의 촌락을 형성하고, 지구는 정치·경제·군사·문화·기술·학술·정보·언어 등 모든 차원에서 날이 갈수록 서로 뗄 수도 빠져나올 수도 없이 얽힘으로써 세계화를 강화할 수밖에 없게 되었다. 그것은 세계가 하나의 문명의 틀 속에 묶이게 되었음을 뜻한다. 이러한 뜻의 세계화 추세는 아무도 거역할 수 없는 시대적·문명사적 추세이다. 문명은 언어·규범·코드·이념·기술·생활 양식을 함의한다. 세계화가 한 문명에 의한 지구의 통일을 뜻한다면, 세계화는 모든 지역의 특수한 문명들이 좋건 싫건 각자의 특수성을 희생하고, 지구적으로 지배하게 된 문명의 언어·규범·코드·이념·기술·생활 양식에 완전한 편입 내지는 적응해야 함을 뜻한다. 프로이트가 지적한 대로 문명은 필수적으로 억압과 인내라는 대가를 치러야 하지만, 위와 같은 세계화 과정에서 문명은 지역적 및 전통적 문명권에 크고 작은 혼란과 진통을 동반한다. 그러므로 비록 문명이 곧 진보/발전을 뜻하고, 세계를 지배하게 된 문명이 상대적으로 보다 더 큰 진보/발전을 뜻한다 하더라도, 지배적 문명에 편입되어야 하는 문명권들은 한결 더 크고 아픈 대가를 지불해야 한다. 현재까지도 지구 각처에서 일어나는 갈등·혼란·빈곤 등은 이러한 사실을 입증하는 구체적 예들이다. 초국가적 기업과 금융이 세계 경제를 지배하게 되었고, 세계적으로 활동하려면 누구나 영어를 사용해야 하고, 컴퓨터를 사용할 줄 모르면 문맹에 가깝고, 자동차를 굴리지 못하면 다리 병신과 같게 되었고, 정치적 이념으로는 민주주의를, 경제적 이념으로는 자유 시장 원칙을 따르지 않으면 국제 시장에서 사멸하게 되었다.

3) 세계화를 이룩한 과학 문명

세계를 제패한 20세기 말의 문명은 어떤 문명인가? 세계화는 미국화이며, 미국화는 서양화이고, 서양화는 과학적 문명화이다. 오늘날 명실공히 세계화를 이끄는 견인차는 미국적 문명이다. 구 소련의 붕괴 후 군사적·정치적·경제적·과학 기술적 측면에서는 말할 나위 없고, 문화적 측면에서도 미국의 힘은 압도적이다. 그러나 미국 문명은 서구 문명의 한 표현에 지나지 않으며, 더 정확히 말해서 고대 그리스인들의 정신에 분명히 나타난 서구인의 만족을 모르는 욕망의 추구와 객관적 진리에 대한 파우스트적 탐구 정신이 고안해낸 근대적 과학적 지식과 그러한 지식에 기초한 과학 기술의 표현이다. 그리스의 합리적 정신을 이어받은 인본주의를 거쳐 18세기에 산업 혁명을 이룩하지 못했더라면, 유럽의 폭발적 부의 축적은 불가능했으며, 부의 축적이 없었더라면 유럽 열강의 군사력은 있을 수 없었고, 상대적으로 막강한 서구의 군사력이 없었더라면, 동양·아프리카·미국 대륙에 대한 서구 식민지화의 시기를 지칭하는 '제국의 세기'도 존재하지 않았을 것이고, 이러한 제국의 세기는 근대적 과학 기술을 개발／발달시키지 않았더라면 생각할 수 없었으며, 이러한 과학적 기술의 위력은 과학적 지식이 객관적 사실에 기초한 보편적 진리가 아니었다면 상상할 수 없다. 긴 문명사를 뒤돌아볼 때 여러 굴곡을 극복하면서 **대체로** 문명은 항상 진보해왔다.

그러나 근대의 과학 지식과 기술의 큰 틀이 잡힌 18세기 이전까지는 문명의 변화와 발전은 극히 점진적인 것이었다. 18세기, 19세기 그리고 특히 20세기에 문명의 변화와 진보가 폭발적일 수 있었던 것은 과학적 지식과 기술의 폭발적 발전이 있었기 때문에 가능한 것이었다. 과학적 지식과 기술의 발전을 떠나서는 근대／현대 문명 그리고 이 시기에 이룩한 인류의 발전과 진보는 전혀 설명될 수 없다. 과학 지식과 과학 기술은 세계화를 성취한 문명의 바탕이었으며, 문명사적 발전의 결정적 견인차였다. 근대／현대 문명은 과학 기술 문명이며, 세계화는 과학 기술 문명의 우월성과 승리 그리고 세계의 과학 기술 문명화를 뜻하며, 과학 기술 문명은 문명의 발전, 인류사의 진보를 함의한다.

서구의 생소한 과학 기술 문명에 동참하고 편입하는 것이 엄청난 심리적·사회적·문화적 충격과 혼돈 그리고 모욕감을 개인적 혹은 집단적으로 감수하는 것이 불가피하도록 했음에도 불구하고, 비서양권에서 부득이 혹은 자진하여 상투를 자르고, 핫바지를 양복으로 갈아입고, 호롱불 대신 전기를 켜고, 짚신을 구두로 갈아신고, 천자문이나 사서삼경 대신 물리학·의학·공학을 배우고 문호를 개방해야 했던 근거는 과학적 지식의 보편성과 과학적 기술의 기적, 즉 문명사적 '진보성'을 인식했기 때문이다. 현재 우리가 볼 수 있는 문명의 세계화, 세계의 지구촌화는 백 년 혹은 2백 년 동안 지속된 비서구 문명권이 과학적 문명권으로 편입되는 과정의 완료를 뜻한다. 20세기는 과학 문명의 꽃이 처음으로 활짝 핀 세기이며, 문명이 곧 진보의 뜻을 내포한다면 20세기는 인류의 역사를 통시적으로 볼 때 가장 두드러진 진보를 성취한 세기임에 틀림없으며, 앞으로도 그 끝이 내다보이지 않는 과학 기술의 발달로 21세기, 제3의 밀레니엄에 대한 진보는 거의 보증된 듯싶다. 20세기는 유일한 세기가 아니라 무한히 계속될 듯싶은 진보의 역사라는 지평에서 각별히 두드러진 그러나 다른 것들과 마찬가지로 또 하나의 문명사의 고리로서 그 역사적 의미를 평가할 수 있다.

과연 그런가? 새로운 천년의 문턱인 금년 1999년에 지난 한 세기를 문명사적 지평에서 냉혹하게 반성해볼 때, 20세기는 다른 어느 세기와도 다른 유일한 세기라는 것이 드러난다. 20세기가 과거의 수많은 세기들과 앞으로 무한히 계속될 수 있는 많은 세기들로 구성된 수많은 문명사적 진보의 고리들 중 하나가 아니라 어쩌면 문명사의 마지막 고리의 세기 즉 문명의 임종을 맞는 종말론적 상황의 세기로 파악될 수 있다는 것이다. 이러한 사실은 문명사의 맥락에서 볼 때 20세기의 역사적 특수성과 의미는 다른 세기들 가운데 또 하나의 세기로서 그냥 다른 세기들과의 관계 속에서가 아니라 지금까지의 세기 전체와의 관계 속에서 파악되고 이해되어야 함을 함의한다. 이런 점에서 20세기는 문명사적으로 유일한 세기이다. 실제로 20세기를 종말론적 세기로 볼 수 있는가?

지난 한 세기 동안 두 번의 세계 대전, 한국 전쟁, 월남 전쟁이 있었고, 현재에도 지구 몇 곳에선 지역 분쟁이 그치지 않고, 지구 각 곳에서 기아·억압에 허덕이는 인류의 수가 적지 않다. 20세기가 문명사적 즉 인류 복지의 개선이라는 관점에서 거시적으로 볼 때 20세기 마지막 해인 1999년의 상황은 과학 기술적으로만 아니라 경제적으로나 사회적으로, 문화적으로나 도덕적으로 18세기, 19세기와는 물론 20세기 전반과 비교해봐도 믿을 수 없을 만큼 놀라운 '진보'를 거두었다. 그러나 인류가 문명을 세워나가는 긴 과정에서 경험했던 전쟁, 약탈, 다양한 형태의 악은 인류가 꾸준히 '진보'라는 크고 밝은 길을 향한 문명화 과정에서 부득이 겪어야 할 고통이며, 대가들로 볼 수 있다. 이런 점에서 20세기는 19세기, 18세기, 17세기 등과 근본적으로 다를 바가 없어 보인다. 20세기를 종말론적 위기의 세기로 생각할 수 없을 것 같다.

그러나 우리가 지난 반세기를 좀더 냉철하게 그리고 거시적으로 관찰하고 그 의미를 반성해볼 때 20세기는 다른 세기와 전혀 다르다. 20세기, 특히 20세기의 후반에 들어서면서 인류는 역사 이래 처음으로 지금까지 지속해온 문명, 특히 근대 이래로 지배해온 과학 기술 문명이 함축한 심각한 의미를 숙고하지 않을 수 없게 되었다. 이러한 문제 의식을 뒷받침하는 어두운 징조들이 쉽게 엿보인다.

인구의 폭발적 증가, 지구 자원의 고갈, 핵 에너지/무기의 확산, 지구의 온난화, 브라질이나 인도네시아의 열대림 벌목, 이러한 것들에 따른 지구 생태계의 파괴로 인간의 물리적 생존 조건들이 근원적으로 위협받게 되었다. 인간 복제까지 이른 생명공학과 그로 인한 인간의 해체와 도덕적 및 철학적 카오스와 직면하게 되었다. 기술적·경제적 차원에서 근시안적으로는 문명의 꽃, 역사의 절정에 접근하는 것으로만 보였던 20세기의 문명이 갑자기 어쩌면 문명 자체의 임종, 역사의 종말을 재촉하는 어두운 징조로 보일 수 있다. 문명사의 맥락에서 볼 때 20세기는 또 하나의 세기가 아니었으며, '진보'로만 믿어왔던 '문명'의 의미는 20세기의 상황에 비추어 볼 때 원래와는 정반대의 의미를 갖게 된 것으로 보인다. 이러한 사실은 지금까지 자연과 세계를 다 함께 성공적으로 지배해온 서구 문명 즉 과학 기술 문명을 뒷받침하고 있는 세계관의 틀에 근본적인 문제가 있음을 말한다.

이러한 와중에서도 인류는 현재에도 세계 각지에서 무한정한 기술 개발, 자연 개발만의 가치에 집착하고 누구나 경제적 무한 경쟁에서 승리하는 데만 날이 갈수록 더 열중하고 있다. 그러나 오늘의 문명사적 사태가 긴박한 것이라면, 지금까지 지속되어왔던 방식에 의한 문명은 무한정 지속되어서는 안 되며, 지속될 수도 없다. 21세기 혹은 22세기까지 이런 문명의 틀에서 설사 인류가 어떤 방식으로든 존속할 수 있다 하더라도, 천년 후 제3의 밀레니엄의 끝을 맞이할 수 없다는 결론은 쉽게 유추해낼 수 있다. 이런 점에서 20세기는 종말론적 세기인 동시에 문명의 구원을 기대할 수 있는 희망의 새로운 세기/밀레니엄의 교차로이다. 종말과 구원은 오직 우리 인류 자신에게 달려 있다.

문명이 임종에서 깨어나 새로운 문명의 여명을 기대할 수 있는가? 자연의 자원을 고갈시키지 않고 인류가 무한정 생존할 수 있는 방법은 없는가? 더 이상 생태계를 파괴하지 않고 인류와 자연이 공존할 수 있는 방책은 무엇인가? 지금까지의 문명의 모델로서 더 이상 문명이 존재할 수 없다면, 문명의 총체적 위기를 극복하려면 새로운 문명의 모델로서만 가능하다. 지금까지와는 전혀 다른 문명의 패러다임 즉 지금까지와는 전혀 다른 생활 방식, 세계관이 필수적이다. 새로운 문명의 패러다임을 찾지 못하는 한 문명사의 지평에서 제3의 밀레니엄의 역사는 씌어질 수 없다.

4. 인간 중심적 문명과 생태 중심적 문명의 기로

I. 인간 중심주의의 허구

과연 새로운 문명의 패러다임은 가능하며, 가능하다면 그것은 무엇일 수 있는가? 이런 물음에 대한 대답의 실마리는 현재의 문명적 상황이 종말론적 파국을 맞게 된 원인의 규명에서 찾을 수 있다.

오늘의 종말론적 문명의 위기 상황은 근대가 시작된 이후 급속도로 두드러지게 나타난 현상으로, 자연의 무자비한 정복·개발, 그로 인한 인간의 생존 환경 및 생태계 파괴로 요약되며, 이러한 상황의 원인은 인구의 기하 급수적 증가, 그들에 의한 대량 생산과 소비에서 찾을 수 있다. 자연 현상에 대한 과학 지식의 증가와 과학 기술의 발달 없이는 이러한 현상과 상황은 상상할 수 없는 것인 만큼 오늘의 문명사적 위기의 근본적 원인을 과학 지식과 과학 기술에 돌릴 수 있다. 현대 문명의 위기를 의식하고 격정하는 대부분의 사람들이 그 책임을 과학 지식과 과학 기술에 돌리고 그것을 비판하거나 규탄하는 것은 당연해 보인다. 과학 지식과 과학 기술에 대한 이러한 태도가 과연 옳은가?

과학 지식이 곧 과학 기술은 아니며, 과학 기술이 자동적으로 자연의 무자비한 정복, 착취, 대량 생산과 소비, 생태계 파괴로 이어지는 것은 아니다. 아인슈타인의 상대성 이론이 곧 핵무기의 생산 기술은 아니며, 불도저를 만들 수 있는 기술이 곧 불도저의 생산을 뜻하지는 않는다. 과학 지식은 과학 기술의 기초가 되지만, 그것을 응용하는 자의 의도에 따라 여러 가지 다른 과학 기술을 제작할 수 있고, 이미 제작된 과학 기술은 사용자의 목적에 따라 좋게 혹은 나쁘게 사용될 수 있다. 만일 아인슈타인의 상대성 이론이 핵무기 제작에 사용되지 않았고, 이미 제작된 원자 폭탄이 히로시마에 투하되지 않았더라면, 히로시마 시는 파괴되지 않았을 것이며, 몇십만 명의 인명이 희생되지도 않았을 것이다. 브라질 원시림이나 인도네시아의 열대림을 벌목하거나 태평양을 썩은 물로 바꾸어놓을 기술이 있더라도, 만일 인간이 원시림을 벌채할 의도가 없었고, 태평양의 수질을 보호할 의지가 있었다면, 브라질의 원시림이나 인도네시아의 열대림은 보존됐을 것이고, 수많은 물고기로 이루어진 태평양의 생태계는 영원히 보존될 수 있을 것이다. 오늘의 극한적 문명의 위기의 원인과 그 책임은 결국 인간에게 있다. 이러한 상황에 대한 죄인을 손가락으로 가리켜야 한다면, 손가락이 갈 곳은 과학이나 과학 기술이 아니라 우리 인간 자신이다.

인간은 지금까지와는 달리 생각하고, 달리 살아올 수 있었고, 지금까지와는 다른 문명을 구축할 수 있었으며 앞으로도 마찬가지다. 그런데도 문명을 오늘의 사태로 몰고 온 데에는 그 문명에 깔려 있는 세계관과 뗄 수 없는 밀접한 관계가 있다. 인간 중심적 세계관이 바로 그것이다. 인간 중심적 세계관은 각별히 그리고 유일하게 인간의 위상과 가치를 우주의 중심에 두는 관점이다. 이러한 인간 중심주의는 필연적으로 인간 이외의 모든 존재와 현상을 인간의 욕망을 달성하기 위한 도구로서만 보고, 그것들의 가치를 오로지 인간의 가치 실현을 위한 도구로서만 파악한다. 인간 중심주의적 틀 안에서는 그것이 어떤 것이든 인간의 모든 욕망과 인간에 의한 자연의 지배와 약탈은 다 같이 정당화된다. 고대로부터 인간은 자연 정복만을 위해서뿐만 아니라 사회적·도덕적 개혁을 위해서 때로는 점진적으로 때로는 급진적으로 투쟁과 노력을 지속해왔다. 마르크스주의는 그러한 투쟁과 노력을 한 가장 현대적인 예 중의 하나이다. 그러나 마르크스조차도 인간 중심주의의 틀을 한치도 벗어나지 못하고 있다. 그러나 만약 이러한 세계관이 아니었다면 생태계는 현재와 같은 위기 사태에까지는 이르지 않았을 것이고, 지금 인류가 직면하고 있는 문명의 위기는 다가오지 않았을 것이다. 지금까지의 모든 문명은 인간 중심적 세계관에 지배되어왔다.

인간 중심주의는 자기 중심적인 인간이 자연의 도구적 약탈을 정당화하기 위해 상상해낸 환상에 불과한 착각이다. 인간은 우주는 물론 지구의 주인, 소유자가 아니며 또 그 중심에 위치해 있지도 않다. 오늘날의 모든 객관적 지식은 인간도 자연의 일부에 지나지 않으며, 인간이라는 생명체도 모든 생명체들이 무한히 복잡하게 서로 얽혀 있는 생명 그리고 더 나아가서 모든 것을 구성하는 그물망의 무한한 고리들 가운데 하나의 고리

에 지나지 않음을 날이 갈수록 입증하고 있다.[11] 문명의 위기
의 근원적 원인은 우리의 잘못된 세계 인식에서 찾아야 하며,
문명의 위기 극복을 위한 기본적이고 우선적인 과제는 잘못된
인간 중심적 세계 인식을 올바른 세계 인식으로 대치하는 일
이다.

문명 위기를 앞으로 보다 고도의 과학 기술 개발로 해결할
수 있다는 주장이 있다. 그러나 이러한 주장은 하나의 환상이
다. 첫째, 인간의 욕망은 무한한 데 반해서 자연의 자원이나 공
간은 분명한 한계가 있고 따라서 지금과 같은 방식으로 문명은
무제한적으로 지속될 수 없다. 둘째, 설사 기술적 해결이 가능
하더라도 도덕적으로 인간의 욕망만을 충족시키기 위해 인간
이외의 생명체를 무제한으로 희생한다는 것은 도덕적으로 옳
지 않다. 그러므로 인간 중심적 세계관에 바탕을 둔 문명은 폐
기되어야 한다.

20세기의 문명은 군사적으로는 두 번의 세계 대전, 이념적으
로는 파시즘과 민주주의의 싸움과 민주주의의 승리 또는 자유
민주주의와 사회주의의 싸움과 자유 민주주의의 승리로, 과학
적 지식과 과학 기술의 놀라운 발전으로, 지정학적으로는 서구
제국주의 종말과 비서구권의 세력화 및 지역적 분쟁으로, 철학
적으로는 분석철학/현상학에서 볼 수 있었던 절대적 인식의
가능성에 대한 신념에서 포스트모더니즘에서 나타났듯이 상대
주의적 철학으로, 빈곤에서 물질적 풍요로, 산업에서는 공업화
의 세계적 확산으로, 경제 구조로는 단일 국가 자본 체제에서
다국적 자본주의 체제의 변화로, 무한정한 진보에 대한 낙관에
서 생태학적 위기 의식으로, 토플러적 관점에서는 제1, 제2의

---

11 Ynhui Park, "Critique of Anthropocentric Ethics," *Human Existence and Poetic Intention*, Seoul National University Press, 1999.

물결에서 제3의 물결 등으로 서술될 수 있다.

20세기의 문명사적 특징에 대한 이러한 서술은 20세기를 다른 세기와 동일한 인간 중심적·문명사적 지평에서만 의미를 갖는다. 그러나 20세기의 문명사적 특징은 20개로 분절될 수 있는 세기 가운데 다른 세기와 같은 선에서 비교될 수 있는 하나의 세기가 아니라 지금까지의 어느 세기와도 전혀 그 성격이 다른 **독특한**/유일한 세기이다. 20세기의 유일성은 20세기가 인간 중심적 문명의 파괴적 자기 모순을 처음으로 그리고 현실적으로 노출했다는 사실에 있다. 그것은 20세기가 지금까지의 문명의 가장 밑바닥에 깔려 있는 인간 중심주의를 폐기하고 그것을 새로운 세계관으로 대치하지 않는 한 '문명의 종말' 즉 '인류의 종말'이 불가피하다는 사실을 처음으로 의식하게 된 세기 즉 문명의 기로에 선 종말론적 세기임을 뜻한다. 요컨대 위에서 생각할 수 있는 20세기의 역사적 특징들은 숙명적으로 종말의 길을 걷지 않을 수 없는 인간 중심적 문명의 발전 과정에서 마지막으로 나타나는 다양한 진통들에 지나지 않는다.

II. 새로운 문명의 패러다임으로서의 생태 중심주의

인간 중심적 문명을 대치할 수 있는 새로운 문명의 틀은 생태 중심적 세계관이다. 생태학적 세계관은 인간의 특수성과 특수한 가치를 인정하지만 그러한 특수성과 가치를 절대화하지 않고, 궁극적으로는 인간을 자연의 일부로서 생태계의, 더 나아가서 모든 존재론적 그물망의 한 고리로 인식하고, 궁극적 가치를 자연의 한 고리에 지나지 않는 인간보다는 생명 전체로서의 생태계에 둔다. 이러한 생태 중심적 존재론과 가치관은 인간 이외의 생명에 대한 인간의 도덕적 의미를 동반한다. 생태 중심적 세계관의 틀에서는 인간의 자기 중심적 자연의 개발과 약탈이 정당화될 수 없다. 이러한 생태 중심주의는 근시안적인 데서 원시안적으로, 미시적인 데서 거시적인 데로 인식을 전환하고 우리의 욕망을 자제할 것을 요구한다.[12] 그것은 인간이 인간 이외의 동물들에 대해서도 인간을 위한 도구로서만 그들을 볼 것이 아니라 생명 공동체의 관점에서 그들에게도 내재적 존엄성이 있음을 인정하고 그런 점에서 윤리적 배려를 해야 함을 뜻한다. 때로 그들의 생명은 물론 그들의 아픔과 즐거움을 고려하여 우리의 욕망을 억제하고, 때로는 그들의 존엄성을 위해서 우리가 어느 정도의 희생을 각오해야 함을 의미한다.

이러한 생태 중심주의는 사회적 문제로부터 도피한다는 비판을 받을 수 있다. 물질적으로 풍요하다는 오늘날에도 세계 각 지역에는 극심한 빈곤에 허덕이는 국가가 있고, 물질적으로 풍요하다는 이른바 선진국 내부에서도 수많은 인간들이 경제적 빈곤과 사회적 소외로 부당한 억압을 받고 있다. 뒷산의 사슴이나 아프리카의 호랑이를 보호하는 것도 중요하지만 먼저 실업자에게 직업을 찾아주고, 노숙자에게 거처를 마련해주며, 병약자를 위한 약품과 치료를 제공해야 하는 것은 자명한 사실이기 때문이다. 그러나 생태 중심주의가 주장하는 것이 인간과 동물의 복지를 똑같이 고려하자는 것은 아니다. 생태 중심주의는 인간으로 인간에 대한 배려와 복지는 그 정도의 차가 있을 수밖에 없고 또 있어야 함을 부정하지 않는다. 여기서 중요한 점은 인간과 동물에 대한 배려의 차를 어떻게 결정하느냐 하는 어려운 문제를 인정하면서도, 인간 이외 동물의 내재적 존엄성과 그 존엄성에 상응하는 배려를 인간 중심적 공리의 관점을 넘어서 해야 할 윤리적 의무가 인간에게 있다는 사실이다. 인

---

12 박이문, 『문명의 위기와 문화적 전환』, 민음사, 1996; 『문명의 미래와 생태학적 세계관』, 당대, 1997 참조.

간 중심적 세계관에서 생태 중심적 세계관으로 전환해야 할 필요성은 인간 이외의 동물들에 대한 철학적 그리고 도덕적 이유 때문만이 아니라 인간 자신을 위한 공리적 즉 비도덕적 이유로도 불가피하다. 만일 그렇지 않은 채 예전대로 항해를 계속한다면, 우리가 타고 있는 문명이라는 호화로운 타이타닉 여객선은 머지않아 난파할 것이며, 우리는 난파선과 더불어 어둡고 깊은 심연 속에 영원히 침몰하여 가라앉을 것이기 때문이다.

5. 결론: 문명의 기로와 우리의 선택

20세기는 인간 중심적 문명과 생태 중심적 문명의 기로의 세기, 인간 중심적 세계관의 틀에서 문명의 종말을 맞을 것인가 아니면 생태 중심적 세계관의 틀에서 새로운 문명의 지평을 열 것인가를 결정해야 하는 기로에 선 세기이다. 과연 인류는 오늘의 문명사적 상황을 극복하고 제3의 밀레니엄에도 문명을 보존할 수 있는가? 이 물음에 대한 대답이 어떤 것이든 생태계의 운명, 앞으로의 문명 즉 역사는 오직 인류의 지혜에 달려 있다. 오늘의 종말론적 문명의 상황이 그러하듯이 앞으로의 문명 즉 인류와 지구의 운명에 대한 책임은 오로지 인간에게만 있기 때문이다. 지금까지의 문명은 인간의 산물이었다. 이러한 사실은 앞으로의 문명에서도 다를 수 없다. 인간은 역사의 주인인 동시에 역사의 책임자이다. 이 지구에서 오직 인간만이 그러한 존재이다. 현재 그리고 앞으로의 한 세기도 인류가 어떤 선택을 하느냐에 따라 역사에서 가장 위대한 꽃으로 빛날 수도 있고, 역사의 조화(弔花)로도 기록될 수 있다. 과연 인간은 오는 세기에 생태계는 물론 자기 자신의 종말을 극복하여 또 한 번의 밀레니엄 문명을 계승할 만큼 눈을 크게 뜨고 올바른 길을 갈 수 있는 지혜를 갖출 것인가? 아무튼 천 년 후, 아니 5백 년 후도 20세기의 역사적 의미를 언급할 수 있는 인간이 남아 있으면 하는 간절한 희망을 아직은 포기하고 싶지 않다.

의 밀레니엄 문명을 계승할 만큼 눈을 크게 뜨고 올바른 길을 갈 수 있는 지혜를 갖출 것인가? 아무튼 천 년 후, 아니 5백 년 후도 20세기의 역사적 의미를 언급할 수 있는 인간이 남아 있으면 하는 간절한 희망을 아직은 포기하고 싶지 않다.

찬란한 만화경으로서의 20세기 문화

1. 찬란한 만화경 문화157

20세기 문화의 특징을 어떻게 규정할 수 있을 것인가? '문화' 라는 개념이 막연하고 다양한 만큼, 이 개념을 어떻게 정의하느냐에 따라서 위의 물음에 대한 대답은 달라진다. 따라서 위의 물음에 대한 대답은 '20세기 문화' 의 설정과 '문화' 라는 개념 규정을 전제한다.

첫째, '20세기 문화' 라는 대상을 어떻게 설정할 것인가? 문화는 필연적으로 언제나 특정하다. 그것은 언제나 시간적으로 고대나 현대, 공간적으로는 동양이나 서양, 분야적으로는 정치나 예술, 영역적으로는 음식이나 의복 등등을 떠나서는 존재하지 않는다. '20세기 문화' 는 '20세기' 라고 시간적으로 규정되지만 지역적으로나 분야적으로나 영역적으로는 규정되지 않는다. 그것은 20세기라는 시간적으로 한정된 지구상의 모든 문화들 즉 문화 일반을 총칭한다. 특정한 지역이나 영역이나 분야를 떠난 문화라는 개념이 공허하다면 지구상의 문화 일반이라는 개념도 공허할 것이다. 이러한 사실은 '20세기 문화' 라는 개념은 무의미하고, 20세기 문화의 특징에 대한 담론은 논리적으로 불가능함을 함축하는 것 같다.

하지만 반드시 그렇지는 않다. 적어도 관념의 차원에서 특정한 지역이나 영역을 떠나 20세기에 나타났던 지구상의 모든 문화들을 조감도적으로 검토할 수 있기 때문이다. '20세기 문화'

는 20세기에 지구에서 관찰할 수 있었던 수많은 개별적 문화의 집합적 명칭이며, '20세기 문화의 특징'은 다른 세기와 비교해서 20세기에 지구에 존재했던 모든 개별적 문화들 속에서 관찰할 수 있는 여러 가지 특징들로부터 귀납적으로 일반화해서 도출할 수 있다.

둘째, '문화'는 도대체 무엇을 지칭하는가? '문화'라는 말은 무엇을 뜻하는가? 다양하고 애매모호하게 사용되지만 문화는 "인간이 임의적으로 구성한 물질적 및 관념적 삶의 양식"[1]으로 규정할 수 있으며, 이러한 일반적 뜻으로서의 문화는 로티에 따라 대체로 사회적 관습, 정신적 덕목, 이성의 발휘라는 세 가지 다른 뜻으로 세분하여 분석할 수 있다.

첫째, 사회적 관습으로서의 문화는 개인적으로나 집단적으로 주관적일 수밖에 없는 인간의 심리/사회학적 태도와 관련되는 것으로 그것은 문화의 가장 일반적 의미를 반영한다. 그것은 "어느 한 인간 집단 속에서 그 구성원들이 다른 이들이나 주변 환경 속에 살아가야 하는 필연성 속에서 공유하게 된 일련의 행동의 관습"을 뜻하며, 이런 뜻으로서의 문화는 동양과 서양, 학계와 정치계, 과학계와 인문계, 미술 분야와 음악 분야 등에서 각기 다르다.

둘째, 정신적 덕목으로서의 문화는 비교적 좁은 뜻으로 사용되어 고급스러운 정신적 향유 능력, 보다 구체적으로는 종교나 철학적 사색, 학문적 탐구 활동이나 예술적 향유 능력을 지칭한다. 그것은 구체적으로 "지적 만족 자체를 위해서 추상적 관념을 조작하거나 미술·음악·건축·글쓰기에 대한 담론을 길

---

1 박이문, 「문명과 문화」, 『문명의 위기와 문화의 전환』, 민음사, 1993; 「문화는 진보하는가, 진화하는가?」, 『문명의 미래와 생태학적 세계관』, 당대, 1997; 「문명의 세 모델」, 『자연, 인간, 언어』, 철학과 현실, 1998; Ynhui Park, "The Natural and the Cultural," *Reality, Rationality and Value*, Seoul National University Press, 1998.

게 할 수 있는 능력"으로서 대중 문화와 대립되는 고급 문화와 거의 동의어이며, 이런 뜻의 문화는 고등 교육을 받은 소수의 엘리트에게만 제한되며, 달동네의 주민이나 노동자들이 거의 갖지 못하는 반면 사찰이나 대학 사회나 예술계에 속하는 사람들이 상대적으로 많이 갖추고 있다.

셋째, 이성의 발휘로서의 문화는 인간의 본질로 전제된 이성이라는 속성의 발달과 발휘도를 뜻한다. 인간은 동물과는 달리 자연과 환경에 대해서 본능과 감성뿐만 아니라 이성으로써 대처한다. 인간은 자연을 극복하여 자연으로부터 어느 정도 해방되고, 주어진 환경을 자신의 이익에 따라 조작해서 새로운 환경을 생산함으로써 문명을 발달시켜왔다. 그러나 인간의 이러한 능력은 시대와 장소, 사회와 분야에 따라 그 양식과 수준은 달리 발휘되어왔다. 이성의 구현으로서의 문화의 차원에서 문화의 우열이 언급될 수 있다. 이런 점에서 고대 그리스는 고대 아프리카보다 우열하고, 공자나 인문 사회계 대학 교수들이 속한 계층에 비해 시베리아 오지의 농부나 디트로이트의 자동차 공장 노동자들이 속한 사회는 열등하다.[2]

위와 같은 방식으로 '지구 문화'라는 개념의 타당성이 인정되고, '문화'라는 개념이 정리된다면, 20세기 문화의 특징은 사회적 관습으로서의 문화의 특징, 정신적 덕목으로서의 문화의 특징, 이성의 구현으로서의 문화의 특징이라는 세 가지 측면에서 도출한 문화의 특징들을 통합한 것으로 정리될 수 있다.

이 글은 편의상 문화를 위와 같이 세 가지 측면에서 접근하고, 20세기의 세 가지 문화들의 특징을 구조적 지구화, 찬란한

---

2 Richard Rorty, "Rationality and Cultural Difference," *Truth and Progress*, Cambridge University Press, 1988.

개화, 혁신적 진보라는 개념들로 분석한 다음, 20세기의 총체적 특수성을 찬란한 만화경—푸짐한 비빔밥의 개념으로 정리해보고자 한다.

2. 사회적 관습으로서의 문화: 구조적 지구화

사회적 관습으로서의 20세기 문화의 특징은 구조적 지구화이다. 구조적으로 볼 때 20세기는 그 이전의 어느 때보다도 지역적·영역적·분야적 관습의 구별이 흐려지고, 그것들 간의 새로운 관계가 형성된 세기였으며, 그 결과로 다양한 문화의 밀접한 교류와 상호 간에 영향을 주는 과정에서 지역적·분야적 특수성을 초월한 지구 전체, 분야 전체가 하나의 혼합된 공통적인 사고 방식, 사회적 관습의 형성 현상을 보여준 세기였다.

지역적 구조의 측면에서 볼 때, 19세기 지구 문화의 특징이 지역적으로 서구 문화로의 일원화 현상을 나타냈다면, 20세기 지구 문화의 특징은 다원적이었다. 19세기적 서구 중심주의의 권위는 지난 한 세기에 걸쳐서 점차적으로 상실되어갔고, 서구 문화의 절대적 우월성은 그 근거를 잃게 되었다. 서양 문화는 극동 문화나 인도 문화나 중동 문화는 물론 아프리카 문화도 독단적으로 무시하거나 배제하거나 평가절하할 수 없게 되었고, 산업 사회의 문화가 농경 사회의 문화보다 우월하다는 객관적 근거를 더 이상 주장할 수 없게 되었다. 모든 지역의 문화는 나름대로의 독자적 체계를 갖고 있으며, 모든 문화의 가치와 권위는 어떤 특정한 외부의 초월적, 즉 어떤 메타-문화적 잣대로서가 아니라 오로지 각자 그 내부적 원리에 따라 상대적으로 결정될 수 있다는 것이다. 지역적으로 다른 문화들 사이의 관계가 19세기와는 달라졌다. 19세기의 지역적 문화들 간의 구조적 관계의 특징이 서구 중심적 환원이었다면, 20세기의 그 관계는 탈서구적 상대주의적인 것이었다. 이런 사실들에 근거해서 20세기 지구 문화의 특징은 일원적이 아니라 다원적이며, 획일적 통일이 아니라 상대적 분산이라는 진단이 나올 것 같다.

그러나 좀더 심도 있게 관찰해보면 이러한 진단이 피상적임을 알 수 있다. 20세기 문화의 구조적 특징 중의 하나는 지구 문화의 탄생이다. 어떠한 오지의 사회도 외부와 완전히 단절된 곳은 이미 존재하지 않게 되었다. 모든 인간 사회는 날이 갈수록 상호 간 서로 뗄 수 없이 밀접하고 복잡하게 연결되어가고, 다양한 문화 간의 관계와 교류가 그만큼 더 빈번하고 그들 간의 상호 침투가 날로 더 불가피해지면서, 각기 문화적 힘에 따른 정도의 차이는 있지만, 어떠한 기존의 문화도 다른 문화의 영향에서 완전히 벗어날 수 없게 되었다. 20세기의 마지막 지점에서 어느덧 공간적으로는 명실공히 지구촌이 형성되었고, 경제적·정치적·문화적 차원에서도 문자 그대로 적어도 외형적으로는 세계화가 완성되었다. 지구 전체가 UN에 묶여 있고, 인터넷의 연결 속에서 다국적 기업에 의한 경제적 교류가 활발해지고 있다.

이러한 과정에서 모든 문화권에서는 지구 공통적인 요소를 갖춘 새로운 하나의 지구 문화가 부단히 창조되고 변신해왔다. 현재까지 볼 때 지구 문화의 탄생은 대체로 문화적 서양화를 뜻함이 사실이다. 세계 어느 도시를 가나 차츰 많은 사람들이 거의 똑같은 옷을 입고, 똑같은 고층 아파트에 살게 되는 것을 볼 수 있으며, 어떤 오지를 가도 코카콜라를 마시고 햄버거를 먹으며, 블루진을 입거나 샤넬을 뿌리며, 전화를 돌리고 자동차를 굴리며, 사무실이나 가정에서 컴퓨터를 사용하게 되었으며, 영어가 차츰 공통어로 사용되어가고 있다.

그렇지만 한 세기 전과는 달리 뉴욕이나 파리에서도 쉽게 스시와 비빔밥 식당을 발견하고, 런던에서나 베를린에서 인도인들이나 아프리카인들이 자신들의 전통적 옷을 입고 당당하게 다닐 수 있고, 미국·남미·유럽·중동·아프리카 어디에서도 태극기 앞에 절을 하면서 태권도를 배우는 이들의 수가 늘어나고 있다. 한 세기 전만 해도 서양에서는 극소수의 호기심의 대상이었던 불교나 힌두교, 유교나 도교가 오늘날에는 많은 서양인들의 관심과 연구와 추종의 대상이 되었다. 벌써 반세기 전부터 서구를 지배하고 있던 포스트모더니즘은 바로 이러한 현상을 반영한다. 포스트모더니즘의 의미 중의 하나는 서구 중심적 근대 사상에 대한 내부적 부정과 해체이다. 지역적 관점에서 볼 때 동양에서나 서양에서나 모든 사회적 관습이 완전히 '순수하게' 동양적인 것 혹은 서양적인 것을 찾아보기란 불가능하거나 아니면 차츰 어렵게 되었다.

지역마다 서로 너무나 다른 특수한 관심과 문제가 있지만, 어떠한 사회에서도 그러한 차이를 넘어서 사회 정의, 민주주의, 인권, 환경 등의 문제는 회피할 수 없게 되었고, 온 인류는 지구 차원에서 공통 문제들에 대처할 수 있는 공통적 사고, 해결 방법, 행동 양식을 강구하고 그에 적합한 사회적 관습을 구성해내지 않을 수 없게 되었다.

분야적 관점에서 볼 때도 역시 분산보다는 통합의 세기였다. 콰인이나 굿맨의 인식론이나 쿤의 과학적 지식관, 푸코의 지식의 고고학, 데리다의 해체 이론, 로티의 포스트 철학이 보여주듯이, 철학과 과학, 인문학과 자연과학, 문학과 철학의 엄격한

영역 구별은 더 이상 고집할 수 없게 되었고 그것들 간의 경계
는 흐려지게 되었다. 워홀이나 케이지가 보여주었듯이 예술과
비예술, 음악과 소음 또는 소리의 구조적 구별이 불가능하게
되고, 브르통, 뒤샹, 백남준이 보여주었듯이 시와 산문, 철학과
과학, 문학과 철학, 그림과 조각, 조각과 영화의 분계선이 흐려
지거나 무의미하게 되었다.

　이러한 과정을 거치면서 20세기는 지구 차원에서 지역적으
로나 분야적 측면에서, 아직은 그 정체를 정확히 규정할 수는
없지만, 가치관·세계관·행동 규범의 차원에서 지구적으로
공통적·사회적 사유와 관습의 구조가 형성되었다. 아직도 지
역적으로나 분야적으로 문화적 특수한 색깔은 다양하고 앞으
로도 이러한 특수성은 보존될 것이지만, 지난 한 세기 동안 이
러한 지역적 혹은 분야적 차이점을 넘은 하나의 지구 문화 즉
지구적으로 공통된 사회적 삶의 관습이 형성되어왔다는 사실
만은 부인할 수 없는 객관적 사실이다. 이런 점에서 사회적 관
습으로서의 20세기 문화의 특징 중 하나는 구조적 지구화로 규
정할 수 있다.

3. 정신적 덕목으로서의 문화: 찬란한 개화

　정신적 덕목으로서의 문화의 관점에서 볼 때, 20세기 문화의
특징은 질적으로나 양적으로, 혁신성이나 다양성으로 찬란한
개화의 세기였다.

　20세기만큼 많은 지역에서 많은 분야에 걸쳐 많은 사람들이
일상적 의식주 생활을 탈피해서 인간의 정신적 가능성을 이론
적으로나 기술적으로나 예술적으로 표현하고 그 결실을 즐긴

세기는 일찍이 없었다. 이런 점에서 20세기의 문화는 유럽의 르네상스 시기보다도 한결 더 찬란한 꽃을 피웠다. 20세기에 우리는 1차 및 2차 대전, 원자탄의 투하, 나치나 일본군에 의한 대량 학살과 같은 야만적 파괴와 비인간적 잔인성을 경험했다. 인간의 파괴성과 잔인성은 현재까지도 지구 여러 곳에서 국부적 무력 분쟁과 살생의 형태로 지속되고 있다. 지구에는 아직도 수많은 인류가 기아 내지 빈곤에 허덕이며 인간 이하의 생활을 강요당하고 있다. 이러한 사실에도 불구하고, 20세기는 과거 한 세기 아니 반세기에 비추어 볼 때 물질적으로 비약적 발전을 이룩했고, 어느 때보다도 많은 이들이 교육을 받고, 경제적으로는 기본적인 의식주 생활을 해결하고 정신적 생활을 영위하게 되었다. 이러한 일반적 여건에서 20세기는 그 어느 때보다도 문화 창조적 에너지가 분출되고 어느 때보다 더 놀랍고 참신한 성과를 일군 세기였다.

상대성 이론, 양자역학, DNA, 빅뱅 이론, 카오스론 등의 자연과학적 발견, 프로이트의 정신분석학, 스키너의 행태심리학, 라캉의 언어적 정신분석학 등의 심리학적 발견, 페니실린 · DDT · 비아그라 등의 약학, 전화 · 냉장고 · 전자 오븐 · 트랜지스터 · TV 등의 전자 가전제품, 플라스틱 등의 신소재, 자동차 · 점보 제트기 · 헬리콥터 · 우주 비행 · 컴퓨터 등의 발명, 장기 이식에서 인간 복제까지 이른 의학적 · 생명공학적 기술 등이 모두 20세기에 발견되고 발명되었다.

미술계에서의 큐비즘, 추상화, 팝 아트, 미니멀 예술, 개념 예술, 설치 미술, 행위 예술 등의 혁명적 실험과 작품들, 문학계에서의 다다이즘 · 초현실주의 · 미래주의 등의 운동과 조이스, 프루스트, 카프카, 보르헤스 등의 작품, 음악계에서의 스트라빈스키, 쇤베르크, 비틀스, 건축계에서의 그로피스, 르 코르

뷔지에, 인문학계에서의 레비스트로스의 구조주의, 바르트의 구조주의 문학 비평, 역사학에서의 토인비의 역사관과 브로델의 역사 방법론, 철학계에서의 하이데거, 사르트르의 실존주의, 프레게, 비트겐슈타인, 아도르노, 마르쿠제, 하버마스의 비판 이론, 콰인 등의 분석철학, 로티, 푸코, 들뢰즈, 료타르, 데리다 등의 해체주의, 이 모든 것들이 20세기가 보여준 폭발적 문화 창조 에너지의 성과들이다.

물론 위와 같은 정신적 산물은 귀족적이고 고도의 교육과 천재적 창의력을 갖춘 일부 엘리트의 창조물들이며, 이러한 문화적 에너지가 극히 한정된 지역인 서구에서 분출되었던 것은 사실이다. 그러나 적어도 선진국에서뿐만 아니라 20세기 후반기에는 산업화를 성취한 적지 않은 비서구 지역에서도 경제적 성장, 사회적 평등화, 정치적 민주화와 병행한 고등 교육의 대중화, 전자 정보 매체의 폭발적 발전과 보급의 결과로 일반 대중들도 극히 소수 엘리트들이 생산한 문화를 미술관, 극장, 전람회, 음악관을 통해서 즐길 수 있게 되었다. 대중들의 문화적 참여는 여기서 끝나지 않았다.

교육을 통해서 개명하고 그에 따라 경제적으로 나름대로의 여유를 가질 수 있게 된 대중들은 소수 엘리트에 의해 생산된 문화적 산물을 단순히 수동적으로 수용하는 데 그치지 않게 되었다. 어느 수준까지의 교육을 받은 대중들은 자신들 나름대로 이른바 대중 음악, 미술, 문학, 스포츠를 창조하고 향유할 수 있게 되었다. 수많은 대중들이 재즈 음악이나 영화, 스포츠를 즐기고, 수많은 대중들이 아마추어로서 악기를 다루거나 그림을 그리고 역사 관광 여행을 즐길 수 있게 되었다. 적지 않은 평범한 사무직원이나, 농부나 노동자들도 철학 · 종교 · 역사 · 예술에 대해서 관심을 갖고, 사유하고, 논쟁에 참여할 수 있게 되었다. 오늘날 정신적 덕목으로서의 문화는 적어도 어느 수준까지는 더 이상 소수 엘리트의 전유물이 아니다. 오늘날 한국은 수만 명이 시쓰기를 즐기고 수천 명이 시집이나 산문집을 출판해서 시인으로서 작가로서 활동하고 있으며, 수많은 이들이 서예나 그림그리기를 즐길 수 있게 되었다.

166 이러한 결과로 고급 문화와 대중 문화의 경계가 희미해지고 있을 뿐만 아니라 오히려 대중 문화가 고급 문화를 압도하는 현상을 두드러지게 나타내고 있다. 고상하다는 클래식 음악 연주회보다는 대중 음악회가 훨씬 더 많이 열리고, 궁정 음악보다는 전통적 민속 음악들이 한결 더 많은 이들의 마음을 사로잡으며, 장영주의 바이올린 독주회보다는 마이클 잭슨의 쇼가 압도적으로 많은 이들의 마음을 열광에 빠뜨리고 있다. 서태지와 그 또래의 노래와 춤이나 일본 만화, 박세리나 박찬호 그리고 스포츠 시합에 대해서 한국의 젊은 세대들은 물론 일반 대중들이 보이는 열광적 관심은 정신적 덕목으로서의 문화의 꽃봉오리가 대중적 차원에서 찬란하게 개화하고 있다는 구체적 증거이다. 20세기의 이러한 문화적 현상의 특징에 대한 진단은 한국만이 아니라 지구 전체에 적용될 수 있다. 국제적·국가적·지역적 차원에서 날로 증가하게 된 수많은 영화제, 미술 전람회, 스포츠 행사, 음악 페스티벌 등의 행사 등은 앞서 예로 든 여러 분야에서 나타난 20세기 엘리트 문화의 놀라운 성과와 아울러 정신적 덕목으로서의 문화가 20세기 전체를 통하여 지구 차원에서 그 에너지를 왕성히 발휘하여 화려한 꽃으로 개화하여 푸짐한 열매를 맺었음을 뒷받침한다.

4. 이성의 자기 구현으로서의 문화: 혁신적 진보

이성은 인간이 자연적 및 사회적 현실과 자기 자신을 객관적으로 인식하고, 자신의 목적에 따라 논리적으로 대처하는 인간 고유의 잠재적 능력이다. 그것은 자연적 및 사회적으로 주어진 조건과 충동을 초월하여 자신의 계획에 따라 그러한 것들을 활용하는 능력이다. 이성은 한마디로 자연적 또는 사회적 환경, 생물학적 본능으로부터 물리적 · 경제적 · 생물학적 · 심리적 자유를 찾을 수 있도록 인간이 내재적으로 갖고 있는 잠재적 기능이며, 문명은 잠재적 이성의 구현 즉 인간 자유화의 과정에서 나타난 수단이며 결과의 총칭이다. 이때 문명은 이성의 자기 구현으로서의 문화와 동일한 뜻을 갖는다. 인류의 역사는 곧 문명의 역사이며, 문명의 역사는 문화로서의 역사와도 일치한다.

때와 장소에 따라 주춤하거나 후퇴한 경우도 있었으나, 위와 같은 좁은 뜻, 즉 문명으로서의 문화의 역사는 발전의 역사였다. 지역과 시대적으로 허다한 예외는 많았지만 인류의 역사를 총괄적으로 볼 때 인류는 긴 역사를 통해서 점차적으로 자연과 자신에 대한 객관적 지식을 축적함으로써 자연으로부터의 허다한 제약과 재앙을 점차적으로 극복하면서 경제적 빈곤을 극복하고, 제도적 억압으로부터 해방되고, 정신적 어둠으로부터 자유롭게 되었다. 이런 점에서 인류의 역사는 인간 자유의 확대의 역사였다는 사실이 틀림없고, 자유의 확대가 진보의 잣대이며, 자유의 확대가 곧 이성의 구현이라면, 이성의 구현으로서의 20세기 문화의 특징은 혁신적 진보로 규정할 수 있다. 이런 측면에서 20세기 문화의 특징을 혁신적 진보로 규정할 수 있는 근거는 20세기의 각별한 현상으로 볼 수 있는 교육의 보급, 경제적 성장, 사회적 평등화, 정치적 민주화, 카운터컬처 운동, 성해방 운동, 반인종주의 운동, 여성 해방 운동, 인권 운동 등에서 구체적 사례들을 찾을 수 있다.

교육의 근본적 기능이 인간의 잠재적 기능의 개발에 있고, 인간이 다른 동물들과 구별될 수 있는 인간 고유의 뛰어난 기능이 이성이라면, 교육의 근본적 기능 중의 하나는 이성의 개발이다. 인간이 잠재적으로 갖고 있는 이성은 체계적 교육을 통해서 더 효율적으로 구현될 수 있다. 교육을 통해서 우리는 자연, 사회, 그리고 우리 자신에 대한 인식을 보다 넓고 깊게 할 수 있으며, 역시 교육을 통해서 보다 논리적인 사고를 할 수 있게 되고, 자연과 사회에 대한 인식을 통해서 우리는 그만큼 물리적 · 경제적 그리고 정치적 억압으로부터 해방될 수 있고, 그리고 우리 자신에 대한 투명한 인식을 통해서 그만큼 정신적으로 자유롭게 된다. 20세기에 교육은 그 대상의 폭에 있어서나 그 질에 있어서 어느 세기보다도 놀라운 비약을 이룩한 세기였다. 한 세기 전만 해도 극소수의 지역에서 극소수에게만 가능했던 초등 교육은 오늘날 거의 모든 지구에서 이루어지고, 반세기 전만 해도 특정한 국가의 특정한 계층에만 가능했던 고등 교육은 적어도 산업화를 이룬 국가에서는 거의 모든 이들에게 그 기회가 주어지고 있다. 교육의 양적 확대와 질적 향상은 곧 합리적 사유의 확대를 의미하며, 합리적 사유의 확대는 무지의 암흑으로부터의 정신적 자율성의 확대를 함축한다.

교육의 양적 및 질적 진보는 자연에 대한 과학적 지식과 기술 개발의 발전으로 연장되고, 기술 개발의 발전은 경제적 부의 축적으로 연장되고, 경제적 부의 축적은 물질적 구속으로부터의 육체적 해방과 정신적 자유를 가져온다. 이런 점에서 오늘날 지난 한 세기를 뒤돌아볼 때 19세기는 물론 금세기의 전 반과 비교해보더라도 20세기가 상대적으로 혁신적 진보를 성 취했다는 판단은 의심할 여지가 없다.

지구 차원에서 볼 때 아직도 예외는 많지만 20세기는 그 어 느 세기에서보다도 사회적 및 경제적 평등화와 정치적 민주화 가 확산된 세기였다. 20세기에 있어서 이성의 자기 구현으로서 문화의 혁신적 진보는 사회적 평등화가 지구적으로 폭넓게 성 취되었다는 사실에서 확인할 수 있다. 사회적 평등 사상은 도 덕적 이념이며, 도덕적 이념은 이성의 목소리이다. 소련의 혁 명, 중국·북한·쿠바·월남 등의 사회주의 국가 성립 등이 입 증해주듯이 과거 어느 시대에 비추어 보더라도 20세기에는 사 회 계층 간의 평등주의가 상대적으로 확산되고 그러한 평등이 크게 실현되었다. 이러한 사실은 20세기를 통틀어 지구 절반 이상이 사회주의적 정권 아니면 적어도 마르크스주의적 이념 의 결정적 영향 하에 놓여 있었다는 사실로도 알 수 있다. 꼭 10년 전 동유럽의 사회주의권이 붕괴되었긴 했지만, 비록 자본 주의적 경제 체제가 처음부터 지배한 이른바 자유 경쟁 사회를 대표하는 미국에서조차도 복지 사회라는 이상 하에서 경제적 으로 빈곤한 계층에 대한 분배의 평등을 위한 강구와 대책이 나름대로 역력히 살아 있다. 사회 평등 사상이 도덕적 목청이 며, 도덕적 목청이 이성의 목소리인 한에서 평등 사상이 어느 때보다도 강하게 부각되었던 20세기는 이성의 자기 실현이 혁 신적 진보를 거둔 세기이다.

20세기가 이성의 자기 실현을 혁신적으로 이룬 세기라는 사 실은 20세기의 정치적 민주화의 확산에서도 입증된다. 민주주 의는 각 개인의 존엄성을 전제하며, 인간의 존엄성은 인간이 이성적 즉 자율적 존재라는 형이상학적 명제를 전제한다. 민주주의는 정치적으로 독재주의적 · 전체주의적 억압에서 해방된다는 것을 뜻한다. 따라서 정치적 민주화는 곧 이성의 자기 구현이다.

20세기의 지구 문화가 이성의 자기 구현으로서의 문화였다는 사실은 20세기 후반에 확산되었던 카운터컬처 운동, 성해방 운동, 반인종주의 운동, 여성 해방 운동, 인권 운동에서도 확인할 수 있다. 카운터컬처 운동을 통해서 젊은 세대는 기존의 삶의 양식으로서의 모든 질서와 체제 즉 문화로부터 해방되어 자유롭고자 하였다. 카운터컬처 운동은 젊은 세대에게 강요된 기성 질서와 체제의 가치에 대한 이성적 반성 · 비판 · 부정의 외침이었고, 성해방 운동은 자유와 행복을 위해서 근거가 희박해진 윤리적 억압으로부터 해방되고 자유롭고자 하는 살아 있는 생명으로서의 육체의 고함 소리다. 반인종주의 운동과 여성 해방 운동은 각기 인종적 및 성적 편견과 그로 인한 억압으로부터 해방과 자유를 호소하는 목소리이며, 인권 운동은 위와 같은 모든 운동들을 함축하는 운동이다. 그것은 인간으로서 물질적 · 정신적 기본 조건들을 확보함으로써 자율적 존재로서 인간으로서의 존엄성을 보장하려는 운동이다. 이 같은 운동이 격렬하게 지구적으로 전개되는 과정과 그 결과로서 20세기를 몇 달이면 마무리하게 된 오늘날 제도적 혹은 관념적 구체제와 질서는 크게 변화를 가져왔고, 성적으로 크게 자유로워졌으며, 인종주의는 많이 개선되었으며, 여성의 지위가 크게 신장되었고, 인권의 존엄성에 대한 의식이 신장되고 보호가 크게 강화되었다. 20세기를 마무리하는 오늘의 시점에서 볼 때 위와 같은 교육의 보급과 여러 운동의 형태로 나타난 이성의 자기 구현이 만족스러운 성과를 이룬 것은 물론 아니다. 오늘날에도 인류의 절대 다수는 아직도 무지의 어둠에서 자유롭지 못하며,

절반 이상이 경제적 빈곤에 허덕이고 있으며, 허다한 대중이 사회적 불평등, 정치적 억압, 전통적 구체제와 가치관에 의한 억압, 인종적 및 성적 차별로 인한 구속과 고통, 기본적 인권에 대한 폭력으로부터 해방되지 못하고 있다. 이러한 부정적 상황에 눈을 가릴 수는 없다.

이러한 가혹한 사실에도 불구하고, 인류사의 큰 틀에서 볼 때 지금까지의 다른 세기들에 비해서 20세기는 이성의 자기 구현이 어느 때보다도 상대적으로 혁신적 진보를 성취한 세기임을 부정할 수 없다. 인간의 주체성과 이성의 허구를 해체했다는 포스트모더니즘이 지난 몇십 년 동안 지배하고 있다는 사실은 20세기의 문화에 대한 위와 같은 우리의 판단과 상충해 보인다. 그러나 이성의 해체를 주장하는 포스트모더니즘이 증명한 것은 이성의 죽음이 아니라 오히려 어느 때보다도 혁신적이고 왕성한 이성의 자기 구현이다.

지금까지 성찰해본 바와 같이 문화의 개념을 사회적 관습, 정신적 덕목, 이성의 자기 구현이라는 세 가지 뜻으로 규정하고, 20세기에 있어서의 세 가지 뜻으로서 문화의 특징들을 각기 구조적 세계화, 찬란한 개화, 혁신적 진보로 규정할 수 있다면, 위의 세 가지 뜻을 포괄하는 가장 일반적 뜻으로서의 문화를 삶의 양식으로 규정할 때, 20세기의 지구 문화 즉 인류의 삶의 양식의 특징을 다른 시기나 시대와 비교하여 포괄적으로 규정할 수 있으며, 그러한 규정이 가능하다면 그것은 무엇인가? 나는 그것을 **만화경적 혼합**이라고 규정할 수 있다고 생각한다.

20세기 문화의 특징은 비빔밥적이라는 데 있다. 20세기에 걸쳐 있는 다양한 문화들은 싫건 좋건, 갈등과 저항을 느끼면서도 범지구적 차원에서 다른 문화들과 날로 긴밀하고 복잡해지는 관계를 회피할 수 없었으며, 그런 관계 속에서 서로 비빔밥처럼 혼합되는 급속한 과정을 겪었다. 이러한 과정에서 지금까지 어느 특정한 지역에도 없었던 새로운 범지구적 · 비빔밥적 문화가 형성되었고 아직도 그러한 문화는 비벼지고 있는 과정에 있다. 비빔밥은 그것을 구성하는 밥과, 콩나물 · 가지 · 도라지 · 계란 · 깨소금 · 간장 · 고추장 · 고기 · 참기름 등 여러 음식 재료들이 원래의 형태와 색깔을 완전히 상실하지 않은 채 서로 섞이고 비벼지면서 하나로 혼합되어 나름대로의 새로운 모습으로 창조된 요리/음식이다.

어떤 재료들을 얼마큼 배분하고 어떻게 혼합시키느냐에 따라 만들어진 비빔밥의 모양 · 색깔 · 맛 및 품위는 사뭇 달라진다. 우리가 그것을 좋아하든 싫어하든 20세기에 비벼진 지구 문화적 비빔밥의 재료가 되는 이질적 문화들 가운데서 결정적으로 지배적인 색조와 맛이 서구적, 더 정확히는 미국적 요리라는 주장에 반론의 여지가 없다. 그러나 좀더 생각해보면 꼭 그렇지는 않다. 19세기 말, 아니 더 가까이는 20세기 후반까지는 서구가 군사적 · 경제적 · 기술적 · 정치적 · 이념적 및 문화적으로 자신의 권위를 독선적으로 강요하면서 세계를 지배해왔지만, 늦어도 20세기 후반에 와서는 사정이 크게 달라졌다. 비서구 진영이 경제적으로나 기술적으로 성장하게 되면서 서구의 독선적이며 독단적 세계 판도는 급속도로 달라졌다. 현재 우리가 인식할 수 있는 지구 문화의 비빔밥에 들어 있는 비서구적 재료가 나름대로 자신의 모습을 드러내고 자신의 맛을 드러내게 되었다. 이러한 경향으로 비추어 볼 때, 다음 세기에는 지구 문화라는 비빔밥에서는 서구적인 재료의 비중보다는 비서구적 재료의 비중이 더 커질 수 있으며, 비빔밥의 맛이 햄버거보다는 김치 맛에 가까워질 가능성도 없지 않다.

이러한 모든 점들을 감안하고, 사회적 관습으로서의 문화의

20세기의 특징을 구조적 지구화로, 정신적 덕목으로서의 문화의 20세기의 특징을 찬란한 개화로, 이성의 자기 구현으로서의 문화의 20세기의 특징을 혁신적 진보로 개념화할 때, 20세기의 지구 문명의 총체적 특징은 만화경적인, 비빔밥 같은 혼합이라는 개념으로 표상할 수 있다. 하나의 큰 비빔밥으로서의 20세기의 지구적 문화는 완전한 중심이나 경계가 없이 다양한 색깔의 혼합물이라는 점에서 구조적으로 만화경에 비유될 수 있으며, 찬란히 개화되고, 혁신적 진보를 거둔 문화였다는 점에서 겉을 자세히 보면 볼수록 우아하며 아름답고, 속을 들여다보면 볼수록 찬란한 만화경과 같다.

5. 결론: 전망과 반성

앞으로 21세기에는 지구 문화의 만화경적 혼합의 성격이 한결 더 두드러지게 나타날 것이며, 문화의 기조는 서구 중추적에서 아시아 중추적 색깔로 점진적 변화를 가져올 것이다. 오늘날 관찰할 수 있는 지구 문화가 형성될 수 있었던 데는 경제적 부의 축적이 있었고, 경제적 부의 뒤에는 과학 기술의 발달이 있고, 과학 기술의 밑바닥에는 인간의 무한한 물질적 욕망이 깔려 있었다. 지금의 상황에 물리적으로나 이념적으로 지각 변동이 일어나지 않는 한 앞으로도 인간의 욕망은 한결 더 풍선처럼 부풀 것이며, 상상할 수 없이 발전될 과학 기술에 의해서 물질적 부는 더욱 축적될 것이다.

이런 관점에서 볼 때 21세기의 문화는 얼마 동안은 더욱 인간 중심적일 것이며, 물질주의적이며, 과학 기술 중심적일 것이다. 20세기의 지구 문화는 자연에 대한 도전적 태도와 타인에 대한 경쟁적 태도의 산물이며, 그 문화적 성격은 21세기에도 쉽게 달라지지 않을 것이다.

그러나 물질적으로 풍요하고 기술적으로 뛰어난 문화적 틀 속에서 과연 20세기 말의 인류는 행복하고 인간다운 삶을 산다고 할 수 있는가? 이 같은 문화를 창조하는 데 자연 자원의 고갈, 극심한 환경 오염, 이미 위험 수준에 있는 생태계 파괴라는 대가를 치러야 했다면, 오늘날의 삶의 양식 즉 지구 문화의 틀을 근본적으로 바꾸지 않고서는, 지금부터 천 년 후 아니 한 세기 후 과연 지구 문화 더 나아가서 인류가 생존할 수 있겠는가? 의식의 근본적인 개혁과 문화적 패러다임의 근본적 전환을 위한 준비는 21세기의 문턱에 발을 디디고 있는 인류에게 던져진 가장 근본적인 정언적 명령이다. 이런 맥락에서 불교 노장 사상으로 대표되는 고대 동양적 세계관은 심도 있게 재고할 가치가 있다.

21세기를 향한 발전 전망
─ 문명은 발전하는가

지난 백 년 동안 특히 최근 첨단 과학 기술이 급격하게 발달하는 속도에 비추어 볼 때 지금부터 백 년 후인 21세기 말이나 더 멀리는 2백 년 혹은 3백 년 후의 세계를 예측하기는 거의 불가능하다. 현재 세계는 그때까지 인류가 지구에 존속할 수 있게 될지를 의심하지 않을 수 없는 위기감을 느끼지 않을 수 없는 상황에 놓여 있기 때문이다. 그럼에도 막연하지마는 앞날의 세계에 대한 전망이 전혀 불가능하지는 않다.

인구 폭발, 자원 고갈, 환경 오염, 생태계 파괴 등의 큰 근원적 문제가 가중하게 압박하겠지만 적어도 21세기가 끝날 때까지는 종으로서의 인류는 생존해 남아 있을 뿐만 아니라, 아직도 상상할 수 없는 과학 기술 개발로 인류의 생활 양식은 크게 변화할 것이며 세계적으로 볼 때 인구 증가, 물질적 생활의 개선/발전이 전망된다. 헌팅턴 교수는 21세기에 동서 간의 큰 문화적 충돌이 있을 것임을 예언·경고한다. 그러나 무수한 지역적 갈등이 빈번할 것이지만 세계적 차원에서 그리고 큰 맥락에서 볼 때 이념적·문화적·민족적 경계선이 과거에 비추어 상대적으로 희미해지고 문자 그대로 세계화는 가속적으로 박차를 가하여 이루어질 것이다.

그러나 미시적으로 볼 때 발전이라고 볼 수 있는 이러한 기술/물질적 세계와 생활의 변화가 거시적으로 볼 때 정신적 빈곤을 뜻하고 따라서 삶의 발전이라기보다는 후퇴를 뜻한다고 의심할 수 있다. 근시적으로 볼 때 발전이라고 볼 수 있는 이러

한 변화가 원시적으로 볼 때 발전은커녕 인류의 종말, 지구 파
멸의 불길한 징조일 수 있다는 두려움이 생길 수 있다. 이런 맥
락에서 볼 때 21세기를 향한 발전에 앞서 '발전/진보'의 개념
을 분명히하고 어떤 의미에서 21세기가 발전/진보할 수 있으
며 발전/진보해야 하는가를 물어보아야 한다.

모든 지적 문제는 편의상 관찰적·개념적·형이상학적 및
종교적인 것으로 분류할 수 있다. "저 사람은 남자인가 여자인
가"라는 물음은 관찰적 물음이며, "'진보'라는 낱말의 의미는
무엇인가"라는 물음은 개념적 범주에 속하고, "물질과 정신의
본질은 어떻게 다른가"의 문제는 형이상학에 속하고, "인생 또
는 우주의 의미는 무엇인가"라는 물음은 종교적 성격을 띤다.
그렇다면 "문화는 진화하는가, 진보하는가"라는 물음은 어떤
것에 속하는가?

이 물음은 그 문법 구조상 "저 사람은 남자인가, 여자인가"
라는 물음과 전혀 다르지 않다. 후자의 물음에 대한 대답은 간
단하다. 그것은 '저 사람'을 남/녀라는 성적 분류의 시각에서
관찰 서술하는 것으로 끝난다. 그러나 "문화는 진보하는가, 진
화하는가"의 물음은 '문화'를 관찰해서 그 대답을 찾을 수는
없다. '문화' '진보' '진화' 등의 개념 자체의 의미가 분명치
않기 때문이다. 이러한 개념들이 어떻게 관련되어 있는가를 결
정하려면 우선 그것들의 개념적 분석이 선행되어야 하기 때문
이다. 이런 점에서 우리의 물음은 두번째 범주에 속하는 개념
적 즉 철학적 문제에 속한다. 그러나 진보와 진화의 개념 성격
을 천착해보면 이 문제는 단순히 개념 분석적이 아니라 가치론
적 즉 실존적인 것이다. 경험적·개념적·형이상학적 문제가
다 같이 서술적인 범주에 속한다면 가치/의미/중요성, 즉 실
존적 문제는 서술적인 것과는 논리적으로 다른 차원에 속하는

평가 범주에 속한다. '문화' '진보' '진화'의 개념이 정리되고, '문화'의 형이상학적 속성이 서술된 후에도 그렇게 서술되고 이해된 문화의 의미를 긍정적으로 혹은 부정적으로 볼 수 있는 가의 가치 평가의 문제는 논리적으로 별도의 차원으로 남는다.[1]

"문화는 진화하는가, 진보하는가"라는 물음은 그 대답을 경험적 관찰에서 찾고자 하는 것도 아니며 '진보' '진화'의 개념적 구별에서 얻고자 하는 것도 아니며 '문화'의 형이상학적 속성을 서술함에 있는 것이 아니라 '문화'의 실존적 '의미'를 찾고자 함에 있다. 그렇지만 이러한 물음에 대한 대답은 '진보'와 '진화'의 개념 정리와 '문화'의 본질에 대한 형이상학적 물음을 전제한다.

1. 진화와 진보

I. 존재의 변화

모든 존재는 개별적으로 다른 것들과 구별되어서만 인식된다. 그러나 그러한 인식 대상은 플라톤이나 라이프니츠의 철학

---

1 이런 실존적 물음이 오늘날 철학적 차원에서 제기되어야 하는 이유를 쉽게 찾을 수 있다. 인류 역사는 변화를 의미했고, 그 변화는 '발전'을 뜻하며, 이러한 발전의 무한한 지속성을 인류는 막연하나마 낙관적으로 믿어왔고 이러한 낙관적 믿음은 물리적으로는 과학적 지식과 기술의 급속한 성장과 아울러 경제적 삶이 급속도로 개량되고 정신적으로는 각 이성적 주체가 종교적 및 사회적 억압에서 해방되어 자유를 찾아갈 수 있었다는 사실에 근거한다. 그러나 역사의 '발전'이 역설적으로 역사의 '종말'이 아닌가 하는 의문을 던지게 되었다. 이러한 의문은 오늘날 물리적 및 지적 위기 의식에서 나타난다. 과학 기술에 기초한 산업화는 환경 오염, 생태계의 파괴를 초래하여 인류의 물리적 즉 생물학적 생존마저 위협하게 되었으며, 오늘날의 첨단 과학 지식은 인간의 형이상학적 유일성과 자존심의 근거가 되는 이성의 자율성을 부정하는 방향으로 향하고 있다. 『역사의 종말』이라는 후쿠야마의 책 제목은 오늘의 문명이 직면한 이러한 두 가지 위기 의식을 단적으로 표현해준다.

이 주장하고 있는 것과는 달리 그리고 불교나 노장 사상의 주장대로 모든 존재는 다른 모든 것들과 서로 뗄 수 없는 인과적 고리에 의해서 연결되어 있고 개별적 존재들 간의 차이는 근원적인 차원에서 서로 뗄 수 없는 단 하나의 존재의 끊임없는 변화에 지나지 않는다. 현대 천문학에 따르면 우주의 모든 현상들은 대폭발로 시작한 원초적인 영원한 변화이며, 다윈에 의하면 인간은 동물들이 변화된 형태이며, 식물학에 의하면 한 종의 나무는 각기 씨가 변화된 형태에 지나지 않으며, 동물학은 새끼가 정자와 난자의 결합으로 나타난 변화이고, 어른은 아이의 변화된 형태에 지나지 않는다. 오늘날 고도로 발달된 인류 문명이란 원시적 문명이 오랜 역사에 걸쳐 나타난 변화에 불과하며, 오늘의 한국 문화는 아득한 고대에 싹튼 문화가 변화한 것이다. 자연이나 문화 현상, 한 지역의 기후나 한 사회의 관습, 동물이나 인간, 인간의 생리학적 상태나 지적·심리적·도덕적 성격도 부단히 변한다. 단 한 순간이라도 변화하지 않는 것은 아무것도 없다. 존재함은 곧 변화함이며 이런 점에서 있는 것/존재being는 있지 않은 것/부재non-being라는 역설은 역설이 아니다.

II. 변화와 발달

모든 것은 언제나 변화하는 과정에 있다. 변화는 단순한 변화와 위계적 변화로 나눌 수 있다. 단순 변화가 한 상태에서 다른 상태로의 변화를 차등적으로 서술할 수 있는 근거를 찾을 수 있는 반면, 위계적 변화에는 한 상태에서 다른 상태로의 변화를 차등적으로 측정할 수 있는 어떤 틀이 논리적으로 전제되어 있다. 흑발에서 백발로의 변화, 한 정당에서 다른 정당으로의 당적 변화, 고온에서 저온으로의 온도 변화, 액체에서 고체로의 변화 등이 단순 변화의 예인 것은 각기 달라진 두 상태의 우월/열등성을 가려낼 근거가 없기 때문이다. 이와는 달리 1에서 2, 3, 4로의 변화, 올챙이에서 개구리로의 변화, 침팬지에서 인간으로의 변화, 자동차에서 비행기로의 교통 기술의 변화, 열등생에서 우등생으로의 변화 등이 위계적 변화의 사례인 것은 각기 수학적·생물학적·과학 기술적 그리고 진화론적 관점에서 한 상태에서 다른 상태로의 변화된 상태가 보다 발달한 상태라는 시각의 틀/패러다임이 전제되어 있기 때문이다.

Ⅲ. 개발의 단절/우연성과 진화/진보의 연속/원칙성

발달 즉 위계적 변화를 서술하는 개념으로는 개발 development, 진화 evolution, 진보 progress라는 유사한 말들이 사용된다. 그러나 그것들은 그것들이 각기 적용되는 대상의 존재 양식에 따라 달리 적용된다. 다 같이 위계적 발전을 지칭하면서도 '개발'은 기술/도구 technology 변화에, '진화'는 생물체 organism의 변화에, '진보'는 인간 사회 human society의 변화에 달리 적용된다. 다 같이 위계적인 서술이지만 기술의 발달은 '개발'로서이지 '진화'나 '진보'로 부를 수 없고, 생물체의 발달은 '진화'로 부를 수는 있어도 '개발'이나 '진보'로 말할 수 없으며 인간적 삶의 양식의 발전을 서술함에 있어서 '진보'라는 말은 적절하지만 '진화'나 '개발'이라는 말의 사용은 맞지 않는다. 다 같이 발달을 지칭하면서도 '진화'가 생물학적 개념으로서 원칙적으로 생물체에만 적용되는 데 반해서 '진보'는 인문학적 개념으로 원칙적으로 인간 사회적 현상에만 적용된다.

'개발' '진화' '진보'의 낱말들이 위계적 변화 즉 발전을 함의하는 점에서는 똑같지만 그것들이 갖는 의미는 동일하지 않다. 여기서 우리의 관심은 '개발'이 아니라 '진화'와 '진보'의 개념적 차이를 분명히하는 데 있다. 그러나 그것들의 정확한 차이를 이해 검토하는 데 있어 한편으로는 '개발'이라는 하나의 개념과 다른 한편으로는 두 개를 하나로 묶는 '진화/진보'의 차이부터 우선적으로 검토하는 것이 '진화'와 '진보'의 차이를 분명히하는 데 전략적으로 유익하다.

'개발' '진화' 혹은 '개발'과 '진보'의 차이는 '진화'와 '진보'의 차이보다 훨씬 뚜렷하다. 첫째, '개발'이 발전적 변화의 수동성을 지칭하는 데 반해 '진화'와 '진보'는 다 같이 발전적 변화의 자동성을 함의한다. 자연 개발, 기술 개발, 지능 개발 등을 말할 수 있다면, 개발은 인간의 의지, 계획 그리고 작업이 능동적으로 개입함으로써 수동적으로 나타난 자연·도구·기술, 인간의 육체적 혹은 정신적 기능의 바람직한 변화를 지칭한다. 생물의 진화 또는 인간 사회의 진보를 말할 수 있다면 그러한 개념은 생물체 또는 인간 사회에서 발전적 변화의 현상을 지칭하고, 그러한 변화는 인간이라는 타자의 개입에 의해 생물체나 인간 사회에 수동적으로 나타난 변화가 아니라 생물체나 인간 사회 자체 내의 어떤 내재적 원리에 의해서 저절로 나타나서 관찰의 대상이 될 수 있다는 변화를 서술하는 기능을 한다. 둘째, 기술·지능 등의 개발은 개발 전후의 관계가 비연속적 즉 우연적인 데 반해 생물의 진화나 문화의 진보는 연속적·유기적 즉 인과적이라는 신념이 깔려 있는 것으로 추리된다. 모닥불에서 촛불로, 촛불에서 전깃불로 어둠을 해결하는 도구의 기술적 발전은 각 단계 간에 아무런 인과적 연속성을 찾아낼 수 없는 데 반해, 한편으로 태아에서 유아·소년·청년기를 거쳐 노화하여 죽게 되는 한 동물의 생물학적 과정이나 침팬지에서 인간으로 한 생물체가 종적으로 변화하는 과정 그리고 다른 한편으로는 유목 사회에서 농경 사회, 농경 사회에서 산업 사회로 인류의 역사가 변화하는 여러 단계들은 우연적으로 맺어진 것이 아니라 인간의 개입을 초월한 어떤 자연 법칙이나 아니면 어떤 초월적 인격체의 의지에 의해 결정된 법규에 의해서 인과적으로 혹은 목적론적으로 필연적 관계를 맺고 있다는 생각이 '개발'과 '진화/진보'의 개념 사용에 깔려 있다. 그러나 우리의 관심의 초점은 '개발'과 '진화/진보'의 구별 자체에 머물지 않고 '진화'와 '진보'의 개념적 구별을 밝히는 데 있다.

IV. 자연의 진화와 문화의 진보

생물 현상과 인간 사회 현상을 각기 '자연'과 '문화'라는 보다 포괄적인 범주 속에 묶어 보자면 '진화'와 '진보'는 자연과 문화에 각기 별도로 구별하여 적용하는 개념으로, 그것들은 각기 '한 자연적 존재의 생물학적 관점에서 본 발전적 변화'와 '한 문화적 존재의 목적론적 관점에서 본 발전적 변화'를 뜻한다. 진화는 언제나 그리고 필연적으로 자연의 진화이며, 진보는 언제나 그리고 필연적으로 문화의 진보이다. 원칙적으로 '진화'의 개념이 생물체에만 적용되는 데 반해 '진보'라는 개념은 인간 사회 현상에만 사용되어야 한다. 두 개념이 이같이 구별되어 사용될 수 있는 데에는 생물체/자연과 인간 사회/문화가 존재론적으로 넘을 수 없는 형이상학적 경계선 즉 지울 수 없는 차이가 있다는 신념을 전제한다.

만일 이러한 신념에 철학적 의문이 제기되지 않는 한 "문화는 진화하는가, 진보하는가"에 대한 대답은 너무 단순하고 명백하다. '문명' '진화' 그리고 '진보'라는 낱말들에 대한 개념이 위에서처럼 명료하게 규정된 이상, 우리의 대답은 "문화는 진화가 아니라 진보한다"일 것이며 이러한 대답은 일종의 토톨로지에 불과하며, 따라서 이러한 물음은 철학적 맥락에서 제시될 수 없다. 그렇지만 이러한 물음이 무의미하지 않을 뿐만 아니라 깊은 뜻을 담고 있다는 것은 지금까지 자명한 것으로 생각해왔던 자연과 문화의 구별, 즉 지금까지 당연하게 믿어왔던 '문화'의 형이상학적 본질에 대한 물음이며 그 물음이 요구하는 것은 '문화'의 현상적 변화에 '진화'와 '진보'라는 두 개념 중 한 개념의 선택과 적용이 아니라 '자연 현상'에 대치하는 '문화 현상'의 형이상학적 차이와 그 규정이다.

다윈의 진화론이 나오기 전 헤겔은 생물, 물질을 포함한 모든 현상을 가이스트라는 정신적 실체의 기계적 '진화' 과정으로 설명하려 했고, 이런 점에서 베르그송과 드 샤르댕이 각기 비슷한 생각을 했고, 좀더 소박한 관점에서 스펜서·콩트·마르크스는 적어도 사회적 변화를 생물학적인 뜻에서 '진화'의 개념으로 설명하였다. 이러한 설명은 타당한가?

문화의 변화를 '진화'로 서술하려면 먼저 그것들이 각기 다른 일종의 생물체임을 전제해야 한다. 물질의 변화와는 달리 문화의 변화는 생물체의 변화와 유사한 몇 가지 점을 갖고 있다. 생물체에 탄생과 죽음이 있듯이 문화도 생겼다가 사라지고 생물체의 변화가 단순한 상태에서 복잡한 상태로 변화한 것처럼 오랜 인류의 역사를 돌아볼 때 문화의 변화도 마찬가진 것 같다. 슈펭글러나 토인비가 주장했듯이 많은 문화가 생겨났다가 사라졌고, 현대 포스트-산업 사회의 문화는 산업 사회의 문화보다 복잡하고, 근대 사회의 문화는 중세 사회의 문화보다, 고대 사회의 문화는 원시 사회의 문화보다 분명히 복잡하다. 침팬지에 비해서 인간이 자연 환경 속에서 더 강한 생존력을 가졌다는 점에서 전자에서 후자로의 생물체적 '변화'를 위계적 의미를 내포하는 '진화'라 부를 수 있고 원시 문화에서 고대 문화로의 변화, 중세 문화에서 근대 문화로의 변화, 산업 문화에서 정보 통신 문화로의 변화가 인류를 물질적 빈곤, 정치적 억압, 지적 암흑으로부터 점진적 해방을 뜻한다면 문화적 변화를 생물체의 경우와 마찬가지로 '진화'라는 말로 기술할 수 있다.

생물체의 성장과 변화 과정과 문화의 발생과 몰락의 변화 과정에 위와 같은 유사점들을 발견하더라도 생물학적 변화 과정에만 적용할 수 있는 '진화'의 개념을 문화의 변화 과정에 적용한다는 것은 논리적으로 불가능하다. 만일 '진화'의 개념이 생물학적 현상 이외의 물질적 혹은 문화적 현상에도 적용되려면, 물질적 혹은 문화적 현상을 생물학적 틀, 즉 일종의 생물학적 현상으로 보아야 되는데 '물질'이라는 말은 '생물체'라는 말과 대조되었을 때에만 비로소 의미를 갖고, '문화'라는 말은 '물질'과 '생물체'를 포괄한 개념으로서 '자연'이라는 말과 대조되었을 때만 비로소 그 의미를 가질 수 있기 때문이다. 이런 관점에서 볼 때 현대 우주학이 사용하는 '우주의 진화,' 헤겔·베르그송·드 샤르댕이 그려보는 '존재 일반의 형이상학적 진화' 그리고 스펜서·콩트·마르크스 등의 이론에 내포된 '사회의 진화'는 한결같이 '범주 오류'의 예로 볼 수 있다. 이들에 공통된 '진화주의'에는 두 가지 형이상학적 신념이 전체적으로 깔려 있다. 첫째는 자연과 문화의 이원론적 형이상학을 부정하고 일원론적 입장을 취하는 것으로 그것들은 한 존재의 두 가지 측면이라는 형이상학적 신념이며, 둘째는 우주, 존재 일반, 인간 사회의 역사가 일종의 '생물체'라는 신념이다. 그렇다면 문화적 변화를 '진화'로 볼 수 있느냐 아니냐의 문제는 형이상학적 차원에서 문화 현상이 자연 현상과 구별될 수 있느냐의 여부와 문화 현상을 생물학적 현상으로 볼 수 있느냐의 여부에 달려 있다.

이러한 문제 제기에는 그만한 원인과 이유가 있다. 얼마 전까지만 해도 상상할 수 없었던 과학 기술의 발달로 물질적 풍요를 즐기고 이러한 발전을 이룩한 인간으로서의 자존심을 어느 때보다도 많이 갖게 된 바로 오늘날 인간은 두 가지 미증유의 위기 의식으로 괴로움을 받게 되었다. 첫째, 과학 기술이 동반한 자연의 개발, 산업화는 물질적 풍요와 아울러 생태계를 파괴하고 마침내는 인류 자신의 생존마저 위협하게 되었다. 둘째, 가상 현실, 인공 지능, 게놈 프로젝트 등의 개발 등으로 나타난 첨단 과학 지식은 의식 · 정신 · 주체성 · 자율성 · 이성 · 영혼의 허구성을 드러냄으로써 그러한 속성의 유일한 소유자로 자처한 인간의 자존심과 존엄성을 박탈하고 있다.

어쨌든 이에 대한 대답은 문화를 형이상학적으로 어떻게 규정하느냐에 달려 있으며, 어떤 대답을 할 수 있느냐에 따라 세계와 우리 자신에 대한 우리의 이해와 실존적 의미는 전혀 달라진다. 만약 첨단 과학이 암시하는 것처럼 인간, 인간의 모든 행동 그리고 그러한 것의 사회 집단적 표현으로서의 '문화'가 침팬지 · 개 · 바퀴벌레 그리고 더 나아가서 돌 · 원자 · 전자 등도 형이상학적으로 같은 지평에서 볼 수 있는 '자연'의 일부라면 문화의 변화는 당연히 진보가 아니라 '진화'이며, 만약 지금까지의 상식적 그리고 철학 일반 입장과 같이 자연과 문화가 형이상학적으로 동등한 지평에 놓일 수 없는 두 가지 다른 존재라면 문화의 변화는 진화가 아니라 '진보'로만 서술할 수 있다.

그렇다면 '문화'란 무엇인가? 이 물음이 '문화'로 분류되는 어떤 존재의 속성을 밝히고자 하는 데 있다면 문화는 구체적으

2. 문화의 형이상학

I. '문화'의 분류적 정의　　185

1) '정서적 표현'으로서의 문화

문화는 우선 무엇인가의 관찰 대상을 지칭한다. 그 대상이 인간의 정신적 활동의 구현이라는 점에서는 똑같지만 그 구체적 내용은 표현 매체와 양식에 따라 다양하다. 종교·윤리·철학·과학 등과 같은 세계와 인간의 신념 체계, 삽·마차·수차·자동차·공장과 같은 기술/도구, 농산물·집·빌딩 등 그러한 기술 도구의 활용에 의한 조직적 생산물, 건강과 오락을 위한 조직적 활동으로서의 스포츠, 인간의 정서적 표현으로서의 문학을 비롯한 모든 예술 작품, 관습, 여러 가지 다양한 분야에서 나타나는 문자적 혹은 비문자적 규범/제도 등은 다 같이 인간 정신의 표현이면서도 각기 특수한 매체와 양식을 갖고 특수한 기능을 한다. 문화라는 말은 경우에 따라 좁은 뜻으로 혹은 넓은 뜻으로 달리 사용되어 그것이 지칭하는 내용과 범위는 달라진다.

가장 좁은 뜻으로서의 문화는 정서적 가치의 표현으로서 모든 양식의 예술 작품을 지칭한다. 이런 뜻의 '문화'라는 단어를 사용한 예는 '문화체육부' '문화인' '문화 사업' 등에서 찾을 수 있다. '문화체육부'란 명칭이 붙은 부처가 다른 여러 부처와 구별되어 있다는 사실은 문화가 경제·건설·통상·교육·과학 등과 구별될 뿐만 아니라 체육과도 구별된다는 사실을 함의한다. 문화부가 문학·연극·음악·회화·조각·무용

등 예술 분야뿐만 아니라 사찰을 비롯한 고적과 그 밖의 여러 가지 역사적 유물들을 관리한다면 이때 '문화'는 정서적 표현으로서의 예술 작품만을 지칭하지 않은 것으로 보인다. 그러나 사실은 그렇지 않다. 모든 건축물이나 모든 공산물들이 아니라 각별히 위와 같은 특수한 건축, 특수한 공산품들이 유물로서 '문화'의 범주에 속할 수 있는 것은 그러한 것들의 실용성이 아닌 '표현성/예술성' 즉 그러한 것들에 구현된 한 시대, 한 사회의 귀중한 표현으로서의 성질에 근거한다.

2) 규범으로서의 문화

그러나 보다 더 넓은 뜻으로 사용될 때 문화는 예술적 표현 외에 모든 인간의 고유한 현상들을 포함한다. 이런 관점에서 문화는 예술적 표현 외에 종교·철학·과학·가치 등에 대한 신념 체계, 언어를 비롯한 사회 및 정치 제도, 혼사나 제사나 대인 관계에 관한 의식 또는 예의에 관한 법적 혹은 관습적 제도의 형태로 나타나는 모든 형태의 제도 그리고 모든 기술과 그런 것에 기초한 모든 공산품을 다 함께 포괄한다. 문화로서의 이런 존재의 특징은 규범성에 있다. 인류학자 레비스트로스에 의하면 아무리 원시적인 삶을 살더라도 모든 인류 사회는 반드시 최소한의 규범에 의해서 조직되어 있다고 한다. 가장 근원적인 그리고 보편적인 규범은 근친상간 금지에 관한 것이다. 이러한 규범만은 어느 인류 사회에서도 한결같이 발견된다. 최소한의 규범에 의해서 통제되지 않는 인간 집단은 인간 사회가 아님을 말한다.

법칙은 필연적으로 자연의 속성으로서 인간의 선택적 개입과는 상관없이 자연 속에 객관적으로 영원히 존재하는 규칙성을 지칭하고, 규범은 필연적으로 문화의 속성으로서 인간의 자

율적 결정에 의해서 인간이 제작한 상징 체계 속에서 '기호/
의미'로서만 존재하는 관념적 질서이다. 체계/기호/의미로서
비가시적 세계에 존재하는 규범과, 규범으로서 존재하는 문화
는 가시적 세계에서 시간과 공간 속에 존재하는 자연과 존재론
적으로 서로 대치되며 이 두 개념은 각기 상대방의 존재와 대
조됨으로써 각기 의미를 갖고, 이러한 사실은 자연과 문화의
구별이 형이상학적 성격을 띠고 있음을 전제한다. 일상적 대화
만이 아니라 철학적 담론에서도 자연 혹은 문화라는 개념이 어
렵지 않게 통용된다는 사실은 대체로 이러한 구별이 자명한 사
실로 암암리에 수용되었음을 말해준다.

우리의 일상적 담론과 사유에 암암리에 깔려 있는 자연과 문
화의 넘을 수 없는 신념은 이원론적 형이상학을 전제한다. 모
든 존재는 적어도 근원적으로 그 속성이 다른 두 가지 존재로
분류된다고 전제할 때에만 '문화'라는 말이 그 의미를 가질 수
있다는 것이다. 모든 사물 현상들의 관계를 설명하는 형이상학
을 편의상 이원론과 일원론으로 압축해서 분류할 수 있다면 그
중 어떤 형이상학이 앞에서 몇 가지로 분류하여 정의한 문화
현상들을 보다 잘 설명할 수 있는가?

II. 문화의 형이상학

1) 이원론적 형이상학

자연과 문화의 차이는 자명해 보인다. 적어도 상식적·지각
적 차원에서는 분명하다. 개천에 굴러다니는 돌과 예술가가 만
든 조각품, 새들의 노랫소리와 베토벤의 음악, 동물들의 짝짓
기 과정과 인간의 혼례 의식, 인간 해 구조와 사회 조직, 인간
의 두뇌 작동과 컴퓨터의 작동 사이에는 무엇인지 정확히 표현
할 수 없지만 넘을 수 없는 거리가 있다. 자연 현상과 구별되는

문화 현상을 인간 세계에서만 발견할 수 있다면 자연과 문화의 존재론적 차이는 자연에 속하면서도 인간과 제일 가까운 자연으로서의 침팬지와 인간의 존재론적 차이로써 설명할 수 있다.

상식적인 차원에서뿐만 아니라 철학적인 차원에서 인간의 형이상학적 유일성에 대한 확신 즉 이원론적 형이상학은 철학적 힌두교, 철학적 불교, 철학적 도교를 제외하고는 동서고금을 막론하고 모든 인류의 사유를 대체로 지배해왔다. 이러한 이원론적 신념은 서양적 사고에서 각별히 두드러진다. 관념적 존재인 이데아의 세계와 물리적 세계인 현상이라는 플라톤적 구별, 속세와 천당의 기독교적 구별은 이원론적 형이상학의 좋은 예들이다. 이러한 형이상학은 데카르트에 의해서 선명한 철학적 논증으로 확고하게 뒷받침되었다. 인간은 어떠한 방법으로도 인간 외의 어떤 다른 양식의 존재로 환원될 수 없는 정신/이성이라는 속성에 의해서 그 밖의 모든 존재들과 절대적으로 구별되며 정신/이성의 본질은 주체적 자율성에 있다는 것이다. 이와는 달리 힌두교·불교·도교 등의 대표적 사상에서 볼 수 있듯이 동양 특히 고대 동양을 대체로 지배한 것은 이원론적이 아니라 이와 같은 일원론적 형이상학이었지만 근대 이후 서양의 지배를 받아야 했던 세계는 얼마 전까지만 해도 이원론적 형이상학의 테두리 속에서 살아왔다. 바꿔 말해서 문화는 이러한 형이상학적 속성을 갖춘 정신/이성의 산물이다. 지난 몇 세기 특히 지난 한 세기 동안의 놀라운 세계의 변화는 이원론적 형이상학, 인간의 유일성, 인간의 고유한 이성의 힘, 그러한 주체의 자율성에 대한 신념에 뿌리박은 과학적 지식과 기술 발달의 결과에 지나지 않는다.

진화의 개념은 자연의 발전적 변화에만 적용할 수 있으며 이원론적 형이상학의 틀에서 설명할 수 있는 문화는 자연과 형이상학적으로 구별됨으로써만 의미를 갖는다. 만약 문화가 이원론적 형이상학의 틀 안에서만 이해될 수 있다면 문화의 발전적 변화는 '진화' 가 아니라 '진보' 로 보아야 한다. 그렇지만 과연 이원론적 형이상학이 전제하듯이 문화와 자연 사이에 형이상학적 구별이 가능한가?

2) 일원론적 형이상학

고대 인도와 중국인들의 형이상학은 이원론이 아니라 일원론이었다. 철학적 힌두교, 철학적 불교, 철학적 도교는 인간을 포함한 모든 존재가 궁극적 차원에서는 서로 뗄 수 없이 연결되어 있음을 확신했다. 동양을 지배해왔던 일원론적 형이상학과 서양을 지배해왔던 이원론적 형이상학은 서로 양립할 수 없다. 근대 서양 사상과 과학 기술의 세계적 확산과 지배로 동양을 비롯한 전세계는 알게 모르게 이원론적 즉 서양적 세계관 속에 묶여 있었다. 그러나 바로 그러한 이원론적 형이상학의 산물로 인해서 이원론적 형이상학의 근거가 흔들리게 되었다는 사실은 역설적이다.

다윈의 진화론은 성서가 주장하는 바와는 정반대로 인간과 그 밖의 다른 동물이 형이상학적으로 구별될 수 없음을 생물학적 차원에서 보였다. 그에 의하면 인간이라는 종은 수십억 년의 시간을 거치면서 하등 동물에서 진화한 것에 지나지 않는다. 프로이트는 인간 유일성의 근본적 근거로 확신해왔던 이성이 욕망과 근본적으로 구별될 수 없음을 증명했다. 그에 의하면 본능·감성 등과 구별되는 이성이라는 의식은 실제로는 본능에 뿌리박은 것으로 본능·감성 등으로 불리는 의식과 별다른 차이가 없다. 현대 우주학은 우주의 모든 존재가 맨 처음 존재했던 극히 압축된 작은 물체의 '대폭발' 로 생겼다고 설명한다. 그렇다면 우주의 모든 것은 똑같은 뿌리를 갖고 있으며 따라서 그것들 간의 차이는 형이상학적으로 단절된 차이가 아니라 연속적 변화에 불과하다. 모든 생명은 물질의 우연한 변화의 결과 가운데 하나라고 설명함으로써 물질과 생명의 단절을 부정한다. 최근의 인공지능학, 게놈 프로젝트 등 첨단 과학 분야의 연구는 특수한 그리고 신비로운 존재로 여겨졌던 '이성'이라는 논리적 사고력이 물질적 작동의 결과이거나 화학적 성분으로 분석할 수 있는 유전자의 기계적 작동의 결과에 지나지 않음을 강력히 시사한다.

이러한 주장들에 근거가 있다면 모든 존재는 근본적으로 하나로밖에는 달리 볼 수 없는 단 하나로서의 전체의 다양한 변화 양상으로 보아야 한다는 결론이 서고, 따라서 문화와 자연, 정신과 물질의 차이는 형이상학적 단절을 입증하는 것이 아니다. 그것은 마치 나무 뿌리와 나뭇가지 끝에 피는 꽃이 서로 다른 것이 아니라 동일한 꽃나무의 변화된 양상인 것처럼 동일한 존재의 변화된 상태로 볼 수 있다.

만일 일원론적 형이상학이 옳다면 문화는 자연의 한 연장선상에서 볼 수 있는 자연의 한 측면에 지나지 않는다. 원래 '진화'가 생물학적 변화를 서술하는 개념이고, 생물체가 곧 자연을 지칭한다면 문화의 발전적 변화는 자연사적 맥락에서 '진보'가 아니라 '진화'로 보아야 한다. 그러나 문제의 핵심은 '만약'과 관련된 논리적 대답을 찾는 데 있는 것이 아니라 "문화가 진화하는 것인가 아니면 진보하는 것인가"를 알자는 데 있다. 그렇다면 이원론과 일원론적 형이상학의 의미와 역사를 아는 데 있지 않고 그중 어떤 것이 옳은 것인가가 먼저 결정되어야 한다.

이원론 혹은 일원론 가운데 어느 형이상학적 입장이 옳은

가? 대답은 간단하지 않다. 우리의 현상학적 직관은 이미 고대 인도인과 중국의 철인들이 직관적으로 알았듯이 모든 존재는 하나라는 관점 즉 일원론적 형이상학이 옳다고 확신한다. 동양적 비전인 일원론적 형이상학은 서양에서도 철학적 차원에서 헤겔의 '정신현상학,' 스펜서의 '사회 진화론,' 베르그송의 '창조적 진화론,' 샤르댕의 '우주 진화론'으로 나타났고, 과학적 차원에서 다윈의 동물 진화론, 프로이트의 정신분석학, 인지공학, 게놈 프로젝트, 현대 우주학이 말하는 '대폭발론' 등으로 뒷받침된다.

그러나 바로 여기에 문제가 생긴다. 일원론적 형이상학적 테두리 안에서 "문화는 진화하는가, 진보하는가"라는 우리의 물음에 대해 논리적으로 유추할 수 있는 대답은 "문화는 진보가 아니라 진화한다"라는 것일 수밖에 없는데 이러한 대답은 원래 물음의 밑바닥에 깔려 있는 의도에 비추어 볼 때 전혀 대답이 될 수 없다. 원래 "문화는 진화하는가, 진보하는가"라는 물음은 문화적 변화의 서술적 문제가 아니라 그것이 어떻게 서술되든 상관없이 그것이 어떤 실존적 의미/가치를 갖고 있는가를 알려는 시도를 그 밑바닥에 깔고 있다. 그런데 "문화는 진화한다"라는 대답은 문화적 변화의 의미/가치를 확인하는 것이 아니고 그 성격을 객관적으로 서술하는 데 있을 뿐이다. 이러한 사실은 문제에 대한 대답이 일원적 형이상학의 틀에서는 불가능함을 뜻하고 이러한 불가능성은 직관적으로나 현대 과학에 비추어 볼 때 수용 불가능한 이원론적 형이상학으로 되돌아가야 함을 함의한다. 바로 이 지점에서 우리는 논리적으로 풀 수 없는 형이상학적 갈등을 실존적 선택으로 풀어야 하는 처지에 부딪친다.

3) 형이상학의 선택과 진화 및 진보의 개념

선택은 인과적으로나 논리적으로 나타나는 필연적 결과가 아니라 선택자의 자율적 결단을 함축한다. 그러나 모든 결단이 맹목적인 것도 아니며 도박적인 것도 아니다. 선택은 나름대로의 이유나 타당성을 갖고 있다. 이 같은 사실과 우리의 문제가 "문화는 진화하는가, 진보하는가"라는 물음에 대한 대답을 찾는 데 있다는 것을 전제로 할 때, 각기 적용 대상의 존재론적 속성의 관점에서 보았던 '진화'와 '진보'의 개념 차이를 언어의 기능적 차이에서 다시 한번 분석할 필요가 있다.

"장미꽃은 빨갛다"와 "장미꽃은 예쁘다"라는 두 문장은 문법적으로는 완전히 동일하고, 따라서 각기 서술어인 '빨갛다'와 '예쁘다'가 똑같은 기능을 할 것이다. 그러나 논리적으로는 전혀 다르다는 것은 이미 잘 알려진 바이다. 전자의 경우, 술어가 서술적 즉 정보적인 것에 비하여 후자의 경우 술어의 기능은 정서적 즉 평가적이다. 이러한 말의 기능의 차이는 세밀한 분석을 하지 않더라도 '빨갛다'라는 말이 객관적으로 관찰할 수 있는 색깔을 칭하는 말인 데 반해 '예쁘다'라는 용어가 지칭하는 것은 대상을 찾을 수 없다는 사실에서 쉽게 알 수 있다. 전자의 문장에 대해서는 진/위를 언급할 수 있지만 후자의 문장을 놓고 그럴 수는 없다. 전자가 명제인 데 비추어 후자는 명제가 아니다.

문장의 구조적 측면에서 볼 때 "문화는 진화한다"와 "문화는 진보한다"라는 두 문장의 차이는 "장미꽃은 빨갛다"와 "장미꽃은 예쁘다"와의 차이와 똑같지만 그것들의 논리적 차이는 달라 보인다. '빨갛다'가 서술적인 데 반해 '예쁘다'가 평가적이라는 사실에서 그 차이가 분명한 것과는 달리, '진화'와 '진보'는 다 같이 그 자체 속에 이미 평가적인 뜻을 내포하고 있기 때문이다. 이러한 사실에도 불구하고 좀 엄격히 따져보면 사실은 다르다. 전자의 경우 '진화'가 서술적 즉 정보적으로 사용된 데 반해서 후자의 경우 '진보'는 '평가적'으로 사용되어 인지적이 아니라 정서적 의미만을 갖는다.

"인간은 침팬지에서 '진화'했다"라고 말할 때, '진화'는 생물학적 관점에서 침팬지가 인간으로 변화한 객관적 사실을 서술할 뿐이지 그러한 변화가 어떤 인간적 혹은 우주적 의미/가치 즉 중요성을 갖고 있다고 평가한 것은 아니다. 왜냐하면 생물학적 변화의 관점이 아니라 우주적 혹은 어떤 종교적 관점에서 보면 전혀 반대의 평가가 내려질 수 있기 때문이다. 암의 성장은 암세포의 입장에서 볼 때 세포의 가치/의미/중요성이 긍정적으로 평가될 수 있지만 한 동물의 생존이라는 입장에서 보면 완전히 부정적으로 평가될 수밖에 없다. 암의 성장이 암의 '악화'로서 서술되는 것은 이런 까닭이다. "문화는 진화한다"라고 말한다면 이때 '진화'는 객관적으로 관찰할 수 있는 문화의 변화를 서술할 뿐이지 그러한 변화에 대해 환자가 어떤 평가/중요성을 내리는가는 전혀 알 수 없다.

문화의 변화를 '진화'라 하지 않고 그것과 구별하여 '진보'라고 부르는 이유는 문화에 대해서 '진화'로서 표현할 수 없는 신념이나 의도를 말하고자 하기 때문이다. '진보'가 의도하려는 그 변화의 객관적 사실의 서술이 아니라 그것에 대한 화자의 긍정적 태도의 표현, 즉 그것에 의미/가치/중요성을 부여하는 행위에 지나지 않으며, 이러한 의미 부여, 가치 평가는 필연적으로 주관성을 띨 수밖에 없다. "문화는 진화한다"라는 명제에 동의한 뒤에도 "진화하는 문화는 진보하는가"라는 물음이 제기될 수 있고, A와 B 두 사람이 전자의 물음에 완전히 동의하면서도 후자의 물음에 대해서는 전혀 상반되는 대답을 해도 전혀 모순이 없다.

무엇인가에 대한 긍정적 평가는 그 대상을 존재론적 성격과 그것을 바라보는 시각에 따라 달리 표현된다. 존재론적으로 서로 다른 사물 현상, 명제, 인간의 행동이나 그 결과는 '좋다/나쁘다' '맞다/틀리다' '우수하다/열등하다' 등으로 각기 표현되고, 인간의 모든 품성·능력·행동, 그의 생산품 등을 평가할 때도 그런 것들을 그 자체로 평가하느냐 아니면 그것들의 변화를 평가하느냐에 따라 달리 표현된다. '진보'라는 말은 물리적 법칙에 결정적으로 지배를 받고 있다고 전제되는 자연과는 달리 자율적 주체로서 존재한다고 전제되는 동물로서의 인간과 관련된 변화를 그 의미/가치/중요성의 관점에서 긍정적으로 평가하는 기능을 한다.

이러한 분석은 "진보냐 아니냐"의 물음이 오로지 자율적인 주체로서의 인간 즉 자연과는 형이상학적으로 다른 존재로서의 인간의 존재 즉 이원론적 형이상학을 전제할 때만 가능하다는 것을 논리적으로 함의하고, 따라서 "문화는 진화하는가, 진보하는가"의 물음이 오늘날 불가피하고, 이러한 물음에 대한 대답을 찾기 위해 이원론적 형이상학의 선택은 불가피하다. 이러한 형이상학적 선택을 했을 경우에만 인간 고유의 존재 양상으로서의 문화가 자연 현상과 똑같이 물리 현상의 기계적 법칙만으로는 설명할 수 없다는 사실이 인정될 수 있기 때문이다. 그렇다면 문화는 진보하는가? 문화를 지칭하는 예술 작품, 종교적·철학적·과학적 신념, 기술·도구·제도·관습·규범 등이 인류의 역사를 통해서 부단히 이루어졌다면 그러한 변화를 '진보,' 즉 가치/의미/중요성의 측면에서 바람직한 것이라는 긍정적 평가를 할 수 있는가?

3. 문화의 실존적 의미

I. 문화의 상대성과 보편성

자연을 지배하는 원리는 보편적이다. 산소나 수소의 구조나 물의 작동이나 바람의 동향, 참새의 형태, 개의 형태는 어디서나 어느 때나 보편적이며 객관적인 원리에 의존한다. 그러나 문화는 때와 장소, 한 집단과 다른 집단에 따라 다르다. 한국에서 쓰이는 언어는 프랑스나 중국에서 사용하는 언어의 규칙과 다르며, 동북아시아를 대표하는 유교적 신념 체계는 기독교적 혹은 이슬람적 혹은 아프리카 원시림에 사는 미개한 원주민의 신념 체계와 다르다. 고려의 사회 체계, 도덕적 규범, 관습은 서양이나 현재의 보르네오 원주민의 그것과는 물론 조선 시대와도 다르다. 전지전능하다는 하느님의 자리에 인간의 이성이 자리 잡고, 모든 현상에 대한 과학적 지식을 구축하고 전통적 기술 대신 과학 기술을 대치시킨 결과로 18세기 이래 세계를 지배하게 된 유럽은 자신들의 문화가 보편성이 있다고 확신하면서 자신의 문화를 객관적인 잣대로 삼아 자신들과는 다른 문화 즉 비유럽적 문화를 '잘못된' 것으로 확신하고 다른 문화권에 사는 이들을 '계몽' 해야 한다는 신념을 갖고 있었다.

그러나 2차 대전 이후 특히 1960년대 후반 미국에서 시작하여 전세계를 흔들었던 '카운터컬처' 운동과 그뒤를 이어 생긴 페미니즘, 문화 복수주의 등의 운동에 의해 적어도 2백 년 동안 서양인을 지배해왔던 문화 보편주의는 깨지고 그 자리에 문화 상대주의가 늘어서게 되었다. 문화 상대주의에 의하면 적어도 문화 현상에 관한 한 문화 현상의 우월성을 결정할 보편적 잣대는 존재하지 않으며 한 문화의 가치와 의미는 그 문화의 독특한 맥락 안에서만 평가되고 이해될 수 있다는 것이다. 만일 문화 상대주의가 옳고, 같은 사회에서 같은 역사를 지니고 살아왔더라도 시대에 따라 문화적 현상이 변하므로 서로 상대적이라고 볼 수밖에 없는 한, 모든 경우 문화적 잣대가 다를 수밖에 없으며, 동양과 서양 간은 물론 원시 시대와 고대, 근대와 현대 간의 문화적 우월성도 결정할 수 없다. 요컨대 문화는 필연적으로 주관적일 수밖에 없는 기호/태도의 표시라는 것이다. 밥의 문화가 빵의 문화보다 낫다고 할 수 없는 것과 같이 양복이 한복보다 우월하다고 말할 수 없고, 일부일처제가 일부다처제보다 혹은 민주주의가 전제주의보다 뛰어난 제도라는 객관적 근거는 존재하지 않는다는 것이다. 문화의 우월성을 객관적/합리적으로 결정한다는 것은 불가능할 뿐만 아니라 우습다. 한국 음식 문화가 서양 음식 문화보다 좋다는 근거를 댈 수는 없다.

그럼에도 불구하고 일부일처제는 일부다처제보다 적어도 산업 사회에서는 객관적으로 좋고, 같은 값이면 민주주의는 군주제보다 인간의 존엄성이라는 보편적 가치의 측면에서 보다 바람직하고, 서양 의학은 전통 의학에 비추어 어려운 병을 치료하는 데 일반적으로 더 신뢰할 만하고 효율적이며 따라서 우월하다는 이성적 판단이 나올 수 있다. "문화는 진보하는가"의 물음은 "인류의 역사를 통해서 부단히 변해온 문화를 가치/의미/중요성이 있는, 즉 바람직한 것으로 볼 수 있는가"의 물음이며 이러한 물음이 변화 전후의 문화가 나타내는 차이에 대한 객관적 평가를 찾는 데 있다면 그러한 평가는 적어도 어느 측면 특히 근본적인 측면에서 문화의 보편성이 있음을 전제한다.

그러한 문화의 보편성은 존재한다. 어떤 면에서 볼 때 인간의 기호와 욕망은 다르지만 생물학적 측면에서 생명에 대한 애착·식욕·성욕·종족 번창·앎·편안함·자유·자기 존중 등의 욕구는 개인의 의지를 넘어 영원하고 모든 인간에게 보편적이다. 이런 점을 인정한다면, 어떤 하나의 객관적 상황에서 그러한 보편적 만족을 충족시키는 방안이 사회 집단마다 다를 수 있고 그에 따라 각기 그 방안의 효율성은 지리적·문화적·정치적·역사적인 측면에서 객관적으로 측정할 수 있고 그에 따라 각기 그 방안의 우월성을 결정할 수 있다. 그런데도 우월성에서 뒤처진 후진 문화가 자기의 전통만을 고집하고 우월한 문화를 상황에 맞추어 수용하지 않는다는 것은 불합리하다.

II. 지금까지 역사를 통해 변해온 문화는 바람직한 방향으로 흐르고 있는가

모든 문화의 의미와 중요성이 완전히 상대적인 것만은 아니다. 문화의 우월성의 측정은 가능하며 따라서 한 시대 혹은 한 지역의 문화의 우월성을 다른 지역 혹은 다른 시대의 문화에 비추어 언급할 수 있고, 또한 문화는 인류의 긴 역사를 통해서 항상 변화를 거듭해왔다면 그러한 변화를 '진보' 즉 가치/의미있는 것, 즉 중요한 것으로 볼 수 있는가?

이 물음에 대한 대답은 '진보'를 보는 관점에 따라 달라진다. 진보를 보는 관점은 보는 주체의 성격에 따라 미시적으로 인간 중심적인 것과 거시적으로 우주 중심적인 것이 있을 수 있고, 보는 시간적 맥락에 따라 현재적인 것과 미래적인 것일 수 있다. 원시 시대부터 오늘날까지 문화는 꾸준히 변화를 거듭해왔다. 그 구체적 의미는 인구의 팽창, 자연의 개발, 산업화 그리고 물질적·사회적·지적 해방을 통해 가능했던 인간의 물질적·지적·영적 풍요이다.

'진보'의 구체적인 의미를 이렇게 규정하고 문화의 변화를 오늘 현재의 인류의 관점에서 볼 때 그것은 분명히 '진보' 즉 바람직한 것이었다. 인류라는 일반적 관점에서 볼 때 인류의 역사 즉 인류의 삶의 양식이 만 년 전보다는 천 년 전에, 백 년 전보다는 현재에 보다 바람직한 방향으로 변화했다는 데는 의문이 있을 수 없다. 지구적이 아니라 우주적, 근시적이 아닌 원시적 관점에서 보면 다른 결론이 나올 수 있지만, 현재 인류의 관점에서 되돌아본다면 문화가 진보했다는 것은 분명하다. 만약 아직도 동남아시아나 아프리카나 남미에 살고 있는 사람들의 원시적 삶과 한국의 한 도시에서의 삶 둘 중 하나를 선택하라고 할 때 전자를 선택할 이는 아무도 없을 것으로 예상된다. 지금까지 인류 문화사가 바람직한 것이었다는 긍정적 평가는 불가피하다.

그러나 거시적으로 자연/우주적 관점에서 볼 때 혹은 원시적으로 미래의 관점에서 볼 때 똑같은 문화사를 놓고서 그것의 가치/의미/중요성에 대한 판단은 전혀 반대일 수 있다. 실제로 오늘날의 몇 가지 징조는 이러한 가능성이 가능성에서 끝나지 않고 사실화될 수 있으리라는 위험성을 의식하게 된다. 지구 차원의 환경 오염, 생태계의 파괴 그리고 그런 결과로 머지않은 장래에 불가피하게 될지도 모르는 인류의 멸망을 의식하게 되면서 오늘날까지의 인류의 관점에서 '진보' 즉 인류의 번영을 뜻하는 것으로 보았던 문화의 변화가 진보가 아니라 자연/우주의 파괴를 뜻하며 인류의 번영을 뜻했던 문화의 발전이 진보가 아니라 미래 세대의 죽음을 의미하게 되었다는 것이다.

III. 우주/자연적 의미와 인류적 관점

"문화는 진보하는가" 하는 물음에 대해 인류의 관점과 자연, 우주의 관점에 따라 또한 오늘날의 관점과 내일의 관점에 따라 정반대일 수 있다면, 어떤 관점에서 대답해야 하는가?

헤겔·스펜서·베르그송·샤르댕 등이 자연/우주의 역사적 변화를 '진화'라고 말했을 때 그들은 이 변화가 우주적/자연적 관점에서 가치/의미/중요성이 있고, 따라서 바람직한 것 즉 '진보'로 평가된다는 생각을 하고 있다. 그러나 우주/자연의 관점에서 우주/자연은 물론 무엇인가의 가치/의미/중요성 즉 '진보'에 대한 언급이 논리적으로 가능한지 의문스럽다. 가치/의미/중요성 즉 바람직함 즉 진보는 욕망·목적·이상의 주체 즉 인격적 존재를 떠나서는 전혀 의미가 없다. 우주/자연의 관점에서 우주/자연의 혹은 인류 역사의 변화를 '진화/진보'로 평가하려면 우주/자연을 인격적 존재로 전제해야 한다. 그러한 전제는 의인적 세계관anthropomorphism을 뜻하는데 그러한 세계관은 과학적 사고가 지배해온 근대 이후의 세계관에 정면으로 배치된다. 우리가 말할 수 있는 인격적 주체는 오직 인간뿐이다. 무엇인가에 대한 서술이 객관적이더라도 그것은 언제나 인간에 의한 서술이며, 그것이 가치/의미/중요성을 갖고 바람직하여 '진보'라 할 수 있다면 그것은 오직 인간의 관점에서만 가능하다. 바람·물·돌·책상 등과 같은 물질처럼 인격체는 물론 동물도 아닌 것들의 관점이라는 개념은 모순이다.

다 같이 자연의 일부이면서도 위와 같은 물질들과는 달리 모든 생물에 대해서 인간의 경우와 마찬가지로 욕망·목적 등을 언급할 수 있을 것 같다. 특히 고등 동물은 그렇다. 그렇다면 인간의 관점을 언급할 수 있듯이 동물들의 관점도 말할 수 있을 것 같다. 그러나 알고 보면 동물들의 관점은 어차피 인간이 본/생각한 동물의 관점에 지나지 않는다. 무엇인가에 대한 가치/의미/중요성, 무엇인가에 대한 변화의 '진보'는 오로지 인류의 관점에서 본 것일 수밖에 없다.

IV. 현재적 관점과 미래적 관점

인류의 관점에서 볼 때 오늘날까지 인류 문화사 즉 문화적 변화사의 가치/의미/중요성은 결국 진보라고 평가할 수밖에 없다. 문화적 변화가 여러 부정적 측면을 동반해왔음에도 불구하고 그 동안 인류의 삶은 그전에 비해 상대적으로 보다 바람직한 것이었음은 부정할 수 없다.

그러나 문화가 '오늘의' 인류의 관점에서 '진보'라고 판단할 수 있다는 사실은 첫째, 오늘의 시각에서 진보인 것이 곧 내일의 시각에서 진보라는 것은 아니며, 둘째, '내일'의 문화가 '진보'라는 평가를 받을 수 있는 상태로 변화하더라도 그러한 변화는 물리적 변화의 경우처럼 인과 법칙에 따라 자동적으로 생기는 현상이 아니라 오늘의 인간이 어떤 판단과 어떤 결단과 어떤 행동을 하느냐에 달려 있는 개연성만을 갖고 있음을 말해준다. 한편으로는 오늘날 인류의 '진보' '번영'이 미래 세대의 인류에게는 자원의 고갈, 환경의 파괴를 의미한다면 그것은 진보가 아니라 '퇴보'이며 '번영'이 아니라 '쇠퇴'이다.

또 다른 한편으로는 인류의 잘못된 인식과 나태, 상상력의 고갈 그리고 그릇된 결단 등 인류의 실수로 찬란했던 그리스, 로마, 르네상스, 당대, 송대, 세종대왕대의 찬란한 한 시대 혹은 한 지역의 문화들이 창조되었다가 몰락했듯이 오늘날 인류가 물려받은 문화를 찬란한 것이라고 인정하더라도 그러한 인류 문화는 몰락하고 인류는 다시금 역사를 거슬러 올라갈 수 있음을 암시한다. 절정에 가까운 과학 기술을 향유하며 문화의 극치를 즐기게 된 듯한 바로 오늘날, 동시에 인구 팽창, 소비의 가속적 증가, 환경 오염, 자연 고갈, 생태계 파괴를 경험하는

와중에서 문화의 가치/의미/진보성에 대한 위의 두 가지 반
성은 문명 그리고 문명의 진보를 언급하는 맥락에서 가장 절실
한 철학적 및 실존적 과제이다.

유토피아가 아직 오지 않은 것처럼 '역사의 종말'도 아직 오
지 않았다. 그러나 유토피아에 대한 희망과 역사의 종말은 다
같이 오늘날 인류의 선택에 달려 있다. 인류만이 아니라 우주
의 운명에 대한 책임은 오직 인류에게만 주어져 있다. 동시에
우리는 그만큼 더 큰 삶의 보람을 체험할 기회를 갖고 있다.

21세기 게놈 시대와 종교 문화

1. 세계관으로서의 과학과 종교

지난 6월 미국에서 거의 완성됐다고 공개된 인간 게놈 프로젝트와 관련하여 생명과학자 김연선 교수는 2000년 8월 16일자 조선일보에 인간 게놈 프로젝트를 대중에게 간략하게 설명하는 글에서 "'우리가 무엇인가'를 철학과 종교가 아닌 과학으로 낱낱이 파헤치게 될 것이다"라고 썼다. 그의 언명은 세계와 인간의 본질을 설명하는 전통적 인식 양식으로서의 철학과 종교는 과학적 인식 양식과 대립되고, 후자가 전자를 대치해야 함을 함의한다. 왜 그런가?

모든 사람은 알게 모르게 나름대로의 세계관을 갖고 있다. 세계관은 인간의 가장 기본적 존재 조건이다. 세계관은 자신을 둘러싼 객관적 세계의 인식과 자신의 행동에 의미를 부여하지 않고는 존재할 수 없고 또한 그러한 것을 가능하게 하는 가장 포괄적 틀이기 때문이다. 한 사람의 세계관은 곧 그의 세계, 그의 존재, 그의 삶의 의미를 결정한다. 과학적 세계관을 가진 사람은 철학이나 종교적 세계관을 가진 사람과 다른 세계에서 다른 존재로, 다른 의미를 발견하고 살며, 다 같이 종교적 혹은 철학적 세계관을 갖고 있더라도 불교를 믿는 사람은 기독교를 믿는 사람과, 그리고 플라톤 철학을 믿는 사람은 노장 철학을 믿는 사람과 서로 전혀 다른 세계에서 서로 전혀 다른 존재로서 서로 전혀 다른 삶의 의미를 갖는다. 이런 점에서 한 사람이 갖고 있는 세계관의 붕괴는 그의 세계의 붕괴, 그의 정체성의 상실, 그의 존재 의미의 증발, 즉 그의 죽음과 일치한다.

종교, 철학 그리고 과학은 다 같이 인간을 포함한 모든 것을 인식하고자 하는 양식으로서 나름대로의 세계관을 전제하거나 함의한다. 종교 · 철학 · 과학은 서로 양립할 수 없는 세계를 구성한다. 일반 대중들은 물론 철학자들 · 종교인들과 아울러 과학자 자신들까지도, 과학적 지식의 중요성을 부정하는 사람은 없지만 지식의 폭과 깊이에 있어서 과학은 철학에 미치지 못하고, 철학은 종교에 미치지 못한다고 생각해왔다. 그러나 김 교수의 입장은 정반대다. 지금까지 성공적으로 진행되고 있는 게놈 프로젝트에 근거하여 그는 과학 · 철학 · 종교 간의 관계에 대한 전통적 통념을 거꾸로 뒤집어서 종교는 철학에 미치지 못하는 지식 양식이며, 철학은 과학에 미치지 못하는 지식이라고 단언한다. 이러한 확신은 지금까지 인류가 몸을 담고 살아왔던 가장 근원적이고 포괄적인 삶의 둥지로서의 전통적 즉 비과학적인 철학적 특히 종교적 세계관의 폐기를 의미하고, 이러한 폐기는 곧 우리의 세계, 삶의 붕괴를 뜻하는 것으로 생각된다.

정말 그런가? 이 물음에 대답하자면 먼저 전통적 즉 철학적 혹은 종교적인 세계관 및 과학적 세계관의 특징을 각기 분명히 규정할 필요가 있다.

2. 전통적 세계관과 관념론적 형이상학

전통적 세계관은 철학과 종교와 뗄 수 없는 상호적 관계를 갖는다. 그것은 한편으로는 철학적 사색과 종교적 경험에 의해 뒷받침되고, 다른 한편으로 철학적 사색과 종교적 경험은 전통적 세계관에 의존한다. 종교적 세계관이든, 계시나 영감에 의존하는 종교를 탈피하여 이성에 근거한다는 철학적 세계관이든 간에 전통적 세계관의 핵심은 인간은 물론 우주만상이 물리학이나 화학에서 말하는 물질로 환원될 수 없는 영적 혹은 관념적 실체를 전제하는 데 있다. 서양 종교나 무교를 비롯한 모든 형태의 애니미즘적 신앙은 어떤 영적 세계관과 인격적 실체를, 플라톤이나 칸트나 헤겔의 철학은 이데아, 누메나, 가이스트와 같은 관념적 실체를 전제한다. 이런 점에서 그것이 종교적이든 철학적이든 상관없이 전통적 세계관은 존재론적으로는 반유물론적 즉 관념론적이며, 형태상으로는 의인적, 따라서 좁은 뜻에서 종교적이다.

이러한 사실은 철학적으로 유물론을 주장했던 사람들의 세계관의 경우도 마찬가지다. 유물론은 물질과 절대적으로 구별되는 관념적 혹은 정신적 실체를 전제하는 플라톤·데카르트·칸트·사르트르와 같은 철학적 세계관과 양립할 수 없고, 애니미즘·무교 그리고 기독교와 같이 영적인 초월의 세계를 전제하는 종교적 세계관과는 더더욱 그렇다. 과학적 탐구는 철저한 유물론을 전제한다. 그러므로 과학자는 위와 같은 철학적 세계관이나 종교적 세계관을 수용할 수 없다. 그러나 가령 유물론을 주장한 마르크스나 니체 그리고 유물론적 세계관을 전제하는 과학자들은 그들이 인간의 존엄성, 도덕적 가치를 걸고 사회적 정의와 평등과 역사의 '진보'를 위해서 혹은 개인의 절대적 자유와 '초인'의 이념을 위해서 혹은 진리와 생활의 개선을 위해서 싸웠던 점에서 철저한 유물론자가 아니었으며, 만약 그들이 철저한 유물론자였다면 그들은 전통적, 따라서 넓은 뜻에서 종교적 세계관을 완전히 탈피하지 못했다고 말할 수 있다. 그들의 구체적인 행동들은 전통적 철학이나 종교의 세계관에 깔려 있는 몇 가지 기본적인 반유물론적 즉 관념론적 형이상학을 전제하지 않고는 설명될 수 없기 때문이다.

전통적 즉 철학적 그리고 종교적 세계관 즉 비유물론적 세계관은 물질적 차원을 넘은 관념적 혹은 영적 세계를 믿음으로써 인류에게 신체적 죽음을 초월한 삶의 가능성에 대한 희망을 남겨주고, 적어도 인간만은 단순한 물질이거나 단순한 동물이 아닌 영적 존재라는 믿음으로 자신의 존재에 긍지를 갖게 해주었으며, 인간과 세계가 그냥 물질적 현상이 아니라는 믿음으로 세계의 모든 현상과 인간의 모든 행동에 어떤 의미를 부여해줄 수 있다. 전통적 특히 종교적 세계관은 인간의 포근하고 안전한 존재의 둥지였다. 그곳에서 인간은 행복, 삶의 보람을 경험할 수 있다. 그러나 과학적 즉 기계론적 유물론의 세계관에서는 사정이 완전히 바뀐다.

3. 과학적 세계관과 유물론적 형이상학

종교와 철학이 그러하듯이 과학은 세계를 실체로 보고 그것을 설명하는 하나의 인식의 틀 즉 세계관이다. 인식의 틀로서의 종교, 철학 그리고 과학의 차이는 인식의 방법에 있다. 종교가 그 인식의 근거를 계시에서 찾고, 그렇게 계시된 대상을 의인적으로 어떤 존재의 의도나 목적으로 설명하며, 철학이 그 인식의 근거를 이성의 빛에서 찾고, 그렇게 비쳐진 대상을 사념적으로 설명하는 데 반해서 과학은 그 인식의 근거를 구체적인 관찰에서 찾고, 그렇게 관찰한 대상을 기계적으로 법칙에 비추어 설명한다. 그러나 그들 간의 더 근본적인 차이는 인식론적 방법의 차이 자체에서보다 그들의 각 방법들에 이미 전제되어 있거나 아니면 논리적으로 함축된 형이상학에 있다. 종교적 그리고 철학적 세계관 즉 전통적 세계관이 다 같이 비유물론적 즉 관념론적 형이상학을 전제하는 데 반해서 과학적 세계관은 유물론적 형이상학이다.

206 　　인식 즉 앎은 어떤 존재와 그 작용에 대한 일종의 믿음이다. 그러나 모든 믿음이 다 같이 앎은 아니다. 잘못된 믿음이 허다하다. 근거가 있는 믿음만이 앎이다. 믿음의 근거로 여러 가지를 댈 수 있다. 그러나 모든 근거가 다 같이 타당한 것은 아니다. 신념 체계로서의 종교 · 철학 · 과학의 차이는 바로 이런 점에서도 설명될 수 있다. 과학적 믿음의 근거는 관찰과 논리이다. 과학은 직접 관찰되거나 논리적으로 관찰될 수 없는 것에 대한 모든 주장들, 가령 서양의 종교에서 말하는 영적 세계와 인격신의 존재, 애니미즘이 전제하는 수많은 영적 존재들을 부정까지는 하지 않지만, 그런 존재들을 절대로 인정할 수 없다. 과학이 존재한다고 인정할 수 있는 존재는 물질적으로 환원되어 물질의 인과적 법칙에 의해서 기계적으로 설명할 수 있는 것에 한한다. 일상적으로 물질과 구별될 수 있는 생명 · 의식이나 플라톤 · 데카르트 · 칸트 · 헤겔 철학에서 각기 말하는 이데아 · 생각 · 누메나 · '절대 정신' 등이나, 종교에서 말하는 천당, 절대적 인격신, 인간의 영혼과 같은 존재들도 물질적 현상으로 환원해서 보편적인 자연의 인과 법칙에 의해서 기계적으로 설명할 수 있을 때에만 존재론적으로 의미를 갖지 그렇지 않을 경우에는 무의미하다. 과학적 즉 유물론적 세계관에서 보면 인간을 포함한 우주의 모든 현상들은 서로 한없이 정교하고 맞물려 세밀하게 설계된 하나의 거대한 기계이며, 무한히 복잡하면서도 기묘하게 기계적으로 작동하는 컴퓨터와 같다.

  이 같은 과학적 세계관은 유물론적이며, 유물론적 세계관은
종교적 및 철학적 즉 전통적 세계관과 정면으로 충돌한다.

4. 과학적 세계관에 대한 전통적 세계관의 저항과 그 한계

  전통적 즉 비유물론적 세계관은 갈릴레오의 천문학, 뉴턴의
역학, 멘델의 유전학, 다윈의 진화론의 충격으로 이미 오래 전
에 금이 가기 시작했고, 그러한 금은 아인슈타인의 상대성 이
론, 보어의 양자역학, 호킹의 천문학, 프로이트의 정신분석학
으로 이어지는 과학의 발달에 따라서 점차 커지고, 그리고 증
기 기관차 · 전기 · 전화 · 라디오 · 자동차 · 비행기 · 텔레비전,
위성 발사, 컴퓨터 · 인터넷의 보편화로 상징되는 전자공학의
발달로 구멍이 뚫리게 되었다. 이러한 과학적 지식과 과학적
기술의 발달은 적어도 자연 현상만은 어떤 신비로운 초자연적
인격적 존재에 의해서 움직이는 것이 아니라 정밀한 어떤 기계
적 법칙으로 완전히 설명될 수 있는 물리적 현상에 불과하다는
것을 입증하기에 충분한 근거가 되기 때문이다. 자연 현상은
인간의 자유로운 조작의 대상인 물질적 현상에 불과하다는 것
이 확실하게 되었다는 것이다.
  이러한 상황에서도 전통적 비유물론적 세계관은 쉽게 포기
되지 않았다. 거의 모든 비과학자들은 아직도 막연하나마 신비
주의적 · 종교적 · 철학적 세계관에 매달려 있고, 적지 않은 수
의 첨단 과학자들이나 과학 기술자들까지도 기독교 신자로서
성당이나 교회에 나가서 기도를 하면서 혹은 불교 신자로서 사
찰에 가서 불공을 드리면서 신이나 부처에게 소원 성취를 기원

해왔고, 아직도 그렇다. 그것이 논리적으로 아무리 모순이 되더라도 인간의 이러한 태도는 부정할 수 없는 사실이다. 그 이유는 자신의 존엄성과 인생의 의미를 찾으려는 인간의 불가피한 정서적 요청에서 찾을 수 있겠지만, 아무튼 사람들은 반유물론적인 전통적 세계관에 매달려서 적어도 인간만은 완전히 물질로 환원할 수 없는 영적·초자연적인 어떤 측면을 반드시 갖고 있다고 믿었고, 믿으려고 해왔다.

5. 인간 게놈 프로젝트와 전통적 세계관의 붕괴

그러나 이러한 반유물론적 마지막 신념들도 1950년대에 발명된 피임약, 1970년대에 현실화된 장기 이식, 인공 수정에 의해서 흔들리게 되었다. 이러한 약학적 및 의학적 기술은 신비롭기만 한 인간의 인체조차도 완전한 물질적 조작의 대상에 지나지 않는다는 충분한 증거의 한 예임을 더 이상 의심할 수 없게 만들었기 때문이다. 이러한 과정을 통해서 위기에 처한 전통적 세계관은 1996년에 양 돌리의 복제에 성공했다는 충격적 사실과 특히 그 4년 후인 금년 6월에 발표한 인간 게놈 프로젝트의 해독이라는 경이로운 생명공학적 성공 소식으로 결정적인 붕괴 상황의 위험에 직면하게 되었다.

인간의 장기 이식이나 인간의 인공 수정이 인체의 조작임에는 틀림없지만, 그것은 새로운 인체의 **개발/제조**가 아니라 이미 존재하는 인체의 **수리/보수**를 의미할 뿐이다. 그러나 양 돌리 생산으로 보여준 동물 복제, 따라서 기술적으로 의심할 수 없게 된 인간 복제의 가능성은 사정이 좀 다르다. 인간 복제는 기존하는 인간의 육체적·생물학적 **수리**나 **보수**가 아니라 하나의 세포로부터 그 세포의 주인과 유전자적으로 완전히 동일한 모양의 인간을 공학적 **재생산** 즉 문자 그대로 **복제**하는 것이기 때문이다. 장기 이식이나 인공 수정으로 드러난 인간 생명의 기계적 공작 가능성, 따라서 인간의 물질적 환원 가능성은 인간 복제에 의해서 더 근본적인 차원에서 입증되었다. 한 생명체의 특성은 그의 고유한 유전자에 의해서 결정된다. 식물의 경우뿐만 아니라 인간을 포함한 모든 고등 동물의 경우도 마찬가지다. 또한 자연 상태에서 새로운 생명체의 탄생은 한 개체 A로 존재하는 생명체가 다른 개체 B로 존재하는 생명체와 결합함으로써 유전자적으로 A도 B도 아닌 C라는 새로운 생명체를 재생한다. 그러므로 유전자적으로 완전히 동일한 생명체는 재생될 수 없다. 이런 점에서 자연 상태에서의 생명의 탄생은 언제나 새로운 생산일 뿐 엄밀한 의미에서 복제는 존재하지 않는다. 생명 복제 기술의 충격적으로 놀라운 특징은 이러한 자연적 생명 재생산 법칙을 깨뜨리고, 인위적 과정을 통해서 동일한 유전자를 소유한 생명체를 문자 그대로 복제한다는 데 있다. 동물의 복제는 이미 이루어졌다. 인간과 유사한 원숭이의 복제가 실현된 점으로 보아 인간 복제의 가능성은 물론 인간 복제의 현실이 눈앞에 닥쳐왔다.

인간 복제에서 이미 붕괴된 전통적 세계관은 인간 게놈의 해독 성공의 충격으로 가장 근본적인 차원에서 붕괴되었다. 게놈은 무엇이며, 인간 게놈 프로젝트는 무엇을 뜻하는가? 위와 같은 사실을 뒷받침하기 위해서 여기서 게놈의 과학적 측면을 좀 알아둘 필요가 있다. 게놈은 하나의 생명공학 가운데서도 유전공학의 연구 대상이다. 한 생명의 기본 틀은 유전자이다 유전자는 한 생명의 고유한 정체성을 결정하는 청사진이며, 설계이며, 소프트웨어이며 원형이다. 유전자는 A·G·C·T라고 불리는 네 개의 기본 구조물인 '염기(鹽記)'로 배열돼 있다. 34억 개 정도의 염기가 인간의 유전자에 포함되어 있다. 이러한 염기를 총칭하여 '게놈'이라 부른다. 그것들은 각기 다른 기능을 하며, 34억 개의 네 가지 배열 가능성은 무한에 가까운 만큼, 각기 다른 기능을 하는 염기가 어떻게 배열되느냐에 따라 한 생명체의 양상은 천문학적으로 다양하다. 인간 게놈 프로젝트는 34억 개에 이르는 염기 A · G · C · T의 배열 순서를 결정하고 각기 그것들의 기능을 해독하는 작업이다. 아직 이러한 작업은 끝나지 않았지만 머지않아 밝혀질 전망이 다.

인간 복제는 한 인간의 인공적인 제작이라는 점에서 인간의 조작을 의미하지만, 그것은 어디까지나 이미 존재하는 생명체의 원형 즉 청사진으로서의 유전자와 그 밖의 다른 생명체의 원형으로서의 유전자와의 관계의 조작일 뿐 유전자 자체 즉 기본적 구성 단위의 조작을 의미하지 않는다. 인간 게놈의 해독 즉 인간의 유전자를 구성하는 수많은 구성 단위 요소들, 그것들의 구조와 각기 특수한 기능 해독의 의미는 인간 복제의 의미와 다르다. 인간 복제가 가장 원초적인 인간 생명을 **가지고** 하는 공학적 조작인 데 반해서 게놈 조작은 인간 생명 **자체의** 공학적 제작이기 때문이다. 후자의 조작이 전자의 조작보다 훨씬 근원적이다. 전자의 작업이 이미 정체성을 갖고 주어진 생명의 **복사** 작업인 반면에 후자의 작업은 새로운 정체성을 가진 생명의 설계와 제조라는 **창조** 작업이기 때문이다. 인간 복제와 게놈 조작이 다 같이 생명의 공학적 조작인 점에서는 엄청난 문제를 제기하지만, 후자의 조작이 훨씬 근본적이고 따라서 후자가 제기하는 문제는 더 근원적이다.

인간 게놈 프로젝트를 이와 같이 이해할 때, 우리가 현재로는 상상할 수 없는, 즉 현재의 인간 개념으로는 이해할 수 없는

수많은 '인간' 들의 제조가 가능하게 되었으며, 이러한 사실은
생명뿐만 아니라 인간이라는, 영적인, 초월적인, 신비로운 존
엄성을 갖고 있다고 믿어왔던 인간이 한낱 물질의 조합임에 지
나지 않으며 자연의 물리적 법칙에 의해서 조작되는 기계에 불
과함을 함의한다. 인간 게놈 프로젝트의 성공은 전통적 세계관
의 허상, 즉 자연과학이 전제하고 있는 결정론적인 유물론적
세계관의 진리가 결정적으로 입증됐음을 의미한다.

6. 과학적 세계관의 승리의 의미

　과학적 세계관은 유물론적이며, 유물론적 세계관은 종교적
및 철학적 즉 전통적 세계관과 정면으로 충돌한다. 과학적 세
계관의 승리 즉 전통적 세계관의 붕괴는 인간에게 오랫동안 살
았던 고향 상실, 오랫동안 안주할 수 있었던 인간적 존재의 따
듯한 둥지를 파괴한다는 것을 의미한다. 그것은 우리의 체감이
며, 눈이며, 귀이며, 정체이며, 우리의 세계이며, 우리의 삶의
의미이기도 했던 존재의 집이 그 토대로부터 붕괴하고 있음을
목격하게 된 것이다. 세계와 나의 존재, 그것들의 존재의 의미
는 과거의 눈과 귀와 관념으로는 더 이상 보이지도, 들리지도,
경험되지도 않는 이해할 수 없는 것으로 나타났다. 인간 복제
의 성공과 인간 게놈 해독의 성공이 세계적 차원에서 몰고 온
윤리적·사회적 혼돈은 전통적 세계관의 붕괴 즉 우리가 전제
하고 살아왔던 세계와 우리들 자신에 대한 인식이 총체적으로
붕괴되는 표면석 표현에 불과허다.

　어떤 이유로 인간 복제와 인간 게놈 해독이 전통적 세계관에
이렇게 결정적인 파괴력을 가져왔는가? 앞서 보았듯이 전통적

세계관은 모든 것이 기계적으로 설명될 수 있는 물리 현상으로 보지 않는다. 그것은 물질로 환원될 수 없는 영적·정신적·관념적 존재가 우주·지구·자연 그리고 인간의 일부를 구성한다고 믿는다. 이런 틀에서만 생명의 고귀함, 인간의 존엄성, 세계와 인생의 의미가 언급될 수 있었다. 그런데 생명 복제의 성공과 인간 복제의 성공 가능성과 게놈 해독의 성공은 인간을 포함한 모든 생명체가 다른 것들처럼 물리적으로 환원될 수 있고, 그것들의 '신비스러운' '영적' 형상들도 다른 자연 현상처럼 기계적 법칙으로 설명될 수 있다는 것을 입증함으로써, '신비성'에 근거한 생명의 고귀성, '영성'에 따른 인간의 존엄성이 아무런 의미도 가질 수 없는 공허한 낱말임을 입증한다. 인간 복제와 인간 게놈 해독이 이에 못지않게 놀라운 지식과 기술을 요하는 최근의 다른 과학적 발명과 기술보다도 전통적 세계관에 결정적 충격을 주는 이유는 아직까지도 신비롭고 영적으로만 생각되어왔던 생명 일반, 더 나아가서는 인간의 생명까지도 물질로 환원시켜 물리적 법칙에 따라서 기계적으로 설명하고 우리들의 의도에 따라 마음대로 조작하여 어떤 목적 달성을 위한 수단과 도구로 이용할 수 있는 단순한 물건임을 밝혀준다는 사실에 근거한다.

유물론적 세계에서 우주는 사막과 같고, 인간은 그곳을 영원히 헤매는 미아로 전락한다. 유물론적 세계는 투명하지만 차고, 딱딱하며, 과학적 세계관은 맑고 분명하지만 공허하다. 과학이 전제하는 기계론적 유물론 내에는 조물주, 영혼이 있을 공간이 존재하지 않고, 인간의 자유가 숨쉴 장소가 없고, 인간의 존엄성, 사물의 아름다움은 전혀 의미를 가질 수 없다. 그곳에서는 인간의 모든 행위, 인간의 삶, 인간만이 아니라 모든 현상의 존재 즉 우주 전체의 의미가 박탈당한다. 코페르니쿠스의 지동설과 뉴턴의 만유인력에서 최근의 우주 대폭발 이론, 전자공학·생명공학에 이르면서 과학과 과학 기술의 꾸준한 성공적 발달은 종래의 종교적 및 철학적, 의인적 혹은 관념적 세계관의 허상을 차츰 더 확실히 드러내고, 그것과 병행하여 기계론적 유물론이 옳다는 것을 단계적으로 확고하게 했던 것으로 볼 수 있다. 과학적 즉 유물론적 세계관의 옳음과 전통적 즉 철학 특히 종교적 세계관의 허상은 최근에 성공한 동물의 복제 그리고 이제 의심할 수 없는 가능성인 인간 복제, 특히 지난 6월의 인간 게놈 해독의 성공으로 더 이상 의심할 수 없는 사실로 입증되었다고 장담할 수 있게 된 것 같다.

삼라만상의 존재, 그중에서도 생명의 존재, 생명 가운데서도 인간의 존재, 더 나아가서는 우주 자체의 존재를 설명하는 데 더 이상 창조주인 인격적 신의 존재를 들고 나올 필요가 없게 되었고, 지적 능력, 도덕적 및 미학적 가치 경험을 설명하는 데 있어서 '코기토' 즉 '생각하는 자아'나 영혼을 끌어들일 필요가 없게 되었다. 과학적 지식과 기술로 뒷받침된 기계론적 유물론의 승리로 우리가 지금까지 편안하게 살고 있었던 전통적 즉 철학적 특히 종교적 세계관은 붕괴되었다. 이런 시점에서 이제 인류는 집 없는 고아, 나라 없는 무국적자가 되어 삭막한 사회, 이름도 모를 이국 땅에서 고독하게 방랑하는 신세가 되었다. 이제 인류는 정말 괴롭고 외롭다. 이 이국 어디를 돌아봐도 마음을 가라앉히고 고독과 아픔을 달래기 위해 염불을 드릴 수 있는 사찰이나 구원을 기도할 수 있는 성당이 눈에 보이지 않는다.

21세기와 더불어 역사가 게놈 시대에 접어들었다는 것만은 어쩔 수 없이 분명한 사실이며, 게놈 해독이 기계론적 유물론의 세계관이 옳음을 입증해주며, 유물론적 세계관의 맥락에서

는 인격적 신, 영적 세계, 자유, 인간의 존엄성, 그리고 지적 ·
도덕적 · 미학적 경험이란 가치 개념들이 무의미하게 된다면,
게놈 시대에는 미학적 · 도덕적 · 지적 담론, 특히 종교적 담론
과 행위는 아무 의미도 갖지 못할 수밖에 없을 것 같다. 백여
년 전 "신은 죽었다"라던 니체의 말을 뒤이어, 이제 우리는 "종
교는 끝났다"라고 선언해야만 할 것 같다.

하지만 정말 그럴까? 21세기 게놈 시대에 종교는 존속할 것
인가? 이 물음에 대한 대답은 첫째, 이 물음이 요구하는 대답
을 서술적인 것으로 해석하느냐 아니면 당위적인 것으로 보느
냐에 달려 있으며, 둘째, 지금까지 보아왔듯이, 인간 복제와 인
간 게놈의 해독이, 즉 유물론적 세계관이 정말 궁극적 진리인
가 아닌가에 대해 어떤 단정적 대답을 할 수 있느냐에 달려 있
으며, 셋째, '종교'라는 개념을 어떻게 규정하느냐에 따라 달
라진다.

7. 게놈 시대의 종교

"21세기 게놈 시대에 종교는 존속할 것인가?"라는 물음을
서술적인 것으로 해석할 때, 나의 대답은 "그렇다"이다. 설사
인간 복제, 게놈의 해독과 그것의 응용 가능한 결과가 이론적
으로, 철학적으로 기계론적 유물론의 세계관을 불가피한 진리
로 수용해야만 한다고 하더라도, 인류 사회에서 아득한 과거와
마찬가지로 앞으로도 어떤 형식으로든 행위와 믿음은 절대로
완전히 사라지지는 않을 것이다. 기존의 사찰과 성당은 보존되
고, 보수되고, 더 세워질 것이며, 사찰에 가서 불공을 올리고,
성당에 가서 기도를 드리는 이들은 존속할 것이다. 깊은 산 바

위굴에 촛불을 켜고 산신에게 무엇인가를 기원하는 이는 남아 있을 것이며, 무신론자들의 장례식이나 애국자를 위한 기념식은 여전히 계속될 것이다. 죽음이 두려우면서도 죽음을 피할 수 없다는 것을 알고 있는 인간으로서, 또한 자기 능력의 한계를 의식하는 인간으로서 위와 같은 종교적 감정과 행위는 인간이 존재하는 한 사라지지 않을 것이다.

그렇지만 유물론적 세계관을 백 퍼센트 옳다고 믿으면서도 종교를 믿어야 하는가의 당위성 즉 논리적 일관성을 따진다면 위의 물음에 대한 대답은 전혀 달라진다. 유물론적 세계관과 종교가 전제하는 세계관이 이론적으로 양립할 수 없는 이상, 21세기 게놈 시대에 종교를 믿고 종교적 행위를 한다는 것은 말이 되지 않는다. 과학적 진리 즉 게놈의 해독 속에 함의된 기계적 유물론의 세계를 믿고, 믿음에 상응하게 행동해야 한다면, 더 이상 종교적 세계관을 받아들일 수 없고, 종교적 믿음에 따른 행위를 더 이상 할 수 없다.

이러한 결론이 논리적으로 불가피하다는 것을 인정하면서도 정서적으로 자신의 종교를 버릴 수 없는 이들이 얼마든지 있을 수 있다. 이런 경우 그는 어떻게 해서라도 과학적 사실, 복제 인간이나 인간 게놈 해독의 과학적 사실을 숫제 인정하지 않거나, 그것을 인정하더라도 그것에 논리적으로 내포된 기계론적 유물론을 인정하지 않고, 무슨 일이 있더라도 그것을 '하느님'의 의도나 '영적' 작동으로 해석하려고 애쓸 수 있다. 그러나 인간 복제, 게놈의 해독과 그것에 의한 '인간 제작' 가능성은 부정할 수 없는 객관적 사실이다. 그러므로 이러한 종교인의 과학 일반, 특히 인간 복제나 게놈 해독에 의한 인간 제작 기능성에 대한 태도는 비합리적이다. 객관적 사실 즉 진리와 위배되는 믿음은 그것이 종교적 믿음이라고 해도 진정한 믿음이 아니다. 자신의 믿음의 진리를 전제하지 않는 종교는 자기 모순이다. 그렇다면 게놈 시대에 종교는 더 이상 설자리가 없는가? 이에 대한 대답은 게놈 해독과 더 일반적으로 유전자공학은 기계적 유물론의 절대적 진리를 정말 증명했다고 볼 것인가 아닌가에 달려 있다.

과학, 유전자공학, 게놈 해독과 그의 인간 제작에의 응용 가능성은 기계론적 유물론의 절대적인 진리를 함의하지 않는다.[1] 과학적, 더 구체적으로 말해 인간 게놈 해독과 그에 따라 가능하게 된 인간공학은, 좀더 깊이 문제를 천착해볼 때, 앞에서 논했던 바와는 달리, 기계적 유물론의 절대적 진리를 함의하지 않는다. 만일 우주의 모든 현상들이 인과적으로 분석하고 설명할 수 있는 물질로 환원될 수 없다면, 기계적으로 설명할 수 없는 영혼·정신·관념의 존재 가능성을 열어놓으며, 만일 이러한 비물질적 존재가 물질과는 달리 존재한다면, 인간 복제, 인간 게놈 해독으로 상징되는 첨단 과학의 시대에도 종교적 믿음과 행위는 여전히 가능하다.

나는 과학의 첨단적 성취 즉 인간 복제, 인간 게놈 프로젝트의 성공이 기계론적 유물론을 함의하지 않는다고 믿는다. 위와 같은 이론적 및 기술적 성공이 인간 정신의 창의적이고 경이적인 성취라는 점을 전제할 때, 그것은 기계론적 유물론의 세계관을 증명한다기보다는 오히려 그것을 부정하는 역설적 예 즉 우주의 모든 것들이 기계적으로 설명할 수 있는 물질의 개념으로 환원될 수 없다는 것을 역설적으로 증명한다고 보아야 한다는 것이다. 비록, 인간 복제나 게놈 해독이 인간을 물리적 현상으로 설명하는 데 성공한다고 하더라도 그것은 인간의 어떤 측

---

1 박이문, 『과학철학이란 무엇인가』, 민음사, 1993 참조.

면의 서술에 불과하지 인간 그 자체를 완전히 서술해주는 것은
아니다. 모든 서술은 필연적으로 어떤 틀 안에서만 가능하고,
어떤 틀을 택하느냐에 따라 똑같은 대상이 전혀 달리 서술될
수 있다. 생명, 동물 특히 인간의 경우도 마찬가지다.

유물론이 전제하고 과학이 전제하고 있는 바와는 달리 우주
의 모든 존재가 물질로 환원되어 기계적으로 설명되지 않는다
면, 이제 더 이상 의심할 수 없게 된 게놈 시대의 21세기에도
종교가 살아남을 가능성은 남아 있다. 이러한 가능성에 대한
긍정적 혹은 부정적 대답은 종교라는 말의 개념 정리를 전제한
다. 왜냐하면 지금까지 우리는 종교의 개념을 분명하게 정의하
지 않고 사용해왔지만 막상 따지고 보면 종교의 개념은 애매하
고 불투명하며 경우에 따라서 때로는 좁은 뜻으로, 때로는 넓
은 뜻으로 애매하게 사용되고 있기 때문이다.

종교는 어떤 경우에도 물질의 개념으로 환원될 수 없는 인간
의, 생명의 그리고 우주의 어떤 형이상학적 존재를 전제한다.
그러나 좁은 뜻으로서의 종교와 넓은 뜻으로서의 종교의 차이
는 그 존재가 인격적 · 의인적인 것으로 파악되고 있는 데 반해
서, 넓은 뜻으로서의 종교는 같은 존재가 비인격적 · 관념적인
것으로 이해되고, 자신의 존재를 비롯한 모든 존재와 사건과
현상에 대해서 총체적이고 궁극적인 의미를 부여하려는 인간
의 태도와 입장을 뜻한다.

전자의 전형적 예로서는 절대적 인격신을 전제하는 유대/기
독/이슬람교들이 그 대표적인 예들이며, 이러한 종교들의 입
장에서 미신으로 치부하는 모든 형태의 다신교 · 무교 · 애니미
즘도 구조적으로는 좁은 뜻으로서의 예들이다. 후자의 대표적
인 예로서는 철학적 불교 · 도교 · 유교를 비롯해서 플라톤 · 스
피노자 · 헤겔 · 니체 · 마르크스 · 베르그송 · 사르트르 등의 철

학자들을 들 수가 있으며, 한 걸음 더 나아가서 위와 같은 의미를 찾지 않는 사람이 없다면 모든 사람들은 다 같이 **종교적**이다.[2]

후자의 뜻으로 규정할 때 종교는 과학적 지식과 기술과 모순되지 않으며, 따라서 인간 복제와 게놈 해독과 종교는 서로 모순되지 않는다. 왜냐하면 과학은 스스로를 물질적 존재에만 한정하고 물질적 차원을 넘는 인간과 우주의 영적 또는 관념적 차원에 대해서는 전혀 언급하지 않을 뿐 아니라 언급할 수도 없고, 그러한 영역의 실체성의 가부에 대해서조차도 전혀 발언하지 않고, 발언할 수 없고, 따라서 아무리 과학적 지식과 기술이 발달되어도 존재 일반, 우주·지구·인간 그리고 모든 존재의 '신비스러움' '경이로움' '궁극적 의미'는 영원히 비밀에 싸여 있을 수밖에 없을 것이기 때문이다.

이처럼 과학과 넓은 뜻으로서의 종교가 논리적으로 모순되지 않고 양립할 수 있으며, 앞서 언급한 대로, 자기 자신의 존재를 비롯해서 모든 존재·현상·사건 등에 대한 무엇인가의 의미를 추구하지 않을 수 없는 인간이 살아 있는 이상, 넓은 뜻으로서의 종교는 영원히 존재할 것이다. 과학적 탐구 기술의 절정을 상징하는 게놈 시대에 있어서도 사정은 달라질 수 없다. 앞으로 적극적인 게놈 시대를 맞이하여 질병을 **기적적으로** 고치기 위해서 혹은 다른 소원을 **초자연적으로** 성취하기 위해서 절이나 교회에 가서 불공이나 기도를 드리거나 무녀를 불러 굿을 올리는 이가 완전히 없게 되더라도, 우주의 존재, 존재 자체의 궁극적 '신비'를 의식하는 가운데에, 도덕적으로 선하고, 미학적으로 아름다운 삶을 통해서 자신의 삶에 의미를 찾고,

---

2 박이문, 『종교란 무엇인가? ― 종교철학』, 일조각, 1985 참조.

자신 이외의 모든 것에서 어떤 궁극적 의미를 발견하고자 하는 근원적 충동에서 벗어날 수 없는 사람들 또한 결코 사라지지 않을 것이다. 교리와 의식이 있는 종교, 절이나 교회에 가거나 무당을 찾는 종교인이 없어지더라도 교리나 의식이 없는 종교, 절이나 교회에 가지 않는 종교인은 인간이 존재하는 한 남아 있을 것이다.

전자 즉 좁은 뜻으로서의 종교는 사정이 다르다. 인간 복제나 게놈 해독에 함의된, 기계적으로 모든 현상을 설명할 수 있다고 보는 유물론적 세계관은 인격적 절대신 혹은 여러 신들의 존재를 전제하는 좁은 뜻으로서의 종교적 세계관과 결코 양립할 수 없다. 그러므로 더 이상 거부할 수 없이 우리에게 다가온 게놈 시대에는 무교와 같은 원시적 애니미즘은 물론이고 기존의 체계화되고 제도화된 '대종교'들이 설자리가 없어진다. 논리적으로 이러한 결론은 피할 수 없다.

그러나 살아 있는 인간은 논리적이기에 앞서 본능적 및 생물학적 존재이며, 종교는 논리적 추론에 선행하는 심정의 표출이다. 논리적으로는 게놈 시대에 좁은 뜻으로서의 종교가 더 이상 의미를 가질 수 없다 하더라도, 그러한 종교가 이성적으로는 이해하기 어렵다고 하더라도 계속 살아남아 있을 것이다. 종교 현상에 대한 이러한 예측은 신학적 세계관에서 과학적 세계관으로의 전환을 의미했던 근대 계명기를 거쳐온 유럽에서 그것의 사회적 및 문화적 영향력의 약화 과정을 거쳤음에도 불구하고 아직도 건전하게 살아 있는 사실로써도 충분히 뒷받침될 수 있다. 그럼에도 불구하고, 기존의 체제화된 종교는 자신의 본질과 그 의미에 대한 냉철한 반성을 근본적이고 거시적인 차원에서 해야 하고, 대담하면서도 꾸준한 개혁을 이루지 않는 한, 21세기 그리고 그 이후의 새로운 시대에 적응하지 못할 뿐

만 아니라 사회적으로, 지적으로, 실존적으로 큰 혼란과 혼돈
을 극복할 수 없을 것이다.

8. 맺음말

좋든 싫든 과학적 사실 앞에서 우리는 냉철한 태도와 겸허한
자세를 취해야 한다. 누가 무어라고 해도 인류 역사적 변화와
발전의 원동력은 자연에 대한 객관적 지식과 그 지식으로 개발
된 기술 발전에 있었다. 자연에 대한 지식은 지난 3백 년을 거
치면서 근대적 뜻으로서의 과학적 인식의 개발로 비약적 진전
을 보였고 기술은 이러한 과학적 지식에 의해서 기적적 발전을
해왔다. 그러한 발달은 지난 백 년 내에 발견한 상대성 이론,
양자역학과 최근의 인터넷, 유전자공학으로 상상할 수 없이 전
개되어왔다. 이런 과정에서 인류의 물리적 · 사회적 · 지적 · 정
서적 · 도덕적 환경은 가속적으로 변화해왔고, 오늘의 환경은
어제만 해도 상상할 수 없었을 만큼 달라졌다. 21세기 인류는
고대인은 물론 19세기, 아니 20세기 전반의 인간과도 전혀 다
른 세계에 살고 있다.

인간 게놈 해독의 기술 개발로 야기되는 변화는 지금까지의
어떤 변화보다도 근원적이다. 모든 변화는 혼란과 혼돈을 동반
한다. 인간 게놈 해독의 성공이 가져오는 사회적 · 도덕적 · 철
학적 그리고 종교적 변화와 그것이 동반하는 혼란과 혼돈은 어
느 누구의 상상도 초월할 것이다. 이런 혼란과 혼돈의 극복은
문명, 더 근본적으로는 인류의 근본적인 생존 조건 중의 하나
이다. 이런 점에서 인간 · 자연 · 우주 · 존재 일반에 대한 가장
근본적이고 총괄적인 인식과 그 인식에 따른 행동의 규범으로

서의 종교, 종교인, 종교 지도자들이 할 일은 너무나 많고, 그
일들은 대단히 중요하다.

생명공학의 윤리적 도전과 생명윤리학의 사명

1. 윤리의 핵심적 문제

모든 인간은 행복하고자 한다. 고통의 제거, 즐거움의 획득은 행복의 기본 조건이다. 사회적 동물로서 어떤 공동체 안에서 반드시 남들과 공존해야 하는 인간의 모든 행위는 나 이외의 다른 사회 구성원들의 삶과 직·간접적인 인과 관계를 맺고, 남들의 행복 혹은 불행에 불가피한 영향을 미친다.

'윤리'는 이러한 삶의 기본 조건 속에서 나의 행동이 나만이 아니라 남의 행복에까지 영향을 미치는 결과를 주체적으로 즉 이성적으로 생각하는 관점이며 마음씨를 지칭한다. 고통을 피하고 쾌락을 찾으려는 것은 다른 동물도 마찬가지지만 오직 인간만이 윤리적으로 존재한다. 오직 인간만 이성이 있고, 그것에 비추어 주체적으로 생각하고 행동할 수 있기 때문이다. 나는 남의 고통보다는 행복을 바랄 수도 있고, 반대로 행복보다는 불행을 원할 수도 있다. 전자의 마음씨를 윤리적 관점에서 '선'이라 부르고, 후자의 마음씨를 '악'이라 일컫는다. 또한 나의 행동은 나에게 행복을 가져올 수도 있고 불행을 초래하는 결과를 가져올 수도 있다. 전자와 후자의 행동을 각기 윤리적 관점에서 '옳음'과 '그름'이라 이름 붙인다.

모든 인간의 마음씨가 **실제로** 언제나 '선한' 것도 아니며, 모든 인간의 행위가 '옳은' 것도 아니지만, **당위적으로는** 꼭 그래야 한다. 이성적 존재로서의 인간에게 당위성은 인간다움의 가장 기본 조건이며, 윤리적 문제는 어떤 마음씨가 당위적 즉 '선'이며, 어떤 행동이 당위적 즉 '옳음'인가를 밝히고 어떻게 하면 그러한 당위적 가치들을 실천할 수 있는가를 알아내는 문제이다. 그러나 이러한 문제를 풀기 위해서는 구체적 상황에서 어떤 마음씨가 '선'하며, 어떤 행동이 '옳은가'를 판단하고 평가하는 기준이 전제되어야 한다.

판단과 평가의 기준은 동물을 종에 대한 판단과 그러한 판단으로 평가하는 경우처럼 '개' 혹은 '돼지'와 같은 자연 속에서 발견된 **존재**일 수도 있고, 수학이나 놀이의 경우처럼 어떤 법칙이나 또는 예술 작품을 평가할 때처럼 어떤 원칙의 경우와 같이 인위적으로 정해진 **규범**일 수 있다. 막연하나마 암묵적으로 이루어진 어떤 관점과 같은 규범일 수도 있다. 윤리적 '선/악'과 '옳고/그름'의 가치를 판단하는 기준은 예술 작품의 경우처럼 자연적 존재가 아니라 인위적으로 제정된 규범이다.

과연 윤리적 규범이 있는가? 있다면 구체적으로 무엇이며 어디서 찾을 수 있는가? 찾을 수 있다면 그 규범은, 과학적 법칙처럼, 시간과 공간을 초월하여 보편적으로 적용될 수 있는가? 윤리의 가장 핵심적이고 모든 것에 선행하는 문제는 이러한 물음들에 대한 대답을 찾는 데 있다.

2. 생명공학의 윤리적 도전

윤리적 판단과 평가의 규범은 과거나 현재의 윤리 생활에 어떤 규범이 깔려 있는가를 조사하고 검토해보면 찾아낼 수 있다. 과거와 현재 한국인들, 동양인들, 인류는 무엇을 토대로 즉 무엇을 규범으로 삼아 마음의 선/악과 행동의 옳음/그름을 판단하고 평가하는가? 어느 시대의 어느 사회이고 인간이 살아가는 곳에는 여러 가지 관례와 전통이 생기고 전승되어 그 사회 구성원의 행동과 삶의 방식을 설정하고 규제하는 규범적 기능을 한다. 윤리적 행동과 삶의 차원에서도 마찬가지다. 그것은 수많은 예절, 종교적 혹은 철학적 이념의 형태로 나타난다.

그러나 규범은 자연 법칙과는 달리 객관적이며 보편적으로 적용될 수 없고, 주관적이고 상대적이다. 규범은 장소·사회·계층에 따라 다르고, 같은 장소, 같은 사회, 같은 계층 내에서도 시대에 따라 항상 변한다. 윤리적 규범도 마찬가지다. 그 이유는 관례와 전통으로서의 규범이 항상 가변적인 자연적·경제적·가치적·이념적 그리고 기술적 그리고 목적과 같은 삶의 조건들과 뗄 수 없는 인과 관계로 얽혀 있기 때문이다. 윤리적 규범의 이러한 변화는 윤리적 가치 판단과 평가에 혼란을 가져온다. 어떤 상황에서 그 많은 관습들과 전통 가운데에 어떤 것을 규범으로 삼아야 할지를 결정하기가 어렵기 때문이다. 삶의 조건은 어느 때고 줄고 변했지만 오늘날의 산업 사회만큼 그 변화가 빠르고 큰 적은 없다. 그렇기 때문에 오늘날만큼 윤리적 규범이 혼란한 적도 없었다. 윤리적 규범의 혼란은 곧 가치관의 혼란이다. 가치관의 혼란은 정신적 불안과 사회적 불안정성을 동반한다. 여기서 상대적이고 불안정한 관습이나 전통이 아니라 보편적이고 확고부동한 이성에 바탕을 둔 윤리적 규범에 대한 요청이 생기는 것은 자연스럽다.

벤담의 공리주의적 윤리학과 칸트의 의무주의적 윤리학은 바로 이러한 요청의 산물이다. 서로 상반되기는 하지만 이 두 윤리학은 다 같이 그들의 윤리 규범의 정당성을 관례나 전통이 아니라 이성과 논리에서 찾았다는 점에서 과거의 어떤 전통적 윤리 규범과 다르게 근대적이다. 벤담과 칸트에 의해서 윤리학은 놀랍게 혁명적인 발전을 했다. 그럼에도 불구하고 벤담이나 칸트가 확신했던 바와는 달리 공리주의적 윤리 규범과 의무주의적 윤리 규범은 보편적으로 적용될 수 없다는 것을 지금 우리는 잘 알게 되었다. 인간이 존재하면서부터 윤리적 사고가 있었고, 노자·공자·소크라테스·석가모니·예수 이후부터 윤리 문제에 대한 종교적 및 철학적 사유가 오래 전승되어왔음에도 불구하고 윤리 문제는 아직도 그리고 어디서도 확고한 정답을 찾지 못하고 있다. 어쩌면 윤리 문제에 대한 투명한 철학적 해답은 논리적으로 불가능할지 모른다.

보편적이고 객관적인 윤리적 가치 판단의 규범이 존재하건 않건, 혹은 그러한 규범이 존재할 경우 그것을 발견할 수 있건 없건, 한 가지 확실한 것은 윤리 문제가 삶의 조건의 변화에 따라 역사적으로 그리고 지역적으로 새롭게 제기되었으며, 윤리적 가치 규범에 대한 사람들의 생각이 변해왔다는 사실이다.

이러한 윤리 규범의 변화는 삶의 조건의 변화와 뗄 수 없이 얽혀 있다. 삶의 조건은 자연적·경제적·정치적·문화적 및 기술적 측면이 있고, 시대에 따라 그리고 장소에 따라 자연적 조건의 변화가 경제적 및 그 밖의 조건들의 변화에 비해 더 클 수 있고, 정치적 변화가 그 밖의 다른 변화보다 더 중요한 사건일 수 있다. 어쨌든 이러한 삶의 조건들은 어느 사회나 어느 시대나 항상 변해왔다. 윤리적 규범의 변화는 개인에게 정서적 불안과 지적 혼돈을 초래하고, 사회적으로는 갈등과 질서의 혼란을 동반한다. 인류 역사를 통해서 인류는 삶의 복잡한 조건의 변화는 줄곧 경험해왔지만, 그 조건들의 복잡성과 변화가 오늘날만큼 크고 급했던 적은 아직 없었으며, 그와 병행해서 오늘날만큼 윤리적 규범이 크게 흔들리고, 오늘날만큼 개인적 불안과 사회적 불안정을 경험한 적은 일찍이 없었다. 무엇이

'선한 마음씨'고 무엇이 '옳은 행동'인지를 가려내기가 날이 갈수록 어렵게 되었다는 것이다.

이 같은 변화의 원인은 정치·경제·이념 등에서 찾아볼 수 있을 것이다. 그러나 근본적 원인이 하루가 다르게 급속도로 발달하는 과학 기술에 있다는 사실은 분명하다. 과학 기술의 발달로 공간적·시간적·자연적·문화적·경제적·사회적·이념적 생활 조건이 급변하고 있다. 교통 기술과 통신 기술은 기존의 공간과 시간의 개념을 완전히 바꾸어놓고, 산업화로 자연에 대한 감각이 달라지고, 세계가 지구촌화하면서 서로 전통을 달리하는 생활 양식이 뒤죽박죽되고, 고도의 산업화로 경제적 부의 생산 방식과 부의 분배가 그 양식을 바꾸고, 과학 지식의 발달로 세계관에 큰 혁명이 일고 있다.

이런 변화 가운데에서도 의학 기술 특히 최근의 생명공학의 발달 즉 변화는 전통적·윤리적 규범의 혼란에 가장 직접적이고 근본적인 관계를 갖고 있다. 의학은 인간의 생명, 더 정확히 말해서 인간의 생물학적 즉 근원적 복지 즉 윤리적 가치와 직접 연결되어 있기 때문이다.

의학 기술의 발달로 가능해진 피임약의 발명은 성 도덕에 혁명을 불러일으켰고, 낙태, 안락사, 장기 뇌사 환자의 유지, 장기 이식, 인공 장기 등의 의학 기술과 그러한 의학 기술의 개발을 위한 연구 명목으로 수많은 동물들에 대한 잔혹한 실험, 전지구적으로 가속적으로 진척되고 있는 자연 개발이 동반하는 생태계 파괴 등은 과거에는 존재하지 않았던 위와 같은 행위들의 윤리성에 대한 문제를 제기하였다. 아울러 과거 우리가 가졌던 죽음·삶의 가치, 인간의 정체성, 생명의 존엄성에 대한 관념들에 변화를 불러일으키고, 윤리적 가치 판단의 규범을 근본적으로 뒤흔들어놓음으로써 윤리적 혼란과 혼돈을 증가시킨다.

　이러한 혼돈에도 불구하고 위와 같은 의학 기술은 이미 존재하는 생명을 위한 기술이지 생명의 제조 기술을 의미하는 것은 아니다. 최근까지만 해도 모든 윤리적 문제는 인간의 생명 존엄성이라는 대명제를 전제하고 그 틀에서 풀 수 있을 것 같았다. 생명 일반, 특히 인간의 유일성과 그에 따른 존엄성에 대한 형이상학적 신념이 부정된 적은 한 번도 없었다. 그렇기 때문에 위와 같은 의학 기술의 발달과 자연 생태계 파괴로 제기되는 윤리적 문제는 어쩌면 기존의 큰 윤리적 틀 안에서 새롭게 해석되고 그것의 새로운 해결의 실마리를 찾을 수 있는 가능성을 아직도 갖고 있다고 믿고 있었다.

　그러나 얼마 전 실현된 동물 복제, 거의 불가피한 사실로 예측되는 인간 복제의 현실 및 게놈 프로젝트의 성과로 인간의 뇌세포 구조가 완전히 밝혀짐으로써 어떤 개인이나 집단의 의도와 목적에 따라 마음대로 특정한 기능을 갖고 있는 인간을 유전공학적으로 대량 생산할 수 있다는 것은 인간 및 모든 생명의 물질적 환원 가능성을 함의한다. 그 결과로 윤리적 관점에 근본적으로 전제된 인간 및 생명의 본질에 대한 형이상학적 전제를 부정하게 되고 따라서 윤리의 기본적 토대가 근본적 차원에서 붕괴되는 상황에 이르렀다. 이런 점에서 첨단 생명공학의 발달은 윤리학에 미증유의 도전을 하고 있다. 날이 갈수록 우리는 쉽게 깨어날 수 없을 듯한 윤리적 악몽에 빠지게 되었다.

3. 생명윤리학의 사명과 방법

그럼에도 불구하고 인간으로서 인간의 가장 본질적 존재 조건이 윤리적 관점을 떠날 수 없는 것이라면, 어떤 상황에서이든 윤리적 판단과 결단 즉 자신의 의도의 선/악, 자신의 행동의 옳고/그름에 대한 가치 판단과 행동을 떠난 인간의 삶을 상상할 수 없고, 따라서 윤리적 규범을 찾아내거나 결정하지 않을 수 없다. 바로 이런 틀에서 생명윤리학의 존재 의미가 있고 그 기능과 사명을 검토할 수 있다.

윤리학의 핵심 기능은 윤리적 가치 평가의 규범을 창출해내는 데 있다. 이러한 규범은 고통을 줄이고 즐거움을 증가시킴으로써 그 의미를 찾을 수 있다. 그렇다면 누구의 고통과 즐거움을 고려 대상으로 해야 하는가? 지금까지의 윤리적 고려 대상은 인간에 한정되어왔다. 그 이유는 지금까지의 윤리가 인간 존재의 유일성을 주장하는 인간 중심적 형이상학에 기초했기 때문이다. 그러나 생명공학의 탄생으로 이러한 형이상학이 흔들리고 있다. 그러므로 생명윤리학은 인간 중심적 형이상학에서 생명 중심적 형이상학에 기초하여 인간뿐만 아니라 동물도 윤리적 고려 대상에 포함시켜야 한다. 생명윤리학이 선한 마음씨와 옳은 행동의 평가 규범을 세우는 데 있다면, 그러한 규범은 인간만이 아니라 동물에도 적용될 수 있어야 한다. 이런 점에서 생명윤리학에는 환경윤리학이 포함되어야 한다. 이런 큰 테두리에서 생명윤리학의 기능은 잠정적이나마 개인의 윤리적 직관에 일치하고, 사회적 공감대를 얻을 수 있고 이성에 배치되지 않는 보편적인 윤리적 규범을 찾는 데 있다.

그러나 생명윤리학의 이러한 사명은 흥분한 구호로 되지는 않는다. 윤리적 가치 판단은 대중의 다수결에 의해서 결정될 수 있는 것이 아니다. 대중의 의식은 즉흥적이어서 피상적이기 쉽고, 대중의 의견은 단편적이어서 산만할 수밖에 없기 때문이다. 그러므로 그것은 대중의 정서를 넘은 지적·이성적·이론적 검토를 전제한다. 생명 윤리에 대한 연구는 체계적인 방법이 필요하다. 그렇다면 구체적으로 무엇을 해야 하는가? 그것은 한편으로 인간과 관련해서는 가령 낙태, 안락사, 장기 이식, 인공 수정, 유전자 조작에 의한 어떤 특정한 인간의 공학적 제작, 인간 복제, 그리고 다른 한편으로 한 걸음 더 나아가서 생명 일반과 관련해서 인간 복지 향상의 명목으로 정당화되고 있는 잔인한 동물 실험, 무자비한 인간 중심적 자연 개발로 생긴 생태계 파괴의 결과로 심각해진 환경 윤리 등 각기 하나하나에 대한 윤리적 입장을 세워야 함을 의미한다.

그러기 위해서는 구체적이고 체계적이며 포괄적인 접근이 필요하다.

첫째, 삶의 객관적 현실의 여러 조건들에 대한 과학적이고 체계적인 기초 연구가 필요하다. 더 구체적으로 말해서 생물학·인류학·사회학·경제학·정치학·역사학·종교·의학·생물학·의학 기술·생명공학 등에 대한 전문적인 과학적 연구와 검토를 해야 한다. 그러나 위와 같은 연구와 그에 대한 지식은 그 자체로서 윤리적 가치에 대해 아무것도 말해주지 않는다.

둘째, 그러한 연구와 지식에 기초해서 우리가 택해야 할 삶의 가치를 재검토하고, 우리가 선택해야 할 '가장 합리적인,' 가장 보편적으로 모두가 공감할 수 있고 실제로 모든 경우에 다 같이 적용될 수 있는 행동 지침 즉 윤리적 규범을 구상해내야 한다. 이러한 생명윤리학의 과제는 여기에서 끝나지 않는

다. 위와 같이 규범과 그러한 규범에 따른 판단과 평가만으로
는 지적으로 만족할 수 없고, 따라서 항상 불안정적이다. 그러
한 윤리 규범과 윤리적 가치 평가는 보다 근본적인 즉 가장 원
초적 차원에서 논리적으로 확고하게 정당화되어야 한다. 궁극
적으로 생명윤리학은, 모든 학문이 그러하듯이 철학적으로 뒷
받침되어야 한다. 전문적인 과학적 연구와 철학적 연구를 위해
서는 재정적 자원이 필요하다. 정부와 사회는 재정적 지원을
통해서 생명 윤리 문제에 대한 고민과 해결책을 모색하는 데
동참해야 한다.

　셋째, 생명윤리학의 사명은 이 같은 학문적 즉 이론적 작업
만으로는 부족하다. 다른 학문과는 달리 구체적 생활에 실천되
지 않으면 공허하다. 왜냐하면 윤리적 문제는 궁극적으로 실천
적 문제이기 때문이다. 그렇다면 생명윤리학은 하나의 '운동'
으로 연결되어야 한다. 이런 차원에서 한편으로는 생명윤리학
이 해야 할 우선 과제는 많은 사람들로 하여금 우리가 현재 빠
져 있는 윤리적 악몽을 의식시키고 윤리적 감수성을 예민하게
함으로써 그들이 더욱 일관성 있고 이성적인 윤리적 판단을 하
고, 각자 스스로가 윤리적 규범을 고안해내도록 해야 하며, 다
른 한편으로는 사회와 정부에 대해서 생명 윤리와 관계된 발언
을 하고 의견을 제안하며, 때로는 항의도 해야 한다. 이런 차원
에서 볼 때 생명윤리학의 과제가 실현되려면 언론 매체들의 역
할이 절대적으로 필요하다. 우리가 처해 있는 윤리적 위기를
대중에게 의식시키고, 그러한 문제에 대한 의견의 표출과 토론
의 장소로서 어느 것보다도 가장 효율적 매체는 언론 기관이기
때문이다.

　'개명' '진보' '인류의 번영'이라는 화려한 구호 아래 추진
된 과학 기술이 몰고 온 오늘의 문명의 현재와 앞날은 '개명'

이 아니라 '어둠'에, '진보' 보다는 '악몽'에, '인류의 번영' 보
다는 '인류, 아니 생명의 죽음의 그림자'에 가깝다. 이런 문명
사적 시점에서 생명의 본질과 그 가치를 생각하고, 그러한 생
명을 보호하고자 하는 생명윤리학의 사명과 그에 부합되는 자
부심은 한결 더 크고, 그 책임은 한결 더 무겁다.

제3부

기술적 이성과 아시아적 이성

니체 철학의 동양적 조명

기술 문명의 위기와 아시아적 대응

뉴 밀레니엄의 문명 패러다임과 선

인간다운 삶과 국학

니체 철학의 동양적 조명*

지난 20년 이래 세계를 휩쓴 포스트모더니즘과 아울러 니체의 사상이 새롭게 조명되고, 환경과 생태계 파괴라는 과학 기술 문명이 위기에 직면하면서 불교와 노장 사상으로 대표되는 전통적 동양 사상에 대한 관심이 확산되어왔다. 이러한 두 가지 현상은 우연한 것일까? 아니면 니체와 동양 사상은 그것들 간의 시간적 및 공간적 차이에도 불구하고 어떤 유사성을 갖고, 다 같이 사상적 및 문명사적 위기 극복의 어떤 지침이 될 수 있기 때문인가?

언뜻 보기에 니체의 철학만큼 비동양적, 아니 반동양적인 사유 체계도 찾아보기 어렵다. 니체의 '권력에의 의지'와 '초인'의 철학과 부처의 '자비'와 '보살' 사상과 노장의 '도'와 '무위' 사상은 공통점은커녕 정면으로 대립된다. 전자가 폭력적이며 제국주의적 적극성과 공격성을 반영하는 데 반해서 후자는 따듯하면서도 공생적인 수동적 화쟁성(和諍性)을 반영하기 때문이다. 니체가 동시대 유럽의 정신적 풍토를 한탄하면서, 불교에 대한 경멸심을 감추지 않고 "나는 날로 확산되는 측은지심의 도덕을 [……] 그 자체가 아마도 새로운 불교의 통로로서 이미 불길하게 된 유럽 문화의 가장 불길한 징조로 이해하고 있다"[1]라고 썼던 것은 우연이 아니다.

---

* 이 논문을 작성할 때 니체의 철학에 관해서는 영문으로 씌었거나 번역된 그의 여러 저서와 그에 관한 여러 저서를 참조했고, 동양 철학에 관해서는 한형조의 『주희에서 정약용으로』와 신옥희의 『일심과 실존——원효와 야스퍼스의 철학적 대화』에서 도움을 청했다. 주석은 편의상 출처의 책 이름만 기록하기로 한다.

하지만 니체의 세계관으로서의 철학과 불교와 노장 사상으로 대표되는 철학으로서의 동양 사상은 세계와 인간에 대한 비전의 혁명성, 그리고 언뜻 보기와는 전혀 달리 그 비전의 내용과 그것을 뒷받침하는 근거에 비추어 볼 때 놀랍게도 유사하다. "나는 인간이 아니다. 나는 다이너마이트이다"[2]라고 선언한 니체 철학의 혁명성이 당시까지 유럽을 지배하고 있던 플라톤의 합리주의적 철학과 기독교의 종교적 가치관을 근본적으로 부정하고 파괴하려는 데 있었다면, 불교와 노장 사상의 혁명성은 힌두교와 유교의 율법적 세계관과 도덕주의적 가치관을 전복한 데 있으며, 니체·부처 및 노장의 세계관의 내용적 유사성은 역동적·일원론적 형이상학에서 그리고 존재와 언어에 대한 그들의 철학적 통찰에서 찾을 수 있다.

이처럼 니체의 철학과 동양 사상의 관계는 역설적으로 보인다. 이 두 사상 체계는 한편으로는 극단적으로 대립되면서도 다른 한편으로는 놀랍게도 유사하게 나타난다. 그들의 유사점과 차이점은 어디에 있으며, 동양 철학의 맥락에서 볼 때 니체의 철학은 어떻게 평가될 수 있는가? 이 물음에 대한 답을 찾아보기 위해서 나는 먼저 니체의 철학을 요약한 후에, 그것을 동양 철학에 비추어 비교·평가·조명하기로 한다.

1. 니체 철학의 총체적 재구성

니체는 예술·종교·심리·언어·정치·가치·인식 등 다양한 영역에 대한 자신의 독특한 철학을 개진했으며, 그의 철

---

1 *The Geneology of Morals.*
2 "Concerning Truth and Falsehood in an Extramoral Sense."

학적 논지는 직관적이기도 하지만, 단토가 일찍이 밝혀주었듯이 놀랍게도 분석적이다.[3] 그러나 니체의 철학적인 근본 의도는 특정한 분야에 대한 특정한 철학적 이론을 분석적으로 해명하는 데 있지 않고, 당시까지 서양을 지배했던 세계관의 오류를 고발하고, 한 오류의 어둠으로부터 인간 그리고 인류의 문명을 해방하는 데 있었으며, 그의 철학적 문제는 잘못된 세계관을 대치할 수 있는 완전히 혁명적인 세계관을 세우는 것이었다.

'권력에의 의지' '영원 회귀' 그리고 '초인'의 세 개념은 니체의 많은 저서에서 간헐적으로 잠깐 언급되기는 했지만 어느 곳에서 체계적으로 논의되지 않았다. 그럼에도 불구하고 이 세 개념들을 떠나서는 니체의 철학을 언급할 수 없을 만큼, 그리고 니체는 '권력에의 의지'의 철학자, '영원 회귀'의 철학자, '초인'의 철학자로 불리게 됐을 만큼, 이 세 개념은 니체의 철학적 세계관의 골격을 이루고 있다는 사실에 이의를 제기할 이는 없을 것이다. '권력에의 의지'가 니체의 형이상학적 존재론/우주론의 입장을 규정한다면, '영원 회귀'는 그러한 존재/우주의 구조에 대한 니체의 관점을 설정하고, '초인'은 인간이 추구해야 할 궁극적 가치에 대한 니체의 이념적 선언이다. 따라서 니체의 철학은 이 세 개념들의 개별적 분석과 그것들의 관계를 설정함으로써 총체적 조명이 가능하다.

I. '권력에의 의지'와 우주/자연/존재 일반

니체가 10여 권의 저서를 이미 출판한 다음에도 자신의 철학을 총체적으로 정리할 목적으로, 불행하게도 그의 사후에야 그

---

3 Arthur Danto, *Nietzsche as Philosopher*, Macmillian, 1965.

의 여동생에 의해서 출판되어야 할 운명이었지만, 『권력에의 의지』라는 제목의 저서를 위해서 수많은 노트를 남겼다는 사실은 '권력에의 의지'라는 개념이 그의 철학적 사유에 얼마큼이나 무거운 비중을 갖고 있는가를 말해준다. 니체의 도덕철학·예술철학·종교철학·인식론도 '권력에의 의지'를 전제할 때만 그 본질이 이해될 수 있으며, 그의 철학에서 이 개념에 못지 않은 비중을 가진 '영원 회귀'나 '초인'의 개념들도 이 개념을 전제할 때만 비로소 그 의미가 파악될 수 있다.

니체의 철학에서 '권력에의 의지'란 무엇에 관한 개념이며, 구체적으로 무엇을 지칭하는가? 일상적 담론에서 '권력'은 정치적 개념이며, '의지'는 심리적 개념으로써 필연적으로 어떤 인격적 존재를 전제한다. 그러므로 그것은 인간 사회에서만 정치가 존재하는 만큼 권력은 인간에게만 적용되며, 의지는 이성을 가진 인간의 심리적 속성을 지칭한다. 그렇다면 '권력에의 의지'는 결코 철학적으로 핵심적인 어떤 존재일 수 없다. 그러나 니체의 철학적 체계의 틀에 사용될 때 '권력에의 의지'는 어떤 특정한 존재나 그것의 특정한 속성을 지칭하는 것이 아니라 존재 일반을 지칭한다. '권력에의 의지'는 "도대체 무엇이 존재하는가?"라는 존재 일반의 본질에 관한 물음에 대한 니체의 형이상학적 대답이다. '권력에의 의지'는 우주에 있는 어떤 특정한 존재나 그것의 속성이 아니라 모든 존재의 가장 일반적이고 근본적인 속성, 아니 모든 존재들을 서로 차별할 수 없는 하나로 볼 때 그것이 갖고 있는 본질을 지칭하는 개념이다. 니체의 '권력에의 의지'는 하이데거가 지적했듯이 형이상학적 개념이다. 이러한 사실은 니체가 자신의 저서 『권력에의 의지』 마지막에 단호한 어조로 "이 세상은 권력에의 의지이다. 그 이외의 아무것도 아니다! 그리고 당신들 자신도 역시 이러한 권력에의 의지이다. 그리고 그 이외의 아무것도 아니다!"[4]라고 말한 사실에서 분명하다.

"존재란 무엇인가? 무엇이 존재하는가?"에 대한 물음은 우주를 구성하고 있는 서로 환원할 수 없는 존재의 수에 대한 물음인 동시에, 그 존재 혹은 존재들의 존재 양식에 대한 물음일 수 있다. 첫번째 측면에서 볼 때 위의 물음에 대한 대답에는 플로티노스·스피노자·헤겔·마르크스의 경우처럼 모든 존재를 단 하나로 보는 일원론적 존재론과, 플라톤·기독교·데카르트 그리고 사르트르의 경우처럼 물질과 관념의 두 가지로 환원할 수 있다고 보는 이원론적 존재론 그리고 라이프니츠의 경우처럼 무한하다고 보는 다원론적 존재론이 가능하다. 두번째 측면에서 볼 때 위의 물음에 대한 대답은 파르메니데스를 비롯한 대부분의 서양 철학자들처럼 절대와 부분을 어떤 영원 불변한 고정된 실체being라고 볼 수도 있고, 헤라클레이토스를 비롯하여 헤겔·베르그송 그리고 동양 사상의 경우처럼 역동적 변화becoming라고 볼 수도 있다.

"존재란 무엇인가? 무엇이 존재하는가?"에 대한 물음의 성격을 위와 같이 분석할 때, 니체의 대답은 분명하다. 그에 의하면 우주/자연 전체는 궁극적으로는 아무것과도 구별할 수 없는 단 하나이며, 그것의 본질은 고정된 실체substance/being가 아니라 '역동적 변화' 그 자체이다. 그는 '역동적 변화'를 의인적으로 '권력에의 의지'라고 이름 붙인다. 여기서 우리는 두 가지 점에 주의해야 한다. 첫째는 니체가 '권력에의 의지'라고 했을 때 '의지'라는 말은 '존재'로 불릴 수 있는 하나의 고정된 실체로서의 인격적 주체가 '권력'이라는 어떤 대상을

---

4 *The Will to Power*.

향해 욕망이란 행동을 수행한다는 뜻이 아니라 모든 존재의 본질이 '권력에의 의지/추구 자체'라는 사실이며, 둘째는 니체가 우주/자연/존재 전체에 대해서 인간의 경우에만 적용될 수 있는 '권력에의 의지'라는 개념을 적용한 것은 우주/자연/존재 일반을 의인화해서 이해했기 때문이 아니라 그가 존재 일반의 본질로서 간주한 역동적 속성은 형이상학적 속성으로서 '에너지' '중력' '역학' 등과 같은 과학적 개념으로 이해할 수 없다고 믿었기 때문이다.

우주/자연 전체가 단 하나의 존재로서 그 존재의 속성이 '권력에의 의지'라는 니체의 주장은 한편으로는 우리의 가장 원초적이고 직접적인 일상적 경험 세계에 배치되며, 다른 한편으로 우주의 전체적 속성을 '권력에의 의지'로 서술하는 것은 과학적 지식에 비추어 볼 때 의인적이며 따라서 원시적 사고의 어둠 속에서 빠져나오지 못하고 있다고밖에 판단할 수 없을 것 같다.

일상적 경험에 근거할 때 존재하는 것은 단 한 가지나 두 가지가 아니라 무수하다는 사실을 부정할 수 없다. 개·사람·산·바다·풀·별·달·하늘·'나'·'너'·마음·몸·책상·포도주·컴퓨터·비행기가 존재한다. 분자·전자·세포·유전자가 존재한다. 색깔들, 소리들이 또한 존재한다. 사물들만이 아니라 수많은 사건·일·행위·경험이 또한 존재한다. 플라톤은 관념적인 이데아/형상만이 실제로 존재한다고 주장하고, 기독교는 비가시적 즉 초월적인 신이나 천당이 존재한다고 확신한다. 하나의 존재는 다른 존재와 구별되며, 객관적이며, 존재하는 것들의 수는 무한하다고 믿는다. 우리는 존재를 진리로 부른다. 아니, 존재하는 개를 '개'로 부를 때 그것을 진리 즉 사실이라고 말한다. 이러한 존재들, 즉 이러한 진리들을 전제로, 아니 근거로 우리는 말하고 행동하고 살아간다. 이렇게 수많은 것들이 존재하고, 그것들이 진리라면, 모든 것이 서로 분리할 수 없는 단 하나의 존재라는 일원론적 존재론은 맞지 않는다. 만약 니체가 주장하는 대로 모든 존재가 '권력에의 의지'로 불릴 수 있다는 것이 옳다면 일반인들이 자명하다고 생각하고 적지 않은 철학자들이 주장하는 대로 우주/자연은 적어도 두 개 이상의 실체로 구성되어 있다는 다원적 존재론은 오류일 수밖에 없다.

이런 문제에 대해 니체는 역설적으로 선언한다. "진리는 거짓이다. [……] 진리란 어떤 종이 생존하는 데 있어서 꼭 필요한 오류이다."[5] 그는 다시 묻고 대답한다. "그렇다면 진리는 무엇인가? 그것은 은유, 환유 그리고 의인화의 유동적 군단이다. [……] 진리는 너무 많이 사용하여 낡아빠지고 감각적 힘을 상실해서 그것이 원래는 환유였다는 사실도 망각된 환상이다."[6] 니체는 다원론적 존재론의 오류를 지적한다. 일반인들은 물론 많은 철학자들이 객관적으로 존재한다고 믿고 있는 '개'나 '삶,' '원자'나 '전자,' '몸'이나 '마음,' '이데아'나 '천당'은 각기 서로 구별될 수 있는 실체/사실이 아니라 인간이 자신의 생존 전략상 자의적으로 관념 즉 개념의 차원에서 조립한 관념적·개념적·언어적 존재라는 것이다.

이러한 그의 주장은 그의 관점주의 즉 상대주의적 인식론에 근거한다. 그의 인식론에 의하면 어떠한 인식의 주체도 그 대상을 시간과 공간, 상황과 의도를 초월한 어떤 절대적 관점에서 관찰하고 인식할 수 없다. 모든 인식은 인식 주체의 역사적·문화적·언어적 그리고 목적적 특수성에 따라 상대적이라는 것이다. 이런 점에 니체의 인식론은 칸트적 인식론과 유사

241

---

5 *Ibid.*
6 "Concerning Truth and Falsehood in an Extramoral Sense."

하다. 칸트의 인식론에서 인간의 인식은 자신의 의식 구조에 의해서 제한되어 있는 만큼, 인간은 시간과 공간을 초월한 사물 자체Ding-an-Sich를 인식하는 것이 논리적으로 불가능하고, 오로지 인간의 의식 구조에 의한 현상적 해석으로만 이해되듯이, 니체의 인식론도 관점과 언어와 목적을 초월한 위치에서 인식 대상을 있는 그대로 표상할 수는 없다. 그래서 니체는 인식을 사실의 발견으로 파악하고, 진리를 사실과 일치하는 명제로 보는 실증주의에 반대해서 "아니다! 사실이야말로 다름아니라 존재하지 않는 바로 그것이다. 존재하는 것은 해석뿐이다"라고 쓴다.[7]

그럼에도 불구하고 일반인들뿐만 아니라 지금까지 다원론적 존재론이 최근까지의 철학을 지배하고 있는 이유는 언어의 구조에 의해 착각을 일으켜서 인식과 그 대상 존재, 언어와 그 지칭 대상의 관계를 잘못 이해하고 있었기 때문이라고 니체는 말한다. 이런 관점에서 그는 말한다. "모든 것을 사물의 차원에서 생각하고, 세계를 통일성 · 동일성 · 영구성 · 실체 · 원인 · 사물성 그리고 존재로 서술할 수 있는 것으로 생각하는 경향이 있다. 그러나 이러한 관념들은 완전히 언어에서 연유한 것이다. 그러므로 문법을 집어치우지 않는 한 하느님을 집어치울 수 없을 것으로 나는 생각한다."[8]

니체의 위와 같은 상대주의적 인식론은 모든 진리에 대한 신념, 모든 인식이 절대적 그리고 보편적 객관성을 가질 수 없음을 뜻한다. 이러한 점에서 니체의 인식론은 허무주의적이다.

어떤 이유에서인지는 모르지만 무엇인가가 존재한다는 사실만큼 자명한 것이 없고, 또한 위와 같은 니체의 허무주의 인식

<hr>

7 *The Will to Power*.
8 *Twilight of the Idols*.

론이 옳다면, 다원론적 존재론은 더 이상 버틸 수 없으며, 다원
론적 존재론이 제거된다면 일원적 존재론은 불가피하며, 니체
의 '권력에의 의지'라는 개념으로 나타난 니체의 존재론이 일
원론적이라는 것이 틀림없다면, 그의 존재론이 참이라는 결론
은 불가피하다. 고전 역학과는 달리 양자역학은 에너지가 파장
의 개념과 그와 동시에 파장과 양립할 수 없다고 생각되는 입
자의 개념으로 동시에 서술될 수 있으며, 상대성 원리는 일반
적 경험의 차원에서나 뉴턴적 역학의 틀 안에서는 상상조차 할
수 없지만 공간과 시간이 분리될 수 없는 단 하나의 현상임을
입증하고 최근의 생명과학은 물체와 생명의 경계를 허물어놓
고, 우주과학에서의 대폭발 이론은 우주가 단 하나의 원천에서
나타났다는 것을 증명함으로써 일원론적 존재론을 뒷받침하고
있다.

　만약 니체가 주장하는 대로, 우리가 현상적 차원에서 차별할
수 있는 존재들이나, 모든 담론에 전제된 마음과 몸의 구별이
나, 여러 철학에서 전제되는 플라톤의 이데아와 같은 관념들이
나 여러 종교에서 말하는 영혼이나 기독교에서 말하는 하느님
이나 논리학에서 전제된 논리적 법칙이나 수학에서 말하는 수
학적 존재들이 영원 불변한 실체가 아니며 사실도 아니라 해석
에 불과하고, 진리가 아니라 거짓/오류이며, 실체가 아니라
환상에 지나지 않고, 이 모든 것들은 서로 분류할 수 없는 단
하나의 우주/자연/존재 일반의 개념에 의해 인위적으로 조작
된 허구라면, 단 하나의 실체로서의 우주/자연/존재 일반의
속성은 무엇인가? 어떤 종류의 존재론적 범주 속에 단 하나로
파악된 실체를 가장 포괄적으로 묶을 수 있는 존재론적 범주는
무엇인가? 서양 철학의 전통에서 가장 포괄적인 존재론적 범
주 개념은 정신이 아니면 물질이다. 서양 철학의 전통에서 존

재론적 일원론이 관념론적 일원론과 유물론적 일원론으로 구
분되는 것은 당연하다. 존재론적 일원론은 그 존재 속성을 '관
념' 아니면 '물질'이라는 두 가지 속성 중 하나를 선택할 수밖
에 없고, 존재론적 일원주의자는 버클리의 경우처럼 '관념주의
자'가 되거나 아니면 마르크스의 경우처럼 '유물론자'가 될 수
밖에 없다.

그러나 존재론적 일원론자인 니체는 우주/자연/존재 일반
의 속성을 지칭하기 위해서 '관념'이나 '물질'이라는 개념 대신
'권력에의 의지'라는 개념을 사용한다. 원래 인간의 속성에만
적용될 수 있는 '권력'이나 '의지'라는 개념이 어떻게 우주/자
연/존재의 속성에 적용될 수 있는가? 우주/자연/존재 일반
을 '권력에의 의지'로 부름으로써 니체는 일종의 원시적 애니
미스트 즉 물활론자로 변신한 것이 아닌가? '권력에의 의지'라
는 말이 우주/자연/존재 일반의 속성에 대한 의인적 메타포
라면, 니체는 어째서 그러한 의인적 메타포를 사용했는가? 한
가지 확실한 것은 니체가 보기에 우주/자연/존재 일반의 속
성은 관념과 물질이라는 두 개념 가운데 어떤 쪽을 선택하더라
도 만족스럽지 않았기 때문이다. 그렇다면 그 이유는 무엇인
가?

두 가지 이유를 생각할 수 있다. 첫째 이유는 이렇게 추측된
다. '관념'과 '물질'은 서로 대립시켰을 때에만 그 의미를 가질
수 있고, 각기 독립적으로는 그 의미를 전혀 이해할 수 없다.
우주/자연/존재 일반의 속성에 대한 서술 개념으로서의 관념
과 물질은 우주/자연/존재 일반이 적어도 두 개 이상의 서로
다른 속성들로 구성되었을 때에만 의미를 가질 수 있다는 말이
다. 그렇다면 이러한 사실은 일원론적 우주/자연/존재 일반의
속성의 서술이 논리적으로 불가능함을 함의한다. 우주/자연/

존재 일반의 총체적 속성은 관념도 아니고 물질도 아닌 그 무엇일 수밖에 없다. 그러나 존재의 속성을 가장 포괄적으로 지칭할 수 있는 범주 개념은 존재하지 않는다. 그럼에도 불구하고 그것을 지칭하려면 우리가 갖고 있는 개념들을 은유적으로 전용하는 수밖에 없다. '권력에의 의지'는 기존의, 아니 어떤 한 언어로도 표현할 수 없는 우주/자연/존재 일반의 속성을 표현하기 위해서 니체가 사용한 메타포이다.

니체가 우주/자연/존재 일반의 속성을 '권력에의 의지'로 부른 두번째 이유는 다음과 같이 생각할 수 있다. 명사는 언어적 관례에 따르면 다 같이 다이아몬드처럼 화석화된 실체/존재being를 지칭한다. 니체가 직관적으로 파악할 수 있는 우주/자연/존재 일반은 시간을 초월한 정태적 실체/존재가 아니라 시간을 떠나서는 생각할 수 없는 역동적 운동 자체이며, 이 운동은 에너지를 전제한다. 이런 점에서 니체는 우주/자연/존재 일반을 '에너지'라는 개념으로 묶을 수 있었을 것이다. 그럼에도 불구하고 니체가 그것을 '에너지'로 부르지 않고 구태여 의인적 개념인 '권력에의 의지'라는 낱말을 사용한 것은 일반적으로 물리적인 속성을 '에너지'로 지칭하는 데 반해서 그가 이해하고 있는 우주/자연/존재 일반의 속성은 관념적인 것이 아닐뿐더러 물질적인 것도 아닌 것이기 때문이다.

니체에 의하면 속세와 천당, 인간과 하느님, 이데아의 실체와 감각적 현상, 삶과 죽음, 인간과 동물, 자연과 문화, 무기물과 유기물, 물과 바위, 몸과 마음, 주체와 객체 등 그 어느 것 하나도 개별적으로 그리고 실체로서 따로 존재하지 않는다. 존재하는 것은 그 어떤 것과도 서로 구별할 수 없는 단 하나의 사건, 흐름, 긴장된 관계로서의 '권력에의 의지'라는 에너지/힘이다. 여기서 그 힘은 무엇의 힘이냐는 물음이 나올 수 있다.

그러나 이러한 물음은 우리가 관찰할 수 있는 변화하는 현상과 변화하는 현상의 밑바닥에 깔려 있다고 전제되는 불변하는 어떤 실체/본질과의 플라톤적 구별 즉 형이상학적 이원론을 전제했을 때만 제기될 수 있을 뿐 현상과 실체/본질의 구별을 거부하는 니체적인 형이상학적 일원론의 맥락에서는 그러한 물음은 논리적으로 불가능하다. 현상이 곧 실체/본질이며, 실체/본질이 곧 현상이다. 어느 곳, 어느 때를 막론하고, 변화하지 않는 현상을 관찰할 수 없다면, 우주/자연/존재 일반은 단 하나의 변화 자체, 역동적 움직임 자체 이외의 아무것도 아니다.

여기서 변화 자체로서의 '권력에의 의지'를 어떻게 서술하는가 하는 문제가 남는다. 변화는 차이를 전제하고, 차이는 서로 다른 두 개 이상의 고정된 실체/본질은 아니더라도 적어도 두 개 이상의 상태와 그 상태들 간의 관계를 전제하는 이상, 변화를 파악하고 설명하자면 적어도 두 개 이상의 상태 간의 관계에 대한 구조적 설명이 요청된다. 그렇다면 그 관계를 어떻게 파악하고 설명할 수 있는가? 목적론적인가 아니면 인과적인가? 필연적인가 우연적인가? 규칙적인가 불규칙적인가? 니체의 세계관에서 두번째로 중요한 개념인 '영원 회귀'는 바로 위와 같은 물음에 대한 대답으로 고안되었다.

II. 영원 회귀와 우주/자연의 총체적 구조

니체의 철학에서 '영원 회귀'는 모든 현상, 사건 그리고 존재들이 사라지지 않고 영원히 반복되어 나타남을 뜻한다. "세계는 그 자신을 무한히 반복했고, 자신의 놀이를 영원히 계속하는 순환이다"[9]라고 말할 때 니체는 세계의 구조를 '영원 회귀'로 서술한다. 그러나 '세계'를 어떻게 규정하느냐에 따라 니체의 서술은 맞을 수도 있고 전혀 무의미할 수도 있다. 만약 '세계'를 하나로서의 우주/자연/존재 일반으로 규정한다면 그것이 스스로 반복한다는 말은 성립되지 않는다. 반복은 시간 속에서의 운동을 의미하고, 운동은 변화를 함의하는데 그 자신 이외의 어떤 존재나 상태를 인정할 수 없는 단 하나로서의 우주/자연/존재 일반은 그 자체 이외의 어떠한 다른 존재나 상태를 논리적으로 배제하기 때문이다.

하지만 위와는 달리 니체가 말하는 '세계'를 단 하나로서의 '권력에의 의지' 즉 우주/자연/존재 일반 내부의 차별 가능한 무한 수의 현상이나 사건들 전체를 지칭하는 개념으로 해석할 때, 그러한 것들이 영원한 사이클 속에서 무한히 반복한다는 명제는 의미를 가질 수 있을 뿐만 아니라 참일 수도 있다. 니체가 말하는 '권력에의 의지' 즉 단 하나로서의 우주/자연/존재 일반에 대한 다음과 같은 묘사는 니체가 '세계'라는 말을 권력에의 의지 즉 우주/자체/존재 일반의 뜻으로서가 아니라 '그 속에서 관찰할 수 있는 수많은 현상과 사건들의 총체'의 뜻으로 사용하고 있음을 시사한다.

    이 세계는 곧 시작도 끝도 없는 끔찍하게 큰 에너지이며, 더 커지지도 작아지지도 않은 채 자신을 팽창하는 것이 아니라 변신하는 단단한 무쇠와 같이 놀랍도록 큰 힘이며, 전체적으로 볼 때 지출 혹은 손실의 크기가 변하지 않지만 동시에 증가 혹은 수입도 없는 한 가정으로서 그것은 무(無)에 의해서 한계지어져 있다. 〔……〕 그것은 엄청난 세월을 주기로, 수많은 모양의 썰물과 밀물의 형태로 흘러오고, 한거번에 휙 닥쳐오고, 엉인히

---

9 *The Will to Power.*

변하고, 영원히 거꾸로 흘러간다.[10]

현상적 차원에서 볼 때 생명이 유전자의 산물이라면, 모든 형태의 삶은 유전자의 끝없는 즉 영원한 복사 즉 반복이며, 유전자를 비롯한 모든 무기물·유기물·식물·생명체·동물 그리고 인간이 궁극적으로는 양자역학에서 말하는 무한히 작은 분자로 환원될 수 있다면, 인간을 비롯한 모든 현상적 존재들 그리고 삶과 죽음은 그러한 미세한 분자들이 시작도 끝도 없이, 원인도 목적도 없이 그냥 반복되어 나타난 다양한 형태에 지나지 않는 것으로 볼 수밖에 없기 때문이다. 인간의 이성으로는 도저히 이해할 수 없는 의인적·신학적, 때로는 철학적 세계관을 맹목적으로 받아들이지 않는 한, 그리고 날로 놀라운 발전을 거듭하는 현대 물리학과 생명과학을 부정하지 않는 한, 거시적이고 원시적인 입장에서 볼 때 모든 현상은 수많은 동일한 존재들의 영원한 반복으로 볼 수밖에 없으며, 꼭 그렇게 봐야 한다. 영원의 차원에서 볼 때, 적어도 현상적 차원에서 지금 분자로 분해되는 하나의 돌, 지금 부서진 하나의 컴퓨터, 지금 죽어서 흙이나 재로 되는 '나'는 수많은 하나의 혹은 다수의 돌·컴퓨터·흙·재·'나'의 형태로 바뀌었다가도 언젠가는 지금과 똑같은 돌·컴퓨터·흙·재·'나'의 형태로 되풀이되어 재구성될 수 있고 또한 이러한 과정이 영원히 반복될 수 있고 꼭 그렇게 될 수밖에 없기 때문이다.

니체의 관점주의적 인식론이 필연적으로 인식론적 허무주의로 통한다면, 니체의 단 하나의 우주/자연/존재 일반으로서의 '권력에의 의지'의 구조에 대한 그의 '영원 회귀'론은 논리

---

10 *Ibid.*

적으로 가치론적 허무주의로 통한다. 인간의 행위를 포함한 우주 안의 모든 현상과 사건들이 시작도 끝도, 이유도 목적도 없는 영원 회귀의 수레바퀴 속에 갇혀 있다면 궁극적으로 가치 있는 것 즉 의미있는 것은 단 하나도 있을 수 없고, 그렇게 가치/의미 없는 것들의 총체를 지칭하는 우주/자연/존재 일반 즉 '권력에의 의지' 자체도 아무 가치/의미도 없다. 왜냐하면 어떤 끝이 없는 세계 안에서 목적을 생각할 수 없고, 목적을 떠난 어떠한 존재, 어떠한 행위도 가치/의미를 가질 수 없기 때문이다.

이러한 사실에도 불구하고, 인간은 적어도 현상학적 차원에서는 자신의 행위를 선택할 수밖에 없고, 행위 선택을 위해서는 목적/가치/의미를 선택해야 한다. 인식론적인 경우뿐만 아니라 가치론적으로도 허무주의를 극복할 수 없는, 즉 형이상학적 차원에서부터 가치/의미가 배제된 니체의 세계에서 우리는 어떤 기준에 의해서 행동을 선택할 수 있으며, 선택해야 하는가? 도대체 인간은 무엇을 위해서 어떻게 살아야 하는가? 어떻게 하면 시작도 끝도, 이유도 목적도 없이 '영원한 회귀'의 굴레 속에 자전하는 '권력에의 의지'로서의 우주/자연/존재 일반의 무한히 작은 일부, 아니 측면으로서의 이 순간 같은 나의 삶에 가치/의미를 부여하고 살 수 있는가?

이런 물음에 대한 니체의 대답을 검토하기 앞서 과연 일원론적 그리고 순환적인 우주/자연/존재 일반론 안에서 이러한 물음이 논리적으로 가능한가라는 의문이 생긴다. 왜냐하면 우주 전체의 모든 현상과, 부분들이 알 수 없는 인과적 법칙에 의해서 시작도 끝도 없는 또한 원인도 목적도 없이 작동한다면 그 전체에 속한 무한히 작은 존재로서의 인간의 자율성은 생각할 수 없고, 자율성이 전제되지 않는 한 행동의 선택은 무의미한 말이며, 선택이 부재한 상황에서 "어떻게 살아야 하는가?"라는 당위적 물음은 논리적으로 전혀 불가능하기 때문이다. 일원론적 존재론을 전제하는 니체 그리고 뒤에 보게 되겠지만 불교와 도교로 대표되는 동양적 존재론 내에서는 위와 같은 물음이 제기될 수 없을 것 같다. 그런데도 니체 철학의 초점이 "어떻게 살아야 하는가? 어떤 가치를 선택해야 하는가?"에 있다는 것을 생각할 때, 여기서 우리의 우선적인 물음은 위와 같은 물음에 대한 니체의 대답을 알아보기 전에, 과연 니체의 일원론적 존재론의 테두리에서 이러한 물음이 논리적으로 가능한가를 물어보고, 가능하다면 어떻게 그러한가에 대한 대답을 찾아야 한다.

일원론적 존재론의 테두리 안에서 "어떻게 살아야 하는가?"라는 당위적 행동의 선택에 대한 물음은 가능하며, 그 가능성은 물질적 및 정신적인 모든 현상이 '존재론적' 및 '의미론적' 두 차원, 즉 '현상적' 및 '현상학적'인 두 차원에서 서술되고 이해된다는 사실로 뒷받침된다. '나'라는 존재는 '현상'으로 볼 때 다른 모든 존재 즉 우주 전체와 마찬가지로 인과적 법칙에 의해서 지배되지만, 경험/인식 주체로 볼 때 즉 나의 경험/의식의 차원에서는 내가 내 행동을 선택하는 자율적 존재라는 사실은 아무도 부정할 수 없다. 그러므로 비록 존재론적으로는 나의 모든 생각과 행동마저도 인과론적 법칙에 의해서 결정된 것일지라도, 적어도 현상학적 차원에서 인간은 어떻게 살아야 하는가 하는 선택의 문제에 대해서는 고민하지 않을 수 없다. "어떻게 살아야 하는가? 어떤 인간이 가장 바람직한 인간인가?"라는 당위성에 관한 물음에 대한 대답으로 니체는 자신이 창조한 차라투스트라의 입을 빌려 "나는 여러분들에게 '초인'을 가르친다. 인간은 반드시 극복되어야 할 무엇이다"[11]라고 선언한다. '초인'이 됨으로써 비로소 나의 존재뿐만 아니라 우주/자연/존재 일반의 무의미가 극복될 수 있다는 것이다.

Ⅲ. 초인과 궁극적 가치

'초인'은 무엇인가? 니체는 "초인은 지구의 의미 내지 가치이다"[12]라고 선언한다. 초인의 탄생을 통해서 비로소 이 세상의 가치/의미라는 말이 의미를 가질 수 있다는 것이다. 초인이 인류의 범주에 속한다면 그것은 어떤 종류의 인간인가?

초인은 '마지막 인간'과 대조된다. 본래 자연의 생성 과정을 통해서 인간은 자기 스스로 경탄하지 않을 수 없는 힘을 발휘하여 자연을 제어하고, 정복하고, 착취하고, 경이로운 종교적·철학적·과학적·기술적·도덕적 그리고 미학적 세계를 구축하고 문명을 발전시킬 수 있는 종으로 진화해왔다. 인류는 이러한 자신을 자축할 수 있다. '마지막 인간'은 이러한 인간을 지칭한다.

'마지막 인간' 즉 오늘날의 인간은 무엇을 위해서 어떻게 살고 있는가? 니체에 의하면 그는 아직도 지적으로는 사실을 사실대로 보지 못하고, 아니 보지 않으려 하면서 아직도 무명 속에 살고 있으며, 도덕적으로는 진실하지 못한 채 비굴한 노예처럼 자기 기만 속에 안주하고 있다. 동물로서의 인간은 안정과 육체적 및 정신적 행복을 본능적으로 추구한다. 이러한 자신을 합리화하기 위해서 종교적·철학적·기술적·정서적으로 세계와 자신을 위장하고 포장함으로써 그 속에서 자위한다. 이런 점에서 인류는 이직끼지 한번도 세계의 진리에 충실하고

---

11 *Thus Spoke Zarathustra.*
12 *Ibid.*

자기 자신에 정직한 적이 없다. 한마디로 '마지막 인간'은 잘 못된 세계관, 병든 가치관 속에 갇혀 있으며, 그곳에서 벗어나 기를 두려워하는 인간이다. 그는 지적으로는 진리 대신 거짓을 선호하는 가짜이며, 성서적으로는 호위적 가치에 집착하는 병든 동물이다. 이러한 모든 인간의 경향은 부정적 뜻에서 즉 연약하다는 점에서, 철저하지 못하다는 점에서, '인간적인, 너무나 인간적인' 것이다. 그리고 과거의 모든 인간 그리고 오늘날의 '마지막 인간'은 '인간적인, 너무나 인간적'으로 살아왔다.

그렇다면 '마지막 인간'이 바람직한 인간상일 수 없다. '마지막 인간'을 지탱해준 지금까지 인간을 지배한 종교적·철학적·과학적 세계관은 폐기되어야 하고, 그러한 잘못된 세계관에 의해서 정당화되었던 모든 가치들을 가치의 관점에서 완전히 재평가하고 수정해야 한다. '마지막 인간'은 극복되어 새로운 종류의 인간에 의해서 대치되어야 한다. '초인'은 다름아니라 이러한 '마지막 인간'을 대치할 수 있는 이상적 미래의 인간상이다. '초인'의 입장에서 볼 때 전혀 의미 없는 각 인간 자신의 삶을 포함한 '영원 회귀하는 권력에의 의지'로서의 우주/자연/존재 일반은 비로소 짜릿하게 즐거운 가치/의미와 살아있음과 존재함과 실존함의 환희가 생긴다.

'마지막 인간'과 대조되는 '초인'으로 산다는 것은 구체적으로 어떻게 산다는 것을 의미하는가? 이 물음에 대한 대답은 간단하다. 세계와 자기 자신에 대해 철저하게 정직한 삶을 사는 데 있다.

'권력에의 맹목적인 의지 자체'인 단 하나의, 공간적으로나 시간적으로 극히 보잘것없는 '인류,' 더 나아가서는 '나' 자신을 포함한 우주/자연/존재 일반이 그 자체로서는 맹목적으로 즉 무의미하게 영원히 회귀한다는 객관적 사실을 정직하게 인정할 때 삶에 대해 '나'는 두 가지 다른 태도를 취할 수 있다.
나는 부정적으로 '노'라고 하면서 이러한 사실을 거부하거나,
수동적으로 따라가거나, 한탄과 슬픔 속에 빠질 수 있거나, 아
니면 긍정적으로 '예스'라고 하면서 그러한 운명적 즉 객관적
사실을 하나의 즐거운 도전으로 받아들여 '운명에 대한 사랑'
의 입장을 취할 수 있다. '운명에 대한 사랑'이란 무엇을 뜻하
는가? 니체에 의하면 그것은 "사물 현상이 과거나 미래 그리고
영원히 현재의 모습과 다르기를 바라지 않는 태도"[13]를 뜻하며,
"인간 속에 있는 위대성을 집약해서 표현할 수 있는 말은 운명
에 대한 사랑이다."[14]

단 하나의 우주/자연/존재 일반의 본질적 즉 운명적 속성
이 '권력에의 의지'라면 그 안의 일부인 '나'의 본질적 즉 운
명적 속성도 '권력에의 의지'일 수밖에 없다. 그렇다면 '운명
에 대한 사랑'이란 그것을 긍정적으로 받아들여 나도 '권력에
의 의지'인 이상 나 자신 즉 권력에의 의지로서 삶을 적극적으
로 살아가야 함을 뜻하며, 자신의 운명을 긍정하여 적극적으
로 살아간다 함은 '위험스럽게 산다'는 것을 함의하기도 한다.
왜냐하면 '권력에의 의지'는 필연적으로 의지의 긴장된 싸움
을 함의하고, 이러한 싸움은 필연적으로 위험을 동반할 수밖
에 없기 때문이다. 니체는 '초인'에 대한 이 같은 자신의 인간
관을 초인이 자신에게 주는 다음과 같은 전언적 명제로 요약
한다.

다시 태어나서 살고 싶도록 이 삶을 살아라. 이것은 너의 의
무이다. 어쨌거나 너는 다시 태어나 살게 될 것이나. 노력하고

---

13 *Ecce Homo.*
14 *Ibid.*

애쓰는 데서 큰 만족감을 갖는 이에게는 노력하고 애쓰도록 내버려두어라. 휴식에서 큰 만족감을 갖게 되는 이에게는 휴식을 취하도록 내버려두어라. 명령에 따라 복종하는 데 큰 기쁨을 느낄 수 있는 이에게는 명령에 복종하도록 하라. 단 한 가지 중요한 것은 무엇이 그에게 최고의 기쁨을 줄 수 있는가를 분명히해야 하며, 그러한 경험을 얻을 수 있다면 어떠한 방법도 사양하지 말아야 한다는 사실이다! 이러한 것을 위해서라면 영원히 살아도 보람 있다.[15]

하지만 위와 같은 명제를 통해서는 아직도 '초인' 상은 분명치 않다. 미국의 유명한 갱의 대부, 알 카포네, 진 시황, 네로 황제, 히틀러, 무솔리니, 스탈린 같은 잔인한 폭군이나 독재자들은 자식들의 포악한 힘과 무자비한 권력 행사에 '최고의 기쁨과 쾌감'을 느끼면서도 아무런 가책도 느끼지 않았기 쉬웠을 것이며, 수많은 여인들에게 피눈물을 흘리게 한 돈 많고 권력 있는 주색가들은 나름대로 '큰 쾌감'을 아무 후회 없이 경험했음에 틀림없다. 이렇게 폭력적으로 살면서 동물적 본능을 만족시키며 사는 자들을 '초인'으로 부를 수 있는가? 그러한 삶이 바람직한 삶인가?

그러나 '마지막 인간'을 대치해야 할 '초인'은 탄생하거나 발명되어야 하는 유형으로서 아직 실제로 존재하지 않는 만큼 위와 같은 종류의 인물들은 초인의 예가 될 수 없다. 그러나 니체가 '초인'에 가까운 사람들의 예들로서 율리우스 카이사르, 세자레 보르지아, 나폴레옹 등을 들을 때 위와 같은 물음에 대한 대답의 예로 '그렇다!'라고 할 수 있을 것 같다. 율리우스

---

15 Danto, *Nietzsche as Philosopher.*

카이사르, 세자레 보르지아, 나폴레옹이 막강한 물리적 힘과 정치적 권력을 갖고 제국을 건설하고, 왕국을 지배하고 유럽 영토를 정복한 정치적이며 군사적 인물이었으며 그러한 과정에서 그들은 필연적으로 폭력적이고 잔인했을 것이기 때문이다. 그러나 니체는 '초인'과 유사한 역사적 인물로 위와 같은 무력적이고 권력적인 인물들 이외에 문필가인 괴테와 예술가인 미켈란젤로도 함께 들고 있다. '초인'이 우주와 자기 자신의 본질인 '권력에의 의지'를 긍정적으로 수용하고 그것의 행사를 최고의 가치로 삼고 사는 인간이고, 나폴레옹이나 카이사르와 더불어 괴테와 미켈란젤로가 다 같이 그러한 '초인형'에 속한다면, '권력에의 의지'의 가치는 '물리적 힘'이 아니라 **창조적 자유**로서만 해석되어야 한다. 괴테나 나폴레옹, 미켈란젤로나 카이사르는 다 같이 한편은 『파우스트』라는 문학 작품과 「창조」라는 벽화를, 다른 한편은 18세기 유럽의 새로운 정치적 질서와 로마 제국이라는 새로운 문명을 창조한 사람들이라는 점에서 즉 창조적인 사유를 구현했다는 점에서 동일하다.

창조는 혼탁한 본능을 강한 의지 즉 일종의 권력을 전제하고, 주어진 틀에 안주하지 않고 내부로부터의 본능과 외부로부터의 물리적·사회적·이념적·도덕적 억압에 굴복하지 않는 자유, 더 간단히 말해서 자유를 전제한다. 그러므로 초인이 창조적 인간을 뜻한다면 초인은 곧 진정한 의미에서 의지가 강한 인물이며, 의지가 강하다는 점에서, 참과 거짓, 선과 악을 초월하여 자기 자신과 자신을 둘러싼 외부적 여건 즉 '운명'으로부터도 자유로운 인간이다. 초인은 물리적·생물학적 그리고 본능적 야만인이 아니라 정신적·도덕적 그리고 넓은 뜻에서 이성적 인간이다. 이런 점에서 초인은 아무것에도 종속되지 않고 완전히 독립한 인간이며, 기존의 규범에 얽매여 그것을 추종하는 맹목적인 존재가 아니라 자신이 스스로 자유롭게 창조한 규범에 따라 살아갈 수 있는 자주적 인간이다. 그의 존재 의미는 밖에서 주어지는 것이 아니라 스스로 선택한 것이다. 그는 다른 존재에 정당성을 부여하지만 자기 존재의 정당성은 남이 부가한 것이 아니라 바로 자신의 존재 그 자체이다.

2. 동양 사상에 비추어 본 니체

I. 동양 사상의 니체적 재구성

니체의 철학을 우주/자연/존재 일반에 대한 비전, 그러한 우주/자연/존재 일반에 대한 구조 그리고 궁극적 가치의 세 측면에서 총괄적으로 볼 수 있듯이 동양 사상도 똑같은 세 측면에서 파악할 수 있다. 동양 사상은 크게 인도의 힌두교와 불교 및 중국의 노장 사상과 유교 네 가지로 분류할 수 있지만 그 가운데 가장 동양적인 것들은 불교와 노장 사상으로 이 둘은 한편으로는 다 같은 동양 사상을 구성하고 있는 힌두교 및 유교와 구별되며, 다른 한편으로는 서로 깊은 공통점을 갖고 있다. 이러한 사실은 힌두교에 뿌리를 둔 불교가 인도보다는 도교의 절대적 영향을 받고 있는 아시아에서 더 널리 보급됐다는 사실로 짐작할 수 있다. 불교는 인도적이라기보다 중국적이고 아시아적이 되었다.

니체의 우주/자연/존재 일반에 대한 총체적 비전을 지칭하는 '권력에의 의지'는 동양 사상에서는 불교의 '공(空)' 및 도교의 '기(氣)/자연'에 상응하고, 니체의 철학에서 우주/자연/존재 일반의 구조를 지칭하는 '영원 회귀'에 상응하는 동양 사상에서 사용되는 낱말로는 불교의 '윤회'와 노장의 '도'를 들수 있으며, 마지막으로 니체 철학에서 최고의 가치관을 상징하는 '초인'에 해당되는 동양 사상의 개념으로는 불교의 '부처/보살,' 도교의 '도인/도통,' 그리고 유교의 '군자/인자(仁者)'라는 개념을 들 수 있다.

1) 우주/자연/존재 일반의 본질

힌두교에서 우주/자연/존재 일반을 지칭하는 범천(梵天)/브라만이 아무것으로도 분리할 수 없는 단 하나의 형이상학적 일원론이듯이, 인도를 넘어 오랫동안 동양 문화의 사상을 지배해온 불교와 도교의 우주관/자연관도 일원론적이다. 불교에서 말하는 '공'은 존재 부정/부재로서의 무(無)를 지칭하는 것이 아니라 어떠한 개념으로도 서술할 수 없는 "색즉시공 공즉시색(色卽是空 空卽是色)" 즉 궁극적으로는 어느 것으로도 분리하고 구별할 수 없는 단 하나의 우주/자연/존재 일반을 총칭한다.

불교는 '일체개공(一切皆空)' '천지동상(天地同相)' '만물일체(萬物一切)' '무분별지(無分別智)' '물아일여(物我一如)' 등의 여러 낱말들로 우주/자연/존재 일반에 관한 일원론적 비전을 전달하고자 한다.

우주에 관한 하나의 형이상학적인 본질적 속성은 무엇인가? 이 물음에 대한 니체의 대답이 물질적 존재가 아니라 물질적 차원을 초월한 '권력에의 의지'였다면, 불교 특히 대승 불교의 대답을 '진여일심(眞如一心)' 혹은 '일체유심(一切唯心)'이라는 낱말들에서 찾을 수 있다면, 난 하나로서의 우주/자연/존재 일반의 총체적 속성이 물질이 아니라 정신적인 것, 아니 물질과 정신의 구별을 초월한 의미에서 비물질적인 것이라는 점에서 니체의 형이상학적 비전과 동일하다.

그 성격이 일원론적이라는 점에서 도교 즉 노장의 우주/자연/존재 일반은 불교와 전혀 다를 바 없고 또한 니체와도 전혀 다르지 않다. 이런 점에서 사회 윤리철학으로서의 유교도 그것의 우주/자연/존재 일반에 관한 비전을 중국의 태극(太極) 사상에 뿌리박고 있는 한 도교와 다를 바 없다. 중국 고대 사상에 의하면 단 하나로서의 우주/자연/존재 일반은 어떠한 언어로도 표현할 수 없는, 따라서 물질이나 정신으로 구별하기 이전의 속성으로서의 기(氣), 몸과 마음의 두 어느 범주에도 담을 수 없는 속성이다.

동양의 일원론적 우주/자연/존재 일반의 근거는 어디에 있는가? 불교 특히 선불교와 도교가 가장 중요하게 강조한 것은 존재와 언어, 대상과 그 표상의 넘어설 수 없는 논리적 거리, 존재의 차원과 인식의 논리적 차이 즉 그들의 비동일성이며, 그들이 경고하는 것은 그것들에 대한 우리들의 혼돈이다. 진리는 언제나 존재에 대한 진리이지만, 인식되지 않은 진리는 무의미하며, 인식은 개념적 표상을 전제하지만, 언어를 떠난 개념은 상상할 수 없고, 언어를 떠나서는 표상은 불가능하다. 그러나 표상은 필연적으로 무엇에 대한, 무엇의 표상인 이상, 표상 즉 기표와 표상 대상 즉 기의는 절대로 일치하지 않는다. 이러한 사실에도 불구하고 존재·진리·인식·표상·언어와의 위와 같은 뒤엉킨 밀접한 관계 때문에 그것들을 혼동하여 그것들을 동일시하고 존재와 그 언어적 표상을 같은 것으로 착각하여 사실을 사실대로, 존재를 그 존재 자체로서 인식하지 못한다. 진여(眞如) 즉 궁극적 진리는 언어로 표현할 수 없다는 불교의 줄기찬 강조나 도(道) 즉 궁극적 존재의 구조가 언어로 표현될 때 그것은 이미 도 즉 궁극적 존재가 아니라는 노장의 주장은 바로 존재와 언어의 위와 같은 관계를 깨우치고, 우리로 하여금 어떤 것으로도 분절할 수 없는 단 하나의 존재로서 진리를 깨닫게 하기 위해서이다. 존재와 언어의 관계를 착각하여 언어로 표상된 것을 존재 자체로 취급할 때 우주/자연/존재 일반에 대한 일원론적 존재론은 필연적으로 부정되고 다원적 존재론만이 가능하다. 왜냐하면 어떤 존재의 언어적 표상은 필연적으로 적어도 한 가지 다른 존재들과의 구별을 전제함으로써만 가능하기 때문이다.

그럼에도 불구하고 언어를 사용할 수밖에 없는 인간은 존재와 언어의 관계를 혼동하게 되었고 언어로 표상된 관념을 곧 그것이 표상하는 존재로 착각하게 되었다. 이런 점에서 동양 사상 특히 불교나 도교의 일원론적 우주/자연/존재 일반론이 그들의 언어철학 즉 언어에 대한 철학적 비판에 근거하고 있다는 점에서 니체의 일원론적 우주/자연/존재 일반론의 근거와 똑같다.

2) 우주/자연/존재 일반의 구조

동양 철학이 말하는 우주/자연/존재 일반은 니체의 경우와 마찬가지로 회귀적 순환의 의미와 구조를 가지고 있다. 이러한 세계관은 힌두교와 불교의 윤회나 연기(緣起) 등의 개념들과 유교·도교의 음양·도의 개념들에서 다 같이 표현된다. 불교적, 더 일반적으로는 인도적 관점에서 볼 때, 나타났다가 사라지고, 살았다가 죽어가는 모든 것들은 서로 다른 것들이 아니라 단 하나의 우주/자연/존재 일반 즉 범천(梵天) 혹은 공(空)의 인과적 즉 연기적 관계로 얽혀 변화하는 다양한 측면에 지나지 않으며, 그러한 존재들의 변화는 단 하나인 무시무종(無始無終), 불생불멸(不生不滅)인 우주/자연/존재 일반의 순환 과정의 현상적 측면에 지나지 않는다. 도교적, 더 일반적으로는 중국적 관점에서 볼 때 모든 현상들은 단 하나의 우주/자연/존재 일반으로서의 기(氣)의 자연적 그리고 순환적 흐름으로서의 도 즉 음양의 원리에 따른 무시무종한 동정(動靜)의 양상에 지나지 않는다.

260

3) 궁극적 가치와 이상적 인간상에 비추어 본 니체

동양적인 궁극적 가치는 무엇인가? 위와 같은 세계에 대한 비전을 전제할 때 인간이 추구해야 할 최고의 삶의 방식은 무엇인가? 니체의 초인에 해당되는 불교적 및 도교적 인간형은 무엇인가? 불교적 대답은 보살(菩薩)이며, 도교의 대답은 도인(道人)이다. 세부적인 여러 점에서 상이함에도 불구하고 큰 틀에서 볼 때 그들의 우주/자연/존재 일반에 대한 비전이 시작도 끝도 없이 순환하는 단 하나로 즉 일원론적으로 파악되고 있다는 점에서 니체의 철학과 동양 철학은 동일하다. 일원론적이며 순환적인 동양의 세계관은 서양을 지배해온 이원론적이며 목적론적인 서양의 세계관과 정면으로 대립하며, 그러한 대립 속에서 그 특징이 분명해진다. 이런 점에서만 볼 때, 니체의 철학은 근본적인 차원에서 반서양적이며, 본질적으로 동양적이라는 사실은 분명하다. 서양의 문화권에 속한 니체가 서양 사상의 근본 뿌리와 정면으로 대립하는 동양 사상의 뿌리와 일치한다는 것은 놀라운 일이다.

하지만 이러한 사실보다 더 놀라운 사실이 있다. 그것은 다 같이 일원론적·순환적 세계관에 뿌리박고 있음에도 불구하고 인생관 즉 이상적 인간관과 최고의 가치관의 관점에서 볼 때 니체는 전형적인 서양 사상을 대표하고, 이러한 점에서 철저하게 반동양적이다. 니체 철학과 동양 철학의 분명한 차이는 우선 그들의 가치관에서 드러난다. 전자의 가치관이 인간 중심적이라면 불교와 도교적 가치관은 생태 중심적이며 자연 중심적이다.

니체의 이상적 인간인 '초인'과 동양의 이상적 인간인 불교적 보살이나 도교적 도인은 그들의 각기 다른 기질상 서로 공존할 수 없으며, 정면으로 충돌하며, 니체의 최고 가치인 자기 힘의 철저한 확인과 주장은 보살의 최고 가치인 해탈이나 도인의 소요(逍遙)와 양립할 수 없다. '초인'이 자신의 의지를 밀고 나가는 적극적·공격적인 딱딱하고 긴장된 행동인 데 반해서 보살과 도인은 무존(無存) 즉 공(空)의 진리 즉 진여에 도달하기 위해서 깨달음을 추구하는 명상적 인간이거나 아니면 무위(無爲)의 원칙 즉 자연의 순리에 따라 유연하고 자적하게 살아가는 수동적·적응적 즉 부드럽고 편안한 인간이다. 니체의 인간이 외향적이고 투쟁적이고 공격적이며 비극적인 인간이라면, 부처와 노장의 인간은 내향적이고 평화적이고 관용적이고 화쟁(和諍)적이다. 니체의 초인이 야심과 자신에 가득 차고, 정열과 객기가 넘쳐흐르고 떠들썩한 젊은이에 비유될 수 있다면, 동양의 보살이나 도인은 모든 것에 대해서 어느 정도의 거리를 두고 맥락의 순리에 따라 상황에 침착하면서도 조용하고, 오랜 배움과 인생의 경험을 통해 얻은 지혜로 자연스럽고도 당당하게 화해적이고 평화적으로 모든 문제에 대응하고 적응할 수 있는 지혜를 갖춘 나이 지긋한 어른에 비교될 수 있다. 니체의 초인이 다른 인간, 자연 그리고 자기 자신과의 부단한 싸움에서 상대방을 정복하는 데 희열을 느끼고 그러한 희열에 삶의 궁극적 의미/목적을 찾는다면, 동양적 보살과 도인은 모든 타자 속에서 바로 자신을 발견하고 그러한 타자들과의 화해와 조화를 모색하고 삶을 인생이라는 전쟁터에 출전함이 아니라 조용하고 잔잔한 즐거움을 줄 수 있는 산과 바다, 들과 냇물의 소요 자체에서 삶의 목적과 의미를 발견한다. 젊은 초인의 눈에는 불교적 보살과 도교적 은둔자가 도피적이고 무기력한 노인으로 보이겠지만, 깨달음에 도달한 불교적 보살과 유유자적한 도교적 은둔자의 눈에는 잘났다고 자처하는 초인은 아직 철이 나지 않은 따라서 해탈이나 도통에 이르지 못한, 낭만적이고 순수하지만 정신적으로는 아직도 유치하거나 병적인 미숙하고 애처로운 젊은이로 보일 따름이다.[16]

니체의 '초인' 개념이 함축하는 위와 같은 가치관의 오류의 근원은 그가 그렇게 비판하는 서양적 세계관의 가장 밑바닥에 깔려 있는 인간 중심주의의 폐쇄된 감옥에 갇힌 채 그곳에서 해방되지 못한 채 그의 사유에 논리적 혼란을 일으켰기 때문이다. 인간 중심주의의 대안은 생태 중심주의, 더 궁극적으로는 자연 중심주의이다. 인류라는 종의 생명은 생태계의 중심이 아니라 하나의 특수한 고리에 지나지 않는다는 점에서 인간 중심주의는 생명 중심주의로 바뀌어야 하고, 생태계는 물리적 존재에 바탕을 두고 그것과 끊을 수 없는 고리를 맺고 있다는 점에서, 생태 중심주의는 자연 중심주의로 바뀌어야 한다. 인류가 오늘날까지 성취한 철학적 및 과학적 탐구의 결과는 인간 중심주의의 허상을 극명하게 보여주고 있다.

인간 중심주의의 개념을 대체하여 사용한 생태 중심주의와 자연 중심주의라는 두 개념들은 자가당착이다. 왜냐하면 그것들의 핵심은 어떠한 존재론적 그리고 가치론적 '중심'도 인정하지 않는 데 있기 때문이다. 이 두 존재론적 관점에서 볼 때 '중심'은 없다. 만약 중심이 있다면 모든 개개의 존재·현상의

---

16 Ynhui Park, "Nietzsche selon la Perspective Taoiste," Ynhui Park, *Essais Philosophiques et Litteaires.*

측면이 다 같이 평등하게 '중심'이기 때문이다. 그러므로 생태 중심주의나 자연 중심주의가 주장하는 것은 인간 중심주의가 주장하는 중심 즉 '인간'을 대신해서 그 자리에 '생명'이나 '자연'을 우주/자연/존재 일반의 새로운 중심으로 삼자는 것이 아니라 근시적이고 미시적인 관점을 초월하여 원시적이고 거시적인 관점에서 우주/자연/존재 일반을 포괄적으로 파악하자는 데 있다. 생태 중심주의와 자연 중심주의는 '중심 없는 중심주의'이다.

니체의 인간 중심주의적 세계관은 그가 '권력에의 의지'라는 이름으로 주장한 일원론적 존재론과 '영원 회귀'라는 개념으로 설명한 일원론적 존재의 구조론과 모순된다. '권력에의 의지'와 '영원 회귀'의 세계관에서 도출할 수 있는 이상적 인간은 초인이 아니라 불교적 보살이나 도교적 도인이어야 할 것이며, 최고의 가치는 불교적 해탈이나 도교적 소요이며, 삶에 대한 태도는 자기 중심적이고 도전적인 것이 아니라 화해적이고 적응적이며, 그의 성격은 떠들썩하거나 행동적이 아니라 조용하고 관조적이다.

3. 결론: 니체 철학의 동양 철학적 화쟁

니체 철학과 동양 사상은 다음 세 가지 점에서 동일하다. 첫째 그들의 핵심적 문제가 "어떻게 살아가야 하는가?"에 대한 물음에 근본적이고 보편적인 대답을 제공하는 데 있다. 둘째 그들은 다 같이 지금까지 인류가 매달려 있는 병들거나 잘못된 '가치 재평가'를 통한 "모든 가치들의 가치 전환"을 기획하고 있다는 점이다. 우리를 지배하고 있는 기존의 가치관은 니체에

의하면 억압적이며 '병적'이고, 불교나 도교에 의하면 근시안
적이고 헛되기 때문이다. 셋째 그들은 다 같이 우주/자연/존
재 일반에 대해 이원론적이며 목적론적이 아니라 일원론적이
며 순환론적인 비전을 갖고 있다.

　그러나 그들의 철학은 다음 두 가지 점에서 전혀 다르다. 첫
째 동양 철학을 대변하는 불교와 도교는 인도의 힌두교와 중국
의 음양 사상에 뿌리박고 있는 만큼 동양의 맥락에서 볼 때 혁
명적이 아니라 영원한 전통의 일부이지만 니체의 철학은 플라
톤이나 기독교가 지배한 이원론적 그리고 목적론적 세계관의
전통에 비추어 볼 때 혁명적일 수밖에 없다. 더 중요한 차원에
서 둘째 번의 차이를 들 수 있다. 다 같은 일원론적 그리고 순
환적 세계관에 뿌리박고 있으면서도 "어떻게 살아야 하는가?
이상적 인간상은 무엇인가?"라는 동일한 물음에 대한 대답으
로서 제시한 니체의 의지적·대립적·전투적·자기 중심적·
행동적 삶의 태도와 자기 과장적·외향적 '초인'의 인간상과
불교와 도교가 제시한 명상적·화해적·자비적·자기 긍정
적·관조적 삶의 태도와 자기 부정적·내향적 '보살'이나 '소
요인(逍遙人)'의 인간상은 정면으로 부닥친다.

　이러한 두 종류의 삶에 대한 태도와 인간상은 니체가 아직도
탈피하지 못한 인간 중심적 가치관과 한편으로는 불교가 깔고
있는 생태 중심주의적 가치관과 다른 한편으로는 도교가 깔고
있는 자연 중심적 가치관에 기인한다.

　그러나 니체가 아직도 완전히 탈피하지 못한 인간 중심주의
적 가치관은 동양적 즉 불교적 및 도교적 가치관에 비추어 비
판·수정·보완되어 동양 철학의 큰 틀 속에 화쟁(和諍)적으로
통합되어야 한다. 그 근거로 세 가지 이유를 댈 수 있다. 첫째
니체의 철학과 동양 철학이 다 같이 전제하는 일원론적 우주/

자연/존재론에 일관된 가치관은 인간 중심주의적 가치관이 될 수 없으며, 삶의 태도와 이상적 인간상과 최고의 가치관은 동양적, 더 정확히 말해서 불교적 그리고 도교적인 것뿐이다. 둘째 인간 중심주의적 가치관이 전제하는 인간 중심주의적 인간관은 오늘날의 철학적 및 과학적 지식에 비추어 이성적으로 수용될 수 없다. 셋째, 가장 절실한 이유로, 현재의 추세로 볼 때 이대로라면 문명의 파국, 아니 인류의 멸종을 피할 수 없게 할 환경 오염, 자연 파괴의 근원적 원인을 인간 중심주의적 가치관과 니체가 찬양한 정복적인 '금발 동물'로서 즉 약탈자로서 '최고선'의 이상적 인간관에서 찾을 수 있기 때문이다.

기술 문명의 위기와 아시아적 대응

유령이 지구 위를 배회하고 있다. 그 유령의 이름은 '공산주의'가 아니라 바로 '과학 기술'이다. 지난 백 년 동안 혹은 더 정확하게 지난 50여 년 동안, 사회적·정치적·경제적·문화적인 모든 측면에서 전세계는 급격하고 아찔할 정도의 변화 과정을 겪고 있다. 그것이 새로운 문명의 황혼이나 여명을 의미할지도 모른다고 막연히 추측할 뿐, 그 누구도 그러한 변화가 어디로 향할 것인지, 또 그 결과가 어떤 것인지 예측할 수조차 없었다. 지금 우리를 전율케 하는 것은 화제도 아니고 왕도 아니고 자본가도 아니다. 그것은 문명 전체이다. 오늘날 우리는 과거에 들어본 적도 없는 문명의 위기에 직면하고 있다.

위기의 징후는 20세기 중반 이후부터 분명하게 드러나기 시작했다. 전세계적으로 널리 퍼진 포스트모더니즘은 지난 2천 년, 또는 적어도 3세기 동안 지속되었던 철학적·지성적 질서를 급격한 혼란 속에 밀어넣었다. 팔레스타인·체첸·코소보·동티모르에서 볼 수 있듯이, 또 『문명의 충돌』이라는 헌팅턴의 저서 제목에서 알 수 있듯이, 우리는 끊임없이 지역과 문화의 충돌과 종족적·이념적·정치적·경제적·사회적인 갈등을 보아왔다. 무엇보다도 심각한 환경 생태학적 오염으로 인해 지구는 죽음에 직면해 있다. 프랑스의 시인 폴 발레리가 20세기 초에 말한 것처럼 "문명이 유한하다mortal"면,[1] 우리 문명

---

[1] Paul Valery, *La Crise de l'Esprit*, Paris, 1910.

은 곧 멸망할 것처럼 보인다. 그러나 이러한 문명의 위기에 직면해서 그것을 극복하는 것 이외에 다른 대안은 없다. 우리 머리 위를 배회하고 있는 과학 기술 문명의 유령 앞에서 그것을 몰아내는 것 이외에 다른 선택은 없다.

그렇다면 어떻게 할 것인가? 이 유령은 어디로부터 왔는가? 현재의 위기는 지난 3세기 동안 일어났던 전세계적인 산업화의 결과이고, 이러한 산업화는 서구적 합리성의 산물인 과학 기술의 발전 없이는 생각할 수조차 없다. 따라서 과학 기술에 대한 비관주의자들은 과학 기술을 서구적 합리성과 동일시하면서 현재의 위기는 과학적인 서구적 합리성을 폐기함으로써 극복될 수 있을 뿐이라고 주장한다. 반면에 낙관주의자들은 과학 기술의 경이를 인지하면서 현재의 위기를 극복할 수 있는 수단으로서 미래의 과학 기술에 희망을 걸고 있다. 오늘날 우리 문명의 가장 현저한 특성이 과학 기술이라는 것, 그것은 서구적 합리성의 자식이라는 것, 어떤 특성의 놀라운 결과라는 것은 매우 자명하다.

그러나 이 글은 다른 답변을 제시하려고 한다. 현재 우리가 직면하고 있는 위기의 즉각적인 원인이 산업화 또는 과학 기술이나 서구적 합리성으로 거슬러 올라갈 수 있다고 하더라도, 위기의 궁극적인 원인은 바로 인간 중심주의라는 것을 주장하려고 한다. 아시아 문화의 전통적인 철학적 틀 안에서 과학적 기술, 따라서 서구적 합리성은 그 부정적 결과를 함축함이 없이 조절될 수 있다. 결론적으로 나는 과학 기술의 교육 제도들이 채택해야만 하는 어떤 종류의 교육적 철학과 과학 기술의 교육자들이 싫어져야만 하는 윤리적 책임에 대해서 말할 것이다.

1. 과학 기술과 그 합리성

기술technology은 인간이 더 나은 삶을 위해서 환경을 적절하게 다룰 수 있도록 고안한 실용적인 기술skill이라고 정의할 수 있다. 이런 의미에서 기술은 인간에게 매우 자연스럽다. 그것은 인간성만큼이나 오래되었을 뿐만 아니라, 인간의 모든 사회에 널리 퍼져 있기도 하다. 이 점에서 과학 기술은 가장 원시적인 기술과 그리 다르지 않다. 그러나 과학 기술은 과학 이전의 기술 형태들과 다른 측면을 가지고 있다. 그 현저한 차이는 우리의 다양한 욕망과 목적을 성취할 수 있도록 하는 고안과 우리 자신의 의지대로 매우 효과적으로 자연을 지배하고 통제하며 조작할 수 있는 놀랍고도 경이로운 힘에서 발견할 수 있다. 과학 기술은 기차·비행기·전화·컴퓨터·냉장고·위성과 우주선 등을 생산해냈고, 인간을 달에 보낼 수도 있다. 또 과학 기술은 핵 에너지를 만들어내었고, 농작물을 효과적으로 증진시킬 수 있거나 인간의 건강을 발전시킨다. 나아가 과학 기술은 인간 복제 능력까지도 습득했다. 과학 기술의 효율성은 자명하며, 그것이 인간에게 준 혜택은 부정할 수 없다. 과학 기술의 진보와 함께 세계 전체는 상상할 수 없을 정도의 부를 축적했고, 인간들은 적어도 물질적으로도 더욱 안락한 환경 속에서 오래 살게 되었다. 기술은 세계 전체의 모든 차원과 측면에서 거의 일상적 삶의 사실이 되었다. 이 세계에 살아남기 위해서 우리는 다른 사람들과 경쟁해야만 하고, 그렇게 하기 위해서 한 개인으로서 우리가 보다 많은 과학적 지식을 습득하고 더 많은 전문 기술을 배워야 하는 것이 절대적 명령이 되었다. 사회적으로는 그 사회의 구성원에게 더욱 많은 과학적 지식과 전문 기술을 가르쳐주어야 하는 것이 의무가 되었다. 개인으로서 그리고 사회로서 우리는 과학 기술 문명의 한 부분이다. 지난 한 세기 혹은 두 세기 동안 전세계가 유럽이라는 특정한 장소와 특정한 시간 속에서 고안된 과학 기술을 배우고 발전시키려고 혈안이 되었다는 것은 이제 그리 놀라운 일도 아니다.

과학적 기술과 과학 이전의 기술 사이에 존재하는 차이를 효율성이라는 관점에서 기술할 수 있다고 하더라도, 과학 기술의 독특성과 힘은 과학 기술이 물리적 세계에 대한 과학 지식에 근거하고 있으며, 또 물리적 세계에 대한 과학 지식은 다시 자연에 대한 과학적 개념에 의존하고 있다는 것이다.

자연에 대한 과학적 개념은 자연을 수학적 서술이 가능할 수 있는 기계로서 간주한다. 17세기 자연의 기계적 개념이 데카르트에 의해서 철학적으로 형성되기 이전에, 그리고 유럽에서 갈릴레이와 뉴턴에 의해서 수학적으로 정식화되기 이전에, 자연 현상은 영혼·정령·신 등의 다양한 존재들의 기능으로서 의인론적으로 설명되었다. 그러나 과학적 지식은 자연 현상을 주어진 원인의 결과로서 설명한다. 원인과 결과의 관계는 자연의 법칙으로 수학적으로 구체화될 수 있고, 자연의 법칙은 어떤 시간이나 장소에서도 경험적으로 시험할 수 있고 사실로서 증명된다. 과학적 지식이 보편적 타당성을 지닐 수 있는 것은 이런 방식 때문이며, 이것이 바로 자연에 대한 과학적 개념이 '합리적'이라고 불리는 이유이다. 반면에 다른 종류의 지식은 '전통적'이며, 자연에 대한 비과학적인 개념은 '비합리적'이라고 일컬어진다.

물리 세계에 대한 과학적 고찰의 합리성이 지니고 있는 경이로운 아름다움에 대해서 그 누구도 진지하게 의심할 수 없다. 마찬가지로 물리 세계에 대한 과학적 개념에 근거하고 있는 경이로운 과학 기술이 인간에게 준 다양하고 거대한 혜택을 부정할 수도 없을 것이다. 서양이 세계를 정복하고 식민지를 만들 수 있게 해준 것도 바로 과학 기술이다. 전통적 지식과 과학 이전의 기술과 대조되는 과학적 지식이나 과학 기술은 '힘'과 '진보'를 의미한다. 과학적 지식과 과학 기술이 서양으로부터 소개된 이래, 비서구 사회는 과학적 지식과 과학 기술을 배우려고 애쓰고 있고, 그것들을 습득하고 발전시키는 데 다른 나라와 치열하게 경쟁을 한다. 서양 철학자들과 학자들이 아시아적 사유와 전통적 문화에 대한 서양의 합리성과 이성적 문화의 우월성을 확신하고 있다는 것은 그리 놀라운 일이 아니다. 중국 문화는 자유롭지 않고, 따라서 비이성적인 한에 있어서 유아적이라고 헤겔은 유럽 중심주의적인 목소리로 말하고 있다.[2] 마찬가지로 베버도 아시아 사회는 여전히 전통적이며, 정체적이라고 주장한다.[3] 또 20세기 중반에 후설은 전세계와 우주를 '합리적'으로 만드는 과제가 바로 유럽인에게 부여된 역사적 사명이라고 말하고 있다.[4]

그러나 과학 기술이 전세계를 문화적으로 그리고 생태학적으로 완벽하게 파괴할 수 있는 위협에까지 몰아넣었다는 것은 최근 들어 더욱 분명해지고 있다. 과학 기술의 위대성이라는 그 분명한 사실이 문명의 파괴, 결국 인간들을 멸망시킬 것이라는 불안의 징후로 판명될 것임이 점차 분명해지고 있다. 과학 기술이 물리 세계에 대한 과학적 개념으로부터 해명되고, 물리 세계에 대한 과학적 개념이 서양적 합리성으로부터 설명되는 한에 있어서, 과학 기술 문명의 문제는 바로 서양적 합리

2 G. W. F. Hegel, *Phenomenologie des Geistes*, 1810.

3 Max Weber, *Die Wirtschaft und Geselschaft*, 1922.

4 Edmund Husserl, *The Crisis of European Sciences and Transcendental Phenomenology*, trans., David Carr, 1970.

성의 문제이다.

2. 과학 기술에 대한 두 가지 가능한 반응

과학 기술이나 서양적 합리성이 지니고 있는 자기 모순적인 이 두 가지 결과에 대해서 부정적이거나 또는 긍정적인 두 가지 가능한 반응이 있을 수 있다.

I. 긍정적 반응

현대 과학 기술의 중요성은 다음과 같은 두 가지 근거에서 인식될 수 있다. 첫째 우리가 그것을 좋아하든 싫어하든 간에 우리가 과학 기술의 세계 속에 살고 있다는 것은 적나라한 사실이다. 과학 기술적 발전은 개인적 차원이나 사회적 차원에서 또 국제적 차원이나 국가적 차원에서 분명히 우리의 삶과 사유를 지배하고 있다. 오늘날 과학 기술, 보다 정확하게 말해서 물질적이며 문화적인 과학 기술의 산물로부터 전적으로 떨어져 그것들과 관계를 맺지 않는 그러한 삶은 생각할 수조차 없다. 과학 기술이 우리 자신의 일부분이 되는 것처럼 우리가 과학 기술의 일부분이 되는 방식으로 과학 기술은 우리의 삶을 점차적으로 지배하고 있다. 둘째, 지난 세기로부터 인간이 이룩한 물질적·도덕적, 그리고 사회적 진보는 과학 기술의 점진적인 발전 없이는 거의 생각할 수 없다는 것은 그 누구도 부인할 수 없는 사실이다.

그렇다면, 첫번째 근거에서 과학 기술은 우리가 다루고 대처해야 할 어떤 것이 될 것이다. 또한 두번째 근거로부터 과학 기술은 그 대단한 긍정적 가치를 우리가 인지해야만 하고, 마르크스, 풀러Buchminister Fuller, 그리고 대부분의 과학 기술자들이 생각하듯이, 그 속에서 우리의 유토피아적 희망을 투자해야만 하는 어떤 것이라고 할 수 있다. 과학 기술은 한 사회에서 절실하게 필요한 변화에 대한 목표, 즉 자본주의 속에 자리 잡은 모순을 극복할 수 있는 진화의 강렬한 자극으로서 기능할 뿐만 아니라, 인간의 모든 희망을 성취시켜줄 수 있는 생산력과 사회 질서 사이에 새로운 균형 상태에 대한 매력으로 작용할 것이라고 마르크스는 생각했다.[5] 과학 기술의 진보는 풀러나 대부분의 과학 기술자들에게 과학 기술이 지배해서 생긴 많은 심각한 문제들을 해결해줄 뿐만 아니라, 그 이상의 물질적·사회적·도덕적 발전을 가져오도록 도와준다.[6]

하지만 이러한 반응은 맹목적이거나 소박한 것처럼 보인다. 왜냐하면 '진보'라는 이름 하에서 발전해왔던 과학 기술이 야기한 심각한 문명의 위기와 그 본성을 철저하게 무시하고 있기 때문이다. 이미 우리가 언급한 것처럼 지난 반세기 이래로 마치 손으로 만질 수 있는 것 같은 위기의 징후, 즉 핵 전쟁의 위험, 환경 호르몬의 확산, 인간 복제, 오염, 인구 폭발, 자연 자원의 고갈, 유전공학, 생태계의 파괴 등등은 종말론적인 두려움을 야기하기에 충분하다. 나아가 과학 기술 문명이 가지고 있는 이러한 부정적 측면들이 무시된다고 할지라도, 과학 기술 문명이 지니고 있는 근본적 문제는 바로 그 황폐성이다. 과학 기술 문명은 그 본성상 우리 모두가 갈구하고 그것이 없다면 우리의 삶이 공허할 수밖에 없는 실존적이고 종교적인 의미를 주지 못한다.

그렇다면 과학 기술과 물리 세계에 대한 과학적 고찰은 폐기

---

5 K. Marx, *A Contribution to the Critique of Political Economy*, N. Y., International, 1968.
6 Buckminister Fuller, *No More Secondhand God and Other Writings*, Doubleday, 1963.

되어야 하는가?

II. 부정적 반응

하이데거, 마르쿠제, 대부분의 포스트모더니즘 사상가들, 환경론자, 심층 생태론자들은 모두 과학이나 과학 기술에 대한 전형적인 비판자들이다. 우리가 지금 직면하고 있는 위기의 원인은 바로 물리 세계에 대한 과학적 세계관이나 과학 기술이다.

하이데거는 과학 기술이 '규격화Gestell'라는 본질적 특성을 가지고 있다고 비판한다. 과학 기술은 "모든 것을 도구성으로 환원시키고, 현시되는 세계와 보다 근원적인 관계를 가질 수 있고, 근원적 진리의 부름에 응답할 수 있는 가능성"을 부정하면서 인간을 위협한다.[7] 마르쿠제는 과학 기술이 갖고 있는 전체주의적 특성을 지적해낸다. "현대 산업 사회는 과학 기술적 기초를 조직하는 방식 때문에 전체주의화되는 경향이 있다. 여기서 전체주의란 폭력적인 정치 사회 조직체일 뿐만 아니라, 투자된 이익에 따라 욕망을 조작하는 비폭력적인 경제 기술 조직체이다."[8] 환경론자와 생태주의자들은 과학 기술의 가치를 새로운 방식으로 재검토해야 한다고 주장한다.[9] 과학 기술은 지구에 환경적이고 생태적인 재앙을 가져온다. 그것은 모든 형태의 생명의 궁극적 조건과 원천을 파괴하고 있다. 결국 기술 사회의 합리성 그 자체가 비합리적이다.

---

7 Martin Heidegger, *The Questions Concerning Technology and Other Essays*, trans., William Lovitt, Harper & Row, 1977.

8 Herbert Marcuse, *One-Dimensional Man*, Beacon Press, 1964.

9 Helena Norberg-Hodge, *Ancient Futures: Leraning from Laddkh*, 1992; Fritjof Capra, *The Web of Life*, Anchor Book, 1996; J. E. Lovelock, *The Age of Gia: A Biography of Our Living Earth*, 1988.

기술 사회의 비합리성을 선언하는 것은 과학 기술의 합리성을 부정하는 것이고, 과학 기술이 과학적 지식으로부터 도출되는 한에 있어서 과학 기술의 합리성을 부정하는 것은 과학적 지식의 합리성을 부정하는 것이다. 과학적 지식의 합리성을 부정하는 것은 과학적 지식의 보편성을 부정하는 것이다. 물리 세계에 대한 과학적 지식만이 보편적 타당성, 즉 합리성을 지니고 있다면, 과학적 지식의 합리성을 부정하는 것은 합리성 그 자체를 부정하는 것이다. 과학 기술의 비합리성이 주장되고, 또 '신과학 운동'에서 볼 수 있듯이 과학 공동체 안에서 활동하는 과학 비판가들이 과학적 지식의 합리성을 부정하는 것이 바로 이런 방식이다.[10] 포스트모더니즘 철학자들은 보편적 수용 가능성이라는 의미에서 어떤 주장의 합리성을 철저하게 부정하면서 모든 믿음이나 진리의 문화적 상대성을 주장한다.

합리성과 진리에 대한 부정은 과연 합리적이며 또한 진리인가? 그렇지는 않을 것이다. 왜냐하면 부정 그 자체는 진리에 대한 주장이며, 그런 한에 있어서 그 자신의 합리성을 주장하고 있기 때문이다. 물리 세계에 대한 과학적 세계관과 과학 기술은 과학 기술 문명의 모든 문제들과 이러한 문제들이 야기한 위기에 대해서 과연 책임이 있는가? 이 대답도 마찬가지로 부정적일 수밖에 없다. 왜냐하면 인류가 과학 기술 이전의 사회로 돌아간다는 것은 전적으로 비현실적이기 때문이다. 어떻게 세계를 물활론적이며 신비적인 눈을 통해 볼 수 있고 다룰 수 있단 말인가? 수천만 년 전으로 거슬러 올라가 과거 인간들이 그랬던 것처럼 어떻게 원시적 조건 하에서 살아갈 수 있단 말인가? 과학 기술이 가져다 준 즉각적인 물질적 편리성과 물리

---

10 F. Capra, *The Tao of Physics*, Berkeley, 1975.

세계에 대한 과학적 세계관의 투명성은 너무나 크다. 더 나아가 과학 기술과 과학 지식은 우리의 신체, 눈, 세계의 통합적인 부분이 될 정도로 근본적이다. 현대 과학 기술 문명의 위기를 해결하는 데 과학 지식과 과학 기술에 직접 대체하는 것 이외에 다른 대안은 없다. 과학 지식과 과학 기술은 과학 기술 문명의 위기에 대해서 직접적으로 책임이 없다. 따라서 위기의 해결은 과학 기술 문명에 대해서 맹목적으로 비난하거나 단순하게 그것을 거부하는 데에서 찾을 수 없다. 오히려 그것은 새로운 세계관에 따라, 즉 비서양적인·아시아적인 세계관에 따라 조정하고 통합함으로써 가능할 수 있다. 과학 기술의 더러운 물을 인지하는 것이 결정적이지만, 그 더러운 물 속에 성급하게 과학 기술이라는 아기를 함께 내던져버릴 수는 없을 것이다.

어떻게 과학 기술이라는 아기는 놔두고 더러운 물만을 버릴 수 있는가? 그 해답을 찾기 위해서 우리는 과학 기술, 과학 지식과 합리성의 본성을 보다 깊이 이해하고 검토해야만 한다.

275

Ⅲ. 과학 기술과 과학 지식의 본성

흄 이래로 사실과 가치가 다르다는 것은 분명한 것으로 간주되었다. 나무가 존재한다는 사실, 나무가 녹색이라는 사실, 과학 기술이 작동하고 있다는 사실은 나무와 녹색, 과학 기술의 가치와는 독립적이다. 사실은 경험이나 실험을 통해 그 진리성과 허위성이 객관적으로 확인될 수 있다. 또한 실재 세계에 대한 보편적 적용 가능성에 따라 그 합리성도 객관적으로 확인될 수 있다. 그러나 나무나 녹색의 가지나 과학 기술은 오직 목적과 필요에 의해 사람에 따라, 시대와 장소에 따라 주관적으로 측정될 수 있을 뿐이다. 바로 이런 의미에서 과학 지식과 과학 기술은 가치 중립적이라고 말한다.

사실을 확립하는 다양한 방식이 있고 다양한 형태의 과학 기술이 있다. 최근까지 사실을 확립하고 기술을 고안해내는 과학적 방법이 최선의 것임을 그 누구도 의심하지 않는다. 이것은 과학 지식이나 과학 기술이 크나큰 신뢰성을 지니고 있다는 것을 의미한다. 즉 과학 지식이나 과학 기술은 크나큰 합리성을 가지고 있다. 이러한 사실은 실용적이고 실제적인 성공에 따라 과학 지식과 과학 기술의 보편적 적용 가능성을 입증해주는 것처럼 보였다.

그러나 최근에 과학 기술의 가치 중립성, 과학 지식의 합리성, 더 일반적으로 사실과 가치 사이의 구분이 도전받기에 이르렀다. 모든 과학 기술은 이데올로기에 감염되어 있고, 모든 지각이 이론 부여적인 한에 있어서 과학 지식은 가치로부터 자유로울 수 없고, 개인적으로나 문화적으로 다양하고 상대적인 평가적 투사에 의존할 수밖에 없다고 주장한다. 따라서 핀버그 Feenberg는 과학 기술은 더 이상 순수한 합리성을 보여주는 것이 아니라 가치의 지배를 받는 행동 체계 안에서 구체화될 수밖에 없다고 주장한다.[11] 또 하이데거는 과학 지식이 '규격화'의 결과이며 따라서 진리나 존재를 왜곡시킬 수밖에 없는 한에 있어서 과학 지식의 인지적 타당성을 부정한다.[12] 쿤은 과학적 합리성이 의존하고 있는 과학 지식의 패러다임적인 기초, 실재적인 것이 아니라 임의적인 기초를 보여주려고 한다. 나아가 홀 Hall은 전통적인 아시아의 실재관이 현대 서양의 과학적 실재관보다 더욱 심오하고 일반적 의미에 있어서 합리적이라고

---

11 Andrew Feenberg, *Alternative Modernity: The Technical Turn in Philosophy and Social Theory*, Berkeley, 1955, pp. 32~33.
12 Martin Heidegger, *op. cit.*

주장한다.[13] 푸코나 데리다, 로티 등의 포스트모더니즘 사상가들은 모든 진리나 합리성은 허구적 특성을 가지며 문화적으로 상대적이라고 주장한다.[14] 따라서 진리의 보편성이나 어떤 신념의 합리성을 철저하게 거부한다.

그러나 이러한 주장들은 기술로서의 과학 기술과 기술의 산물로서의 과학 기술을 혼동하거나 신뢰할 수 있는 실재에 대한 실용적인 서술로서의 지식/진리와 실재에 대한 이론적 제시로서의 지식/진리를 혼동한 결과이다.

기술로서의 과학 기술은 주어진 목표를 실현하기 위해서 어떤 것을 고안하고 조작할 수 있는 능력을 의미한다. 반면에 산물로서의 과학 기술은 과학 기술을 사용하여 고안해낸 구체적이고 물질적인 어떤 사물을 의미한다. 전자의 과학 기술은 필연적으로 추상적이며 한 가지 종류의 것이지만, 후자의 과학 기술은 필연적으로 구체적이며 다양할 수 있다. 전자의 과학 기술을 전제하지 않은 후자의 과학 기술은 불가능하지만, 그 역은 성립하지 않는다. 전자의 과학 기술은 후자의 과학 기술을 필연적으로 함축하지 않는다. 원자탄을 생산할 수 있는 기술, 파괴적 목적을 위해 그것을 투하할 수 있는 기술은 반드시 원자탄의 실제적 생산과 파괴적 목적을 위해 그것을 실제적으로 사용한다는 것을 함축하지 않는다. 현재 과학 문명의 위기가 과학 기술과 관련이 있다면, 그리고 이것이 기술로서의 과학 기술이 아니라 산물로서의 과학 기술이라면, 위기의 책임은 기술로서의 과학 기술이 아니라 산물로서의 과학 기술이 짊어

---

13 David L. Hall, "Modern China and Postmodern West," *Culture and Modernity*, E. Deutsch, ed., Hawaii, 1911.

14 Michel Foucault, *Les Mots et les Choses*, Paris, 1967; Jecques Derrida, *La Grammatologie*, Paris, 1967; Jean-Francois Lyotard, *La Condition Postmoderne*, 1979; Richard Rorty, *Truth and Progress*, Cambridge, 1988.

져야 한다. 이것은 파괴적 목적을 위해 과학 기술을 사용하기 원하는 우리 자신에게 책임이 있다는 의미가 된다.

　과학적 주장이 절대적으로 합리적이지 않고, 과학의 실재관이 절대적으로 객관적이지 않다고 할지라도(절대적이거나 독단적이기보다는 개방적 특성이 바로 과학적 주장의 본질이다), 과학적 고찰은 더욱 좋게 세계에 대처할 수 있는 가장 신뢰할 수 있는 것이다. 우리는 과학적 고찰을 보편적으로 적용시킴으로써 다른 고찰들에 비해 사물이나 사건의 미래를 잘 예측할 수 있다. 물리 세계에 대한 과학적 설명이 가지고 있는 논리적 엄정성 속에서 발견되는 성스러운 아름다움과 마찬가지로, 믿을 수 없을 정도의 놀라운 전문적인 과학 기술과 경이롭고 신기한 힘을 지닌 과학 기술의 산물은 과학의 합리성, 과학 지식의 객관성, 합리성의 존재에 대한 충분한 증거 이상이다. 물리 세계의 존재와 작용을 설명하고 그것을 다룰 수 있도록 제시된 이러한 사실들 이외에 주장의 합리성과 믿음의 객관성에 대한 더 나은 다른 규준은 과연 무엇이겠는가? 어떤 주장이 합리적이라는 것과 어떤 믿음이 객관적이라는 것은 그것이 가치 중립적이라고 말하는 것이다. 가치는 필연적으로 어떤 사람의 욕망과 목적에 의존하고 있으며, 따라서 주관적이며, 문화 · 개인 · 장소 · 시간에 따라 다양하다. 그러나 진리와 합리성은 사실과 전제로부터 결론을 추론하는 논리와 관계 맺고 있다. 이런 의미에서 지식과 합리성은 가치로부터 독립적이며 가치 중립적이다. 합리성, 과학 기술이나 과학 지식은 우리가 다루는 방식에 따라 계몽의 빛과 진보를 의미할 수도 있고 무지의 어둠과 퇴보를 의미할 수도 있다.

　지금까지 전개된 우리 논변이 건전하다면, 과학 기술과 과학 지식, 그리고 합리성을 맹목적이고 무조건적으로 인정하는 것과 마찬가지로 과학 기술, 과학 지식과 합리성에 기술 문명의 위기에 대한 책임을 물음으로써 (과학 기술과 과학 지식은 합리성의 산물이라는 근거에서) 그것들을 비난하는 것은 불합리하다. 우리가 직면하고 있는 위기의 원천은 과학 기술도, 과학 지식도 아니다. 오히려 과학 기술과 과학 지식을 오해함으로써 그것들을 잘못 위치시켜놓은 것이다. 올바르게 이해되고 지혜롭게 사용될 수 있다면, 과학 지식과 기술은 위기와 위험의 원천이 아니라, 인간 복지와 번영을 위한 원천이 될 수도 있다.

위기의 진정한 원인은 과학 기술도 아니며 과학 지식이나 합리성 그 자체도 아니다. 오히려 그것은 합리성, 과학 기술과 과학 지식을 우리의 지칠 줄 모르는 탐욕을 위해 사용한 데 있다. 우리의 탐욕은 다른 생명체의 이익을 고려하지 않는 인간 중심적 가치관을 보여준다. 이러한 가치관은 인간과 자연, 마음과 육체를 철저하게 구분하는 이원론적 형이상학에 뿌리박고 있다. 과학 기술 위기의 궁극적 원인은 바로 인간 중심주의적 세계관이며, 따라서 위기의 해결은 합리성, 과학 지식과 과학 기술을 비인간 중심적 세계관, 즉 비이원론적 형이상학을 적용할 수 있는 가능성에 달려 있다.

비록 현대 서양의 종족 중심주의로부터 '전통적'이며, '미개발'되었고 '비합리적'이라고 오랫동안 간주되었지만, 바로 여기에서 우리는 아시아의 철학적 사유를 고찰해야만 한다. 오늘날 문명의 위기에 대한 진정한 이성적 반응을 발견할 수 있는 포괄적 개념 틀을 제공할 수 있는 것이 아시아 전통 문화의 핵심임을 주장하려고 한다.[15]

---

15 Ynhui Park, "Ecological Rationality and Asian Philosophy," *Reality, Rationality and Value*, Seoul National University, 1988.

3. 아시아의 반응

I. 아시아의 과학 기술적 대안

첨단에 서 있는 일본과 일본의 추종자였던 한국·대만·홍콩·싱가포르 등 아시아의 네 마리 용은 지난 1970년대와 1980년대에 서구 국가들이나 미국과도 경쟁할 수 있는 경제적이고 기술적인 힘을 성공적으로 보여주었다. 이들은 가장 활기차고 무섭게 발전하고 있는 국가로서 세계의 역사적 중심이 서양으로부터 태평양 지대로 움직이고 있다는 것을 보여주었다. 다음 세기는 아시아의 시대가 될 것이라고 아시아 사람들은 믿기 좋아한다. 위기·쇠퇴·멸망의 징후를 보여주는 서양 문명의 대안은 새로운 유교 문화가 될 것이라고 생각하기도 한다. 많은 서양인들이 세계 문명의 역사적 과정에 대한 아시아인의 생각에 동의하는 경향도 보여준다. 언젠가 아시아의 문명이 서양 문명의 대안으로서 서양 문명을 대신할 것이라는 생각은 전적으로 새로운 것이 아니다. 그러한 생각은 이미 1919년에 있었다. 발레리는 그의 『영혼의 위기』에서 이런 생각을 명확하고 분명하게 보여준다. 비록 과학과 과학 기술을 발견하거나 창안할 수 없지만 그러한 힘의 수단이 거대하고 인구가 많은 중국이나 인도 등에 전달될 때, 전세계의 강력한 힘으로서 세계를 식민지로 만든 정복자 유럽은 "있는 그대로 즉 거대한 아시아 대륙의 한 곳"[16]에 지나지 않게 될 것이라고 발레리는 말하고 있다.

그러나 과학 기술과 경제적 힘의 균형 변화와 함께 지난 몇 년 동안에 일어났던 유교 문화가 지니고 있는 경제적 덕목에

---

16 Valery, *op. cit.*

대한 광범위한 의심 때문에 과연 서양 문명에 대한 대안이 그렇게 이해될 수 있는지, 또는 아시아 문명이 그런 대안이 될 수 있는지 확실치 않다.

동양이 서양과의 경쟁에서 우세하고 대안적 힘으로서 서양의 헤게모니를 양도받는다고 할지라도 아시아적 대안은 현재의 과학 기술 문명의 위기에 대한 적절한 반응일 수 없다. 서양 문명에 대한 이런 형태의 아시아적 대안은 과학 기술 문명의 대안도 아니며, 오히려 서양적 기술 문명의 아시아적 확장과 연장에 지나지 않는다. 그것은 오직 동일하게 존재하는 과학 기술 문명의 틀 안에서 지리적이고 종족적이며, 국가적 힘의 이동만을 의미할 뿐이다. 현재의 위기에 대한 설득력 있는 아시아의 대응은 다른 형태에서 찾아야 할 것이다. 그것은 과학적 세계관과는 다른 것을 요구한다. 따라서 우리는 우주의 궁극적 구조에 대해서 성찰하는 형이상학적 세계관, 모든 문화와 생각, 행동이 그것에 의존할 수밖에 없고 그것을 통해 이해될 수 있는 특수한 형이상학 속에서 그 대답을 찾아야 한다.

II. 형이상학적 반응

현재 위기의 즉각적 원인이 첨단의 과학 기술로 가속화된 지구, 즉 자연의 황폐와 파괴에 있다면, 그리고 이미 우리가 본 것처럼 이러한 원인이 과학 기술 즉 그 자체가 아니라 인간 중심주의 때문이라면, 위기의 근본적 원인과 원천은 인간 중심주의 탓으로 돌려야 한다. 그리고 위기에 대한 적절한 반응은 인간 중심주의와 그것의 기초로서 형이상학적 이원론에 대한 비판적 반성에서 찾을 수 있다.

인간 중심주의의 핵심은 모든 가치의 궁극적 목적과 원천으로서 오직 인간 종의 궁극적 가치만을 긍정하는 가치론적 중심주의 믿음이다. 이러한 가치론적 인간 중심주의는 과학, 첨단 과학 기술이 소개된 이래로 가속화되기만 하는 무례한 인간의 지배, 개발, 자연의 파괴를 인간 이익이라는 이름 하에서 정당화시켜준다.

가치론적 인간 중심주의는 존재론적 인간 중심주의에 근거하고 있다. 존재론적 인간 중심주의는 인간 종의 독특성에 대한 믿음을 근거로 우주에서 차지하고 있는 인간 종의 공간적 중심성을 긍정한다. 이러한 믿음은 인간 종의 인식론적 중심성을 긍정하는 인식론적 인간 중심주의에 의해서 정당화된다. 인간 종으로서 우리는 세계/실재를 지각하고, 그렇게 하는 것이 인식 주체로서 우리 인간 종인 한에 있어서 인간 종은 분명히 인식론적 중심이라고 할 수 있다. 분명히 우리 인간은 인간적 관점에서 독특한 인식론적 주체이다. 그러나 이러한 주장은 오직 분석적으로만 그렇고, 따라서 공허하다. 이러한 사실이 우주에서 인간 종의 중심성과 독특성을 함축하지는 않는다. 만약 가치론적 인간 중심주의가 존재론적 중심성이나 인간 종의 존재론적 독특성이라는 근거로부터 옹호되어야 한다면, 존재론적 중심성이나 인간 종의 존재론적 독특성은 인간 종의 인식론적 중심성과는 다른 주장을 통해 정당화되어야 할 것이다.[17] 여기가 바로 인간 중심주의의 형이상학적 전제들을 우리가 고찰해야만 되는 접점이다.

인간 중심주의는 우주의 실재를 궁극적으로 다른 두 가지 절대적 종류로 구분하는 형이상학적 이원론이다. 그것은 이념과 현상, 정신과 물질, 초월과 내재, 주체와 객관 등을 구분하면서 인간 종을 전자의 범주 속에 넣는다. 역사적으로 형이상학적

---

17 Ynhui Park, "Critique of Anthropocentric Ethics," *Man, Language and Poetry*, Seoul National University Press, 1988.

이원론은 헤라클레이토스·헤겔·니체·베르그송·화이트헤드 등의 예외적 인물들도 있지만, 서양의 철학적 사유와 문화에 두드러지게 나타났다.

플라톤주의·데카르트주의·칸트주의, 나아가 기독교 문명, 르네상스 이후의 인본주의, 주도적인 철학적·이념적 힘들은 이러한 역사적 사실의 증거이다. 서양 문명 안에서 이러한 인간 중심주의가 심각하게 의심된 적은 거의 없었다. 서양 문명이 아무런 윤리적 가책도 없이 인간 종의 이익을 위한 수단으로 자연을 끊임없이 무례하게 지배하고 개발한 결과로 현재의 기술 문명의 위기를 야기한 것은 당연한 결과이다. 이것은 오늘날 위기의 궁극적 원인은 서양의 전형이라고 할 수 있는 서구적인 형이상학적 이원론에서 찾아야 한다는 것을 의미한다. 따라서 위기의 궁극적인 치유는 이원론적 형이상학과는 다른 형이상학에서 찾아야 할 것이다. 형이상학적 이원론에 대한 대안은 형이상학적 일원론이다.

존재하는 모든 것들을 파괴될 수 없고 나눌 수도 없는 전체로서 간주한 일원론적 형이상학을 우리는 아시아에서 찾아볼 수 있다. 2천 년 동안 아시아의 문화에 근저를 이루고 있는 도교나 불교의 철학은 가장 두드러진 형이상학적 일원론의 두 가지 예이다.[18] 이러한 형이상학적 일원론 속에서 마음과 육체, 인간과 자연, 정신과 물질 등의 궁극적 존재론적 구분과 인간 종의 존재론적 독특성이라는 생각이나 인간 중심주의는 몹시 낯설고 이해될 수 없는 것이다. 인간 중심주의를 포기한다는 것은 단지 자연을 인간 복지를 위한 수단으로서 간주하고 그것

---

18 Ynhui Park, "The Unity of Being and Individuation" "The Human Condition" "The Natural and the Cultural" "The Destiny of the Soul and the Path of the Tao," *Reality, Rationality and Value*; "Ontological Monism and Taoism as Religion," *Man, Language and Poetic Intention*.

을 지배하고 개발하며 사용하는 데에 대한 철학적 정당화를 소
극적으로 포기하는 것을 의미한다. 또한 그것은 적극적으로 자
연을 그 자체 내재적 가치를 담지하고 있는 것으로 간주하고
서양 문화에 의해서 일어난 문명의 문제를 극복할 수 있는 가
능성을 열어 보인다는 것을 의미한다.

284

III. 아시아의 형이상학적 반응

현대 문명의 위기를 해결하려는 문제가 마치 서양의 이원론
적 형이상학을 아시아의 일원론적 형이상학으로 대체하는 것
이라고 생각할 수도 있겠다. 따라서 홀은 서양 기술 문명의 문
제는 중국이나 동북아시아의 전통적 세계관, 도교나 유교의 철
학을 통해 조정될 수 있다고 주장한다. 그는 다음과 같이 말하
고 있다.

현대로 진입하기 위해서 중국의 전통적 과거를 포기하는 것
은 불필요하다. 왜냐하면 현대는 중국의 과거 전통과 이념적으
로 유사한 시기에 돌입하고 있기 때문이다. 따라서 현대 서양의
제도와 수사학 속에서 문화적 조정의 양태를 발견하기보다는,
중국은 그 자신의 전통적이고 탈근대적인 과거를 효율적으로
바라보는 편이 낫다. 이것은 궁극적으로 합리적 과학 기술과 자
본주의적 충동으로 정의되는 현대 사회로 진입할 때 발생했던
진정한 긴장·갈등·모순을 해결하려고 하는 탈근대적 서양을
주목하는 것이다.[19]

이러한 홀의 견해는 두 가지 난점을 가지고 있다. 첫째 만약

---

19 Hall, op. cit.

홀이 주장하는 것이 문명의 위기를 해결하는 근본적 방식이 서양의 이원론적 형이상학을 아시아의 일원론적 형이상학으로 대체하는 것이라면, 그것은 과학 지식과 기술을 모두 함께 거부하는 것을 함축한다. 왜냐하면 과학 지식과 과학 기술은 바로 서양 이원론적 형이상학의 통합적 부분이기 때문이다. 따라서 홀의 주장은 과학 기술 문명 이전의 문명으로 돌아가자는 것을 함축한다. 그러나 우리가 이미 지적한 것처럼 이러한 형태의 해결은 진정한 해결이 아니다. 과학 기술의 이점은 너무나 크기 때문에 우리는 그것을 마음대로 포기할 수 없다.

둘째 그 문제가 서양 형이상학에 대해서 아시아의 대안을 제시하는 것이 아니라면, 또 홀이 주장하는 것이 서양의 이원론적 형이상학적 틀을 유지하는 대신에 아시아의 일원론적 형이상학적 틀 속으로 과학 지식과 과학 기술을 통합해야만 되는 필연성이라면, 홀은 그러한 통합이 어떻게 가능할 수 있는지를 해명해야만 한다. 왜냐하면 과학적 지식과 과학 기술은 서양의 이원론적 형이상학 안에서 이해될 수 있는 원자론적 존재론과 분석적 인식론을 전제하기 때문이다. 원자론적 실재관과 양립하기 어렵고 또한 심미적 존재론과 전체론적 인식론을 함축하는 아시아의 일원론적 형이상학은 원자론적 존재론과 분석적 인식론을 전제하는 과학적 지식과 과학 기술과 논리적으로 양립 불가능하다.

모든 것들을 서로 분리될 수 있는 구성 요소로서 간주하고, 기계적 인과 법칙에 따라 설명하는 원자론적 형이상학은 모든 것을 파괴될 수 없는 연결성 속에서 이해하는 심미적 존재론과 양립되기 어려운 것처럼 보인다. 마찬가지로 모든 것을 구성 요소의 관점에서 이해하려는 분석적 인식론은 모든 것을 그 전체성으로부터 이해하려는 전체론적 인식론과는 양립되기 어려운 것처럼 보인다. 따라서 과학 지식이나 과학 기술과 일원론적 형이상학과의 양립 가능성을 홀이 보여주지 않는 한에 있어서 과학 기술 문명의 위기를 아시아의 전통적 세계관의 틀 속에서 극복하려는 홀의 제안은 수용될 수 없을 것이다. 그가 이런 양립 가능성을 보여주지 못한다면, 그의 제안은 만족스럽지 못하다.

따라서 우리가 해결하려는 질문을 다음과 같이 던질 수 있다. 일반적으로 수용되고 있는 견해와 다르게 과학 지식과 과학 기술을 아시아의 일원적 형이상학과 양립시키는 것이 과연 가능하겠는가? 서양적 사유의 산물로서 과학 지식과 과학 기술 속에 함축된 원자론적 존재론과 분석적 인식론이 아시아적 사유, 즉 일원론적 형이상학이 함축하는 심미적 존재론과 전체론적 인식론이 서로 양립할 수 있겠는가?

IV. 서양 과학 기술에 대한 아시아의 형이상학적 통합

위 질문에 대한 내 답변은 긍정적이다. 그러나 이러한 긍정적 대답이 가능하기 위해서는 과학 지식과 형이상학적 주장의 본성, 그들 사이의 차이에 대한 비판적 반성이 필요하다. 모든 고찰과 마찬가지로 과학과 형이상학은 설명과 서술의 형식인 한에 있어서 필연적으로 그들과는 다른 어떤 것에 대한 설명이다. 설명인 한에 있어서 아무것이나 서술의 대상으로 삼는 것이 아니라, 어떤 것, 즉 본질 같은 것을 서술의 대상으로 삼는다. 모든 서술은 필연적으로 관점적이며 모든 관점은 필연적으로 개별적이며, 모든 개별성은 시간적·공간적·실존적 다양한 문맥에 의해 수반되는 편리성과 필요에 따라 선택된다. 원리적으로 관점은 무수히 많기 때문에, 동일한 사물도 보는 관점에 따라 무수하게 다양하게 서술될 수 있다. 일원적 형이상학이 주장하는 파괴될 수 없는 단일한 전체, 형이상학적 총체는 그것의 어떤 부분이나 측면, 어떤 차원을 보여주는 관점에 따라 다르게 서술될 수 있다. 이 다양한 관점은 서로 모순됨이 없이 다른 개념적 틀 안에서 다른 방식과 다른 언어로 서술될 수 있고 우리의 필요에 따라 채택될 수 있다. 따라서 과학적 서술에서처럼 수학적 언어를 통해 기계적으로 서술할 수 있는 인과 법칙이라는 관점에서 파괴될 수 없는 단일한 형이상학적 총체의 한 부분이나 측면, 어떤 차원을 서술할 수도 있고, 또한 예술적 표상에서처럼 심미적 언어로서 나타낼 수 있는 전체적 시야의 관점에서 그것들을 서술할 수 있는 가능성이 존재한다.

따라서 형이상학적 총체의 어떤 측면을 수학적 언어로서 인과적이며 과학적으로 서술하는 것과 은유적 언어로서 형이상학적 총체의 심미적 전망을 형이상학적으로 표상하는 것 사이에 그 어떤 모순이 없다는 것을 암시한다. 이런 의미에서 우리가 지녔던 생각과 다르게 세계에 대한 과학적 서술은 필연적으로 형이상학적 이원론을 함축하지는 않는다. 파괴될 수 없는 단일하고 총체적인 실재의 물리적인 측면에 대한 어떤 차원에 과학적 서술이 한정될 수밖에 없다는 것을 인지하면, 과학 지식과 기술은 일원론적 형이상학과 전적으로 양립할 수 있으며, 전체적인 우주의 일원론적·형이상학적 전망 속으로 과학 지식과 기술이 통합될 수 있는 가능성을 목도할 수 있다.

인간 중심주의가 인간 종과 다른 종의 구분을 전제하는 한에 있어서 일원론적 형이상학은 인간 중심주의를 허용하지 않기 때문에, 과학 지식과 기술을 일원론적 형이상학으로 통합하는 것은 바로 현대 기술 문명의 위기에 대한 근본적 원인으로 진단했던 인간 중심주의로부터 우리 자신을 해방시키는 것이다. 인간 중심주의를 포기하는 것은 인간 중심주의에 유일한 대안

으로 생각할 수 있는 생태 중심주의를 채용함으로써 위기를
극복할 수 있는 가능성을 열어 보이는 것이다. 역설적으로 인
간 중심주의의 한계와 불충분성을 보여주는 것이 바로 과학
지식과 기술이다. 모노Monod는 이 점을 다음과 같이 지적하
고 있다.

> 지난 3세기 동안 지식의 모든 분야에서 일어났던 성과의 엄
> 청난 충격은 수세기 동안 우리 마음속에 뿌리내리고 있었던 인
> 간 자신과 세계와의 관계에 대한 우리 생각을 심각하게 수정하
> 도록 한다.[20]

일원론적인 아시아의 전통적 형이상학을, 따라서 생태 중심
주의를 채택한다는 것은 실천적으로 무엇을 의미하는가? 그것
은 전체로서 세계를 바라보고 접근하는 방식으로의 급격한 전
환을 의미한다. 근시적 시야로부터 거시적인 시야로, 분석적
인식론에서 전체적 인식론으로, 사물에 대한 미시적 접근으로
부터 거시적 접근으로, 폐쇄된 사유로부터 개방된 사유로, 자
연에 대한 도구적 관점으로부터 공동체적 관점으로, 자연에 대
한 무제한적이고 맹목적인 발전과 자연 자원의 독점적 소비의
이념으로부터 인간과 자연 사이의 균형 · 조화 · 공유의 이념으
로, 그리고 과학적 · 도구적 · 형식적 · 서양적 합리성을 주장하
는 것으로부터 형이상학적 · 실질적 · 가치적 합리성으로 그것
들을 통합하는 태도로, 서양의 철학적 · 이원론적 세계관으로
부터 아시아의 일원론적 · 철학적 세계관으로의 전환을 의미한
다. 이 점에서 아시아는 우리 자신의 지적이고 문화적인 유산

---

20 Jacques Monod, *Chance and Necessity*, trans., A. Wainhouse, N. Y., 1971, pp. 164~65.

이 지니고 있는 심오한 가치에 대해서 자랑스러워할 수도 있지만 동시에 무한한 책임을 느껴야 한다.

그러나 이러한 종류의 실천적 전환이 실제로 가능한가? 만약 그것이 가능하다면, 그러한 가능성을 어떻게 실재로 만들 수 있단 말인가?

4. 결론: 과학자에 대한 인간적 교육의 중요성

교육, 특히 인간적 교육의 중요성이 결정적으로 나타나는 곳이 바로 여기이다. 끊임없는 전문 과학 기술에 대한 경제적 압력과 그것에 비례해서 인간적 교육의 희생이 나타나는 곳이 바로 우리가 살고 있는 시대이다. 동북아시아의 대표적인 지도자인 여러분들이 계신 곳, 전문적 과학 기술을 탐구하는 고등 교육 기관에서 이러한 압력과 희생이 나타난다. 치명적이고 종말론적이며, 전문적이며 근시안적이고 파편적이며 과학에 대해 장님인 과학 지식과 과학 기술을 피하기 위해서 우리 모두가 과학자로서 그리고 인간 공동체의 일원으로서 학생들에게 인간과 자연, 그 생태학적 관계, 우리가 추구해야 할 가치에 대한 철학적 이해와 함께 포괄적인 전망을 마련해주어야 한다는 것은 절대절명의 사명이다.

우리 자신과 세계, 우주에 대한 포괄적인 전망을 제시해주는 것은 바로 철학·역사·문학·예술 등의 인문학 이외에 다른 지성적 분야는 없다.

인간 복지, 지구 위에서 삶의 번영과 관련되지 않고서 그 어떤 순수한 과학적 탐구나 경이로운 과학 기술도 진정한 의미를 지닐 수 없다. 과학 공동체의 지도자나 과학 교육의 철학도 미

래 과학자들을 위한 인간적 교육의 근본적 중요성을 무시할 수
는 없다.

미래 문명이 과학 기술의 발전과 이용에 의존하는 한에 있어
서 인간의 운명은 과학 기술의 도구적 가치가 일원론적 세계관
속으로 통합될 수 있는 방식에 달려 있다. 이러한 전망이 아시
아 문화에 깊게 뿌리박고 있는 한에 있어서, 그러한 지적 유산
의 계승자로서 아시아의 과학자들이나 교육적 지도자들은 세
계의 필요에 대해서 단호한 희망으로써 반응하고 기술 문명의
역사적 도전에 응답하면서 자부심과 함께 크나큰 책임감을 느
껴야 할 것이다.

뉴 밀레니엄의 문명 패러다임과 선(禪)

　급변하는 소용돌이 속에서 21세기의 문턱을 넘어선 오늘의 문명은 언뜻 보아 진보의 절정에 서 있는 듯이 보이지만 좀더 성찰하면 인류의 역사상 가장 큰 위기에 직면해 있다. 인구 폭발, 자연 자원의 고갈, 지구 온난화 등으로 이미 나타난 심각한 환경 오염, 생태계 교란, 생명과학에 의한 인간과 생명의 해체 현상 등으로 미루어 볼 때 천년 후의 문명을 예측하는 것은 불가능하다. 천년 후에도 문명이 과연 존속할 수 있을는지 의심스럽기 때문이다. 이러한 처지에서 우리가 할 수 있는 것은 길게 잡아 향후 백년 후의 문명에 대한 상상적 전망뿐이다.

　문명은 자연의 일부인 인간이 집단적으로 자연 속에서 자연과 대응하면서 부단히 의도적으로 고안해낸 기술적·사회적·문화적 삶의 총체적 장치이다. 21세기 문명의 특징은 무엇이고, 그 문명은 어떤 문제를 제기하며 그 문제 해결을 위한 대책은 무엇일 수 있는가.

　이러한 물음들은 곧 문명의 패러다임에 대한 물음이다. 인간의 모든 개별적 생각과 행위는 그것들에 의미를 부여할 수 있는 어떤 총괄적 틀을 전제하며, 패러다임이란 바로 이러한 틀을 지칭한다. 그 생각과 행위가 개인적이든 집단적이든, 그 대상이 한 사회의 특정한 분야이든 전체이든 사정은 마찬가지다. 한 개인이나 어떤 집단의 생각이나 행동의 패러다임을 이기적/이타적이라는 도덕적 규범으로 구별할 수 있다면, 한 사회의 특정한 측면으로서의 문화와 기술의 패러다임은 개인 중심적/집단 중심적 및 원시적/근대적이라는 심리적 및 시대적 범주로 각기 분별할 수 있으며, 한 사회의 지적 측면으로서의 자연 인식의 패러다임은 전과학적/과학적이라는 인식론적 규범으로서 구별될 수 있다. 그러나 거시적 그리고 장기적 차원에서 본 한 사회의 총칭으로서의 문명의 총체적 특징의 패러다임은 그 사회에 깔려 있는 세계관에서 찾을 수 있다. 그러므로 21세기 문명의 패러다임은 무엇이고, 그 패러다임은 선불교와 어떤 관계를 갖고 있는가라는 물음은 곧 21세기 문명에 깔려 있는 혹은 그 문명을 지배하는 세계관과 그러한 세계관의 문제와 선불교에 깔려 있는, 혹은 선불교를 지배하는 세계관과의 관계에 관한 물음이다.

이 글에서 나는 첫째 21세기의 문명을 지배할 것으로 전망되는 패러다임 즉 세계관을 분석하고, 둘째, 그러한 문명의 문제를 추측해보고, 셋째, 어떤 점에서 선불교가 예측되는 21세기 문명의 문제를 풀고 그 문제로 해서 생기는 문명사적 위기를 극복할 수 있는 길잡이와 토대가 될 수 있을 것인가를 성찰해보면서 새로운 과학관과 선불교의 재해석과 재평가를 추구하고자 한다.

1. 근대 문명의 패러다임: 인간 중심적 형이상학과 과학적 자연관

I. 서구 문명의 인간 중심주의

다른 동물들과 달리 놀라운 지능을 가진 동물로 진화한 인간은 오랜 시간을 거치면서 단순히 주어진 자연적 여건에 만족하지 않고 보다 편리하게 생존하고자 인위적으로 여러 가지 장치를 꾸준히 고안하고 자연을 개발해왔다. 동굴에서 살던 원시인이 사용하던 석기, 부락의 형성, 고대인의 동 혹은 철기를 비롯해서 현재 첨단 도시의 고층 건물, 자동차, 컴퓨터, 각종 제도는 그러한 장치의 다양한 형태에 지나지 않는다. 인류의 역사는 이러한 장치 개발의 진보적 과정에 지나지 않으며, 이러한 장치의 총칭을 문명이라고 규정한다면 문명의 역사는 그러한 것을 고안해낸 인간 집단의 지적 능력, 그들이 생존하는 자연적 조건 그리고 그들이 공유하고 있는 세계관에 따라서 시간적 및 공간적 차원에서 각기 다른 형태와 색깔을 띠고 발전해왔다. 바로 여기에 문명을 지역적 혹은 시대적으로 구분하고, 21세기 문명과 20세기 문명, 동양 문명과 서양 문명, 불교 문명과 기독교 문명 등의 개념으로 구별하고 비교할 수 있는 근거가 있다. 지금까지 인류가 구축했던 삶의 장치 즉 문명의 결과로 지구적 차원에서 나타난 인구 폭발, 자연 고갈, 환경 오염, 인간과 생명의 해체, 생태계 파괴 등의 구체적이고도 절박한 현상으로 나타난 문제들을 설명하고 그 문제들에 대처하려면, 그 이유를 다음의 논고 전개를 통해서 알 수 있게 될 것이지만, 문명을 인간 중심적 문명과 자연 생태 중심적 문명의 개념적 구별로서 접근해야 한다.

문명을 '인간이 자신의 삶을 개선하기 위해 고안해낸 자연 개발의 인위적 장치'로 정의할 때, 그것은 필연적으로 '인간을 위한' '인간에 의한' 산물임을 함의한다. 이런 점에서, 언뜻 모든 문명은 필연적으로 인간 중심적일 수밖에 없는 것 같다. 그러나 이러한 유추는 논리적 오류를 범한 피상적 판단이다. 여기서 인간 중심주의의 개념을 정리할 필요가 있다. 인간 중심주의는 '인간에 의한 모든 인간의 행위'나 '인간을 위한 모든 행위'를 의미하지도 않으며, '인간에 의한 모든 인간의 모든 행위'가 반드시 '인간만을 위한 행위'는 아니다. '자신의' 삶을 생각하는 것과 '자신만'의 삶을 생각하는 것과는 동일하지 않다. 나는 나를 위해서 공부하고 일하지만 나만을 위해서가 아니라 나의 가족·이웃·동포를 고려하여 그들과 협력하고, 때로는 나 개인만의 욕망을 포기할 수도 있다. 이와 마찬가지로 인류는 생존하기 위해 다른 생명체, 식물·동물·자연을 도구적으로 개발하고 이용하고 희생하지 않을 수 없지만, 그와 동시에 그러한 존재들을 그 자체로서 존중하고 상대적으로 자신의 욕망을 자제하면서 가능한 한 그들과 공존할 수 있어야 한다. '이기주의'가 '나 이외의 다른 이들의 이익을 전혀 배려하지 않고 오로지 나 자신만의 이익을 생각하는 나의 태도와 행동'을 지칭하는 것과 똑같이, '인간 중심주의'는 '인간 이외의 다른 생명체들의 이익을 전혀 배려하지 않고 오로지 인간의 이익만을 생각하는 태도와 행동'을 뜻할 뿐이다. 그렇다면 문명도 인간 중심적 문명과 탈인간 중심적 즉 자연 생태 중심적 문명이 논리적으로 가능하다. 실제로 지금까지의 지배적 문명은 인간 중심적이었지만 그렇지 않은 문명도 있었다. 근대 이후 오늘날에 이르면서 서양 문명이 세계적으로 지배하게 되면서 사정은 달랐지만, 자연 생태 중심적 문명이 있었다. 문명의 가장 기본적인 패러다임으로서의 세계관의 관점에서 볼 때 서양적·데카르트적·기독교적 문명이 인간 중심적이었다면 동양적·노장적·불교적 문명은 탈인간 중심적 즉 자연 생태 중심적 문명이었다.

　지각적 즉 현상적 차원에서 각기 서로 구별되는 인간을 포함한 모든 것들이 형이상학적 차원에서는 서로 구별될 수 없는 단 하나의 역동적 우주, 존재 전체의 가변적 양상으로 보는 동양의 노장 사상이나 불교의 일원론적 형이상학/세계관에서는 자연의 일부로서의 인간은 그 이외의 존재들과 완전히 구별되어 유독 특별한 가치를 가진 우주/자연의 중심이라는 생각은 논리적으로 불가능하다. 인간만이 유일한 가치를 갖고 따라서 인간이 자연/우주의 중심이라는 인간 중심주의는 인간만이 정신의 소유자로서 물질로써만 서술될 수 있는 그 밖의 모든 자연 현상과 구별된다는 서양의 이원론적·데카르트적 형이상학이나 기독교적 세계관의 틀에서만 가능하고, 또한 이 틀 안에서만 인간의 유일한 존엄성을 주장하고, 자연의 지배와 완전히 도구화해온 인간 중심주의적 서구 문명사는 설명되고 정당화될 수 있다.

II. 인간 중심주의적 수단으로서의 과학적 자연관과 기술

서구의 인간 중심주의적 세계관은 근대에 들어오면서 과학적 자연관의 정립과 과학적 기술의 개발에 의해서 한결 더 강화, 정당화되어 촉진되어왔다. 과학 기술은 날로 발전하면서 인간에게 그만큼 더 힘을 부여했고, 그러한 과학 기술로써 오늘날 인간은 지금까지 흔히 위협과 공포의 대상으로 보였던 자연을 완전히 제압·개발·착취함으로써 자신의 목적에 따라 도구로서 이용함으로써 물질적 생활을 날로 더 윤택하게 하는 데 성공했다. 과학적 지식과 기술이 기하급수적 속도로 발달하고 있는 오늘날 20세기를 막 넘어온 시점에서 인간은 마침내 동물, 지구는 물론 우주를 거의 완전히 정복함으로써 자연의, 아니 우주의 절대적인 군주적 주인으로 군림하기에 이르렀다.

오늘의 이른바 근대 문명은 인간 중심주의와 과학적 지식 및 기술이 결합함으로써 이루어진 산물이며, 그러한 산물로 얻어진 인간의 힘, 자연 지배·활용·착취, 그러한 착취를 통한 물질적 욕망 충족의 실제와 가능성은 서양의 근대/현대 문명과 그것의 기술적 토대가 되는 과학 지식과 기술 및 그것을 철학적으로 뒷받침하는 인간 중심주의를 정당화하는 데 충분한 근거가 되어왔다. 이 같은 과학 기술 문명이 서양의 산물인데도 불구하고 오늘날 그러한 문명이 전세계를 지배하면서 하나의 세계적 문명으로 되어가고 있으며, 그러한 문명의 철학적 패러다임으로서의 인간 중심적 세계관이 지구적으로 보편화되어가고 있는 것은 우연이 아니다.

2. 근대 문명의 패러다임의 문제: 과학적 자연관의 맹점과 인간 중심주의의 허상

I. 환경 오염, 생태계 교란, 문명의 자기 파괴

그러나 아무리 그 힘과 실용적 가치를 인정하더라도 근대 과학 기술적 문명의 색깔은 그저 아름답기만 한 장미꽃 색만이 아니며, 그 맛은 그저 달기만 한 꿀맛만이 아니다. 그 장미에는 따가운 가시가 달려 있으며, 그 꿀 속에는 치명적 독소가 섞여 있다. 문명의 아름다운 장미꽃을 인간의 자연 정복에 비유할 수 있다면, 그 꽃의 아픈 가시는 환경 오염과 생태계 파괴에 비유할 수 있고, 문명의 맛을 달콤한 꿀에 비유할 수 있다면, 그 꿀 속에 섞여 있는 치명적 독소는 삶의 물질적 풍요의 공허함과 인간 멸종의 가능성에 비유할 수 있다.

지구에는 아직도 수억에 달하는 인구가 경제적 풍요는커녕 기아 상태에 있으며, 인간 이하의 생활 조건에서 극심한 빈곤에 허덕이고 있고, 건강과 장수는커녕 질병과 단명의 비극적 삶을 살아가고 있다. 이러한 사실에도 불구하고 지구적 맥락에서 근대 문명이 인간에게 가져온 혜택은 근시안적이고 미시적으로 볼 때는 엄청나다. 이러한 사실은 인간 평균 수명의 엄청 난 연장, 근대 의학이 가져온 질병, 고통의 감소, 인구의 폭발 적 증가, 수많은 공산품의 보급에 따른 생활의 편의, 물질적 풍 요 등에서 입증된다. 하지만 좀더 원시적이고 거시적으로 볼 때 근대 문명이 지난 반세기에서부터 극명하게 드러낸 몇 가지 징후들이 내포하고 있는 극히 부정적 양상들을 결코 간과할 수 없다. 앞서 언급했던 인구 폭발, 자연 자원의 고갈, 환경 오염, 생태계 교란 이외에도 핵 무기, 핵 에너지에 의한 생물학적 생 존의 기본 조건인 물리적 생존 조건의 파괴 위험, 전자와 인터 넷으로 단일화되어가는 수많은 시스템의 작동 차질에 의한 사 회적 혼란, 생명공학의 발전이 야기하는 인간과 생명의 해체와 복제에 따른 세계관의 교란과 가치관의 공백, 치열한 경쟁적 자유 시장 경제 체제로 불가피하게 된 개인 간의, 계층 간의, 국가 간의 극심한 빈부 격차가 동반하는 심각한 사회적 불안정 등이 근대 문명의 자기 파괴적 심각성을 보이는 징후의 몇 가 지 예들이다.

이런 점에서 근대 문명은 이론적으로는 자기 모순적이며, 구 체적으로는 자기 파멸적인 것으로 볼 수 있다. 거시적 그리고 원시적으로 볼 때 근대 문명은 인간에게 복지보다는 불안을, 진보라기보다는 퇴보를 뜻하는 의미가 되었다고 판단된다. 인 류의 문명이 앞으로 천년은커녕 5백 년을 더 살아남을지가 의 심스러워진다. 그럼에도 불구하고 21세기에 막 발을 디딘 오늘 의 문명은 인간 중심주의적 근대 문명의 연장선상에 있으며, 여러 가지 추세로 보아 어떤 대대적인 혁명적 조치로서 제동이 걸리지 않는 한 앞으로의 인간 중심주의적 과학 기술 문명은 제아무리 과학적 기술을 동원한다고 하더라도 결국 파국적 문 명의 궤도를 더욱 가속적으로 달릴 전망이다. 인류는 과연 이

같은 문명의 모순을 풀어 총체적이고 결정적인 위기를 극복할
수 있는 어떤 혁명을 일으킬 수 있으며, 있다면 그 방법은 어떤
종류의 것일 수 있으며, 그 혁명은 어떤 것일 수 있는가. 아니
면 문명의 파국은 불가피한 문명의 운명인가. 문명의 파국적
위험이 오늘의 객관적 사실이라면 그 원인은 어디에 있는가.

II. 형이상학적 오류: 인간 중심주의의 허구

많은 이들이 현재의 문명사적 위기의 원인을 과학 기술, 그
런 기술의 바탕인 과학 지식에서 찾는다. 현재의 위기가 첨단
과학 기술이 발명되고 이용되지 않았더라면, 인간에 의한 자연
의 절대적 제압, 대대적인 개발, 철저한 착취가 없었더라면 오
늘날과 같은 인구 폭발, 자연 자원의 고갈, 환경 오염, 생태계
파괴, 인간과 생명의 해체가 생기지 않았을 것이며, 고도의 과
학 지식이 발견되지 않았던들 첨단 과학 기술의 발명이 불가능
했을 것인 만큼, 위기의 원인이 과학 지식과 과학 기술에 있다
는 판단은 쉽게 수긍할 수 있을 것 같다.

그러나 이러한 결론은 과학의 본질에 대한 피상적 인식에 근
거한 속단이다. 과학 지식은 자연 현상을 설명하는 하나의 양
식이며, 과학 기술은 하나의 기술일 뿐이지 그 지식과 기술이
자연의 제압이나 착취를 함의하지 않는다. 과학 지식과 과학
기술은 인간의 어떤 목적 달성을 위해서 활용될 수 있어도 그
것들 자체는 목적 중립적이다. 과학 지식과 과학 기술은 인간
의 의도와 목적에 따라 도구적으로 사용될 수 있고 그렇지 않
을 수 있다. 현재의 문명의 위기는 과학 때문이 아니라 인간이
자신의 욕망 충족을 위해 그러한 지식과 기술을 자연의 지배·
개발·착취에 무작정 사용해온 데 기인한다.

윤리를 나 이외의 다른 존재의 기쁨과 고통을 배려하는 태도

와 행위에 관한 입장으로 정의할 때, 지금까지의 문명에서 자연에 대해 인간이 취한 위와 같은 태도, 행위 및 그 결과는 필연적으로 일종의 윤리관을 반영하고 그러한 윤리관에 기초한다. 그렇다면 현대 문명의 위기의 원인은 그 문명을 지배한 윤리관에서 찾을 수 있다. 그러나 한 윤리관은 인간·자연, 인간과 인간의 관계 및 자연과 인간의 관계에 대한 총체적 비전으로서의 하나의 세계관을 전제한다. 그러므로 현대 문명이 위기를 맞게 된 더 근원적 원인은 지금까지 문명을 지배해온 패러다임 즉 세계관에서 찾을 수 있다. 그 세계관은 다름아닌 인간 중심주의이다.

다른 사람들에 대한 나의 윤리적 태도는 내가 나와의 관계에서 다른 사람들을 어떻게 분류해서 인식하느냐에 달려 있다. 그 인식에 따라 어떤 사람들은 나의 윤리 공동체에 포함되거나 배제되고, 그러한 결정에 따라 윤리적 배려 대상이 될 수도 있고 그렇지 않을 수도 있다. 나 자신만이 아닌 나의 형제·이웃·동포·인류가 윤리적 배려 대상이 될 수 있는 것은 개인적·지역적·인종적 차이에도 불구하고 '인류'라는 종으로서 동일한 인간 공동체에 포섭되기 때문이고, 벌레·새·개·돼지의 기쁨과 아픔이 전혀 윤리적 배려 대상이 되지 않았던 것은 그러한 동물들이 윤리 공동체에서 제외됐기 때문이며, 그들이 이같이 제외될 수 있었던 것은 그러한 존재들이 형이상학적으로 인류와 다를 뿐만 아니라 절대적으로 열등한 존재로 인식됐기 때문이다. 인간 중심주의가 인간, 자연 그리고 그것들의 관계에 대한 이와 같은 인식을 지칭한다면, 현대 문명의 위기의 궁극적 뿌리는 인간 중심주의에서 찾을 수 있다. 자연에 대해서 인간이 취한 태도, 행동 그리고 그 결과는 근본적으로는 인간 중심주의적 세계관에 의해서만 설명되고 정당화될 수 있기 때문이다.

인간의 모든 개별적 행동이 어떤 목적을 전제하고, 목적이 가치관을 전제하며, 가치관이 세계관을 전제한다면, 인간에 의한 과학 지식과 과학 기술의 위와 같은 도구적 활용은 인간 중심주의적 세계관을 전제함으로써만 설명된다. 그리고 근대 문명의 위기의 근본 원인은 과학 지식이나 과학 기술에 있는 것이 아니라 문명의 패러다임으로서의 인간 중심주의의 형이상학적 세계관에 있다.

여기서 분명해지는 것은 인간이 앞으로 취해야 할 태도로, 과학 지식과 과학 기술의 거부와 포기가 아니라 인간 중심주의적 세계관을 포기하고 그것을 대체할 수 있는 새로운 세계관을 발견하는 일만이 문명의 위기를 근본적으로 극복할 수 있는 길이라는 사실이다. 그러나 인간 중심주의적 · 형이상학적 세계관의 포기는 인간 중심주의의 객관적 진위성에 달려 있다. 만약 인간 중심주의가 객관성을 갖고 있는 옳은 세계관이라면 그것의 포기는 논리적으로 모순이며, 만약 그것을 포기할 수 없다면 문명의 파국은 자연적 · 우주적 필연으로 받아들일 수밖에 없다. 그러나 문제는 과연 인간 중심주의가 옳은 세계관이냐 하는 데 있으며, 문명의 미래에 대한 우리의 희망은 인간 중심주의적 · 형이상학적 세계관이 잘못됐다는 가능성에 걸려 있다.

다행히도 오늘날 첨단 과학 지식의 놀라운 발전과 확대는 인간 중심주의적 세계관이 더 이상 속일 수도 없고 감출 수도 없는 형이상학적 허구라는 사실을 객관적으로 극명하게 드러냈다.

인간이 우주에서 유일하게 가장 귀중하고 소중한 존재이며, 다른 어떠한 존재도 그들을 위해서 도구적으로 사용될 수 있다는 인간 중심주의는 인간과 자연, 정신과 물질을 형이상학적으로 구별할 수 있다는 이원론적 존재론에 뿌리박고 있으며, 이러한 형이상학적 신념은 전형적인 서양 사상으로서 플라톤이나 데카르트적 철학적 사상과 유대교나 기독교의 종교적 교리로서 오랫동안 견고히 뒷받침되고 설득력 있게 정당화되어왔다. 그러나 16세기의 코페르니쿠스의 지동설, 18세기의 뉴턴의 만유인력설, 19세기의 라플라스의 결정론, 다윈의 진화론, 마르크스의 유물론적 역사관, 니체의 철학, 그리고 20세기의 프로이트의 정신분석, 양자역학, 유전공학, 현재 경이로운 속도로 발전하는 전자공학 등에 의해서 이원론적 형이상학은 더 이상 믿을 수 없는 관념적 허구임이 드러났고 아울러 근대 과학기술 문명의 패러다임이었던 인간 중심주의는 박살이 났다.

　여기서 문제는 우리가 문명의 위기를 맞은 근본 원인이었던 인간 중심주의적 세계관을 폐기해야 한다면 문명의 위기를 극복 할 수 있는 세계관이 과연 가능하며, 가능하다면 그러한 세계관은 어떤 것인가를 분명히 알아보아야 하는 데 있다.

3. 새로운 문명 패러다임과 선불교적 세계관

I. 새로운 문명 패러다임으로서의 생태 중심적 세계관

　인간 중심주의가 전제하고 있는 것과는 달리 인간과 다른 모든 동물, 아니 다른 존재들 사이에 형이상학적인 단절은 피상적·관념적·개념적인 것일 뿐 존재론적 단절은 없다. 현상적으로 서로 차별되는 모든 존재들은 실제적으로는 단 하나의 실체의 다양한 양상에 불과하다. 지구와 우주의 중심은 인간이 아니라 유기적 자연 자체이며, 가장 존엄한 것은 인류가 아니라 생태계이며, 가치의 근본은 인간이 아니라 생명 자체이다.

이러한 세계 인식을 생태 중심주의라 부를 수 있다면, 사실과 맞는, 올바른 세계관은 인간 중심주의가 아니라 바로 생태 중심주의이다.

인간과 인간 이외의 모든 다른 동물 그리고 생물들의 형이상학적 구별을 거부하는 생태 중심주의는 그러한 구별을 기본적으로 전제하는 인간 중심주의와는 다른 윤리관을 함의한다. 후자의 윤리가 인간 이외의 모든 것들을 자신의 윤리 공동체로부터 제거하는 형이상학적 근거를 제공하는 데 반해서, 전자의 윤리는 그것들을 자신의 윤리 공동체에 포함해야 하는 형이상학적 근거를 제공한다. 인간 이외의 모든 생명체들을 윤리 공동체에서 배제하는 인간 중심적 윤리가 그들에 대한 윤리적 무관심과 무배려를 논리적으로 정당화할 수 있는 데 반해서, 모든 생명체들을 윤리 공동체에 포함시키는 생태 중심주의적 윤리는 그들에 대한 윤리적 관심과 배려의 당위성을 논리적으로 요청한다.

이러한 생태 중심주의적 윤리의 테두리 안에서 지금까지 그러했던 것과는 달리 자연에 대한 도전적 태도, 무자비한 정복, 무작정 개발, 착취는 물론 동물들의 아픔에 대한 무관심과 무배려는 윤리적으로 용납될 수 없다. 만일 지금까지의 문명이 생태 중심주의적 세계관을 패러다임으로 했다고 하면, 자연에 대한 위와 같은 태도와 행위로 환경 오염, 인구 폭발, 자연 생태계 파괴는 초래하지 않았을 것이며, 인류가 오늘날과 같은 문명의 위기를 맞게 되지는 않았을 것이다.

인간 중심적 세계관의 대안은 생태 중심주의적 세계관일 수밖에 없으며, 현재의 문명 위기의 근본적 원인이 인간 중심주의적 세계관에 있다면, 그 위기는 생태 중심주의적 세계관에 의해서 극복될 수 있는 가능성이 생긴다. 현재 우리가 직면해 있는 문명의 위기를 극복하고, 멀리는 앞으로의 밀레니엄, 가까이는 21세기를 희망적으로 바라볼 수 있는 길은 문명의 커다란 패러다임을 인간 중심주의에서 생태 중심주의로 전환하는 것 이외에는 다른 방법이 없다.

그러나 바로 여기서 따져보아야 할 문제는 첫째, 과연 객관적으로 참일 수 있는 생태 중심주의적 세계관을 이론적으로 뒷받침할 수 있고, 그렇다면 둘째, 그런 세계관을 주장할 수 있다면 생태 중심주의적 세계관이 오늘날은 물론 앞으로 현실적으로 버릴 수 없는 과학 지식 및 과학 기술과 갈등하지 않고 양립할 수 있는가, 즉 생태학적 문명의 패러다임 내에서 과학 지식 및 과학 기술이 그 정당한 문명사적 발전에 기여할 수 있는가이다. 왜냐하면 한편으로는 현재 위기에 처한 인류 문명은 3백년 이상 세계를 지배해온 인간 중심주의적 패러다임 속에 아직도 갇혀 있기 때문이며, 다른 한편으로는 인류가 그 동안 서양에서 축적한 과학 지식과 과학 기술이 가져온 생활상의 편의를 완전히 포기한다는 것은 실제적으로는 경제적으로 사회적으로 불가능한 현실이기 때문이다.

II. 생태 중심주의와 선불교적 세계관

1) 생태 중심주의와 불교

생태 중심주의적 문명 패러다임의 모델은 존재하며, 존재한다면 그것은 어디서 찾을 수 있는가. 다행히 인류는 동양에서 생태 중심적 세계관을 몇천 년 전부터 갖고 있었다. 그 대표적 예는 서양의 근대 문명이 침입하고 지배하기 이전까지 몇천 년 동안 동양 문명을 지배해왔던 중국적 및 인도적인 세계관, 각별히 중국의 노장 사상과 주자학, 인도의 힌두교와 불교에서 찾아볼 수 있다. 이 사상들은 각기 색깔을 달리하고 있지만 그

것들이 다 같이 일원론적 존재론과 순환적 자연관에 기초한 무
신론적 형이상학을 깔고 있다는 점에서 동일하게 자연 중심주
의적 형이상학과 일치하고, 그들 중에서도 모든 생명체에 대한
보편적 '자비'를 강조하는 점에서 불교 특히 선불교 사상은 각
별히 생태 중심주의적이다. 그렇다면 불교의 세계관은 어떤 것
인가.

2) 불교의 개념

바로 여기서 우리의 논의를 분명히 펴기 위해서 '불교'의 개
념 정리가 필요하다. 일상 생활에서나 학술적 담론에서 그렇게
도 널리, 자주 그리고 쉽게 통용되는 '불교'라는 말의 의미가
따지고 보면 너무나 다양하고 애매모호하기 때문이다. '불교'
가 부처 석가모니의 가르침이고 그 가르침의 핵심이 '사성제
(四聖蹄) 팔정도(八正道)'로 요약된다고 하지만, 그 가르침의
내용을 전수한다는 경전들의 수는 방대하고, 불교 내의 계파·
전통·지역에 따라 그 경전들의 해석은 천차만별이며, 흔히
'사성제 팔정도'와 일치하지 않고 서로들 사이에 모순이 드러
난다. 불교를 '종교'의 범주에 귀속시키는 것이 일반적인 관례
이지만, 어떤 경전, 어떤 전통, 어떤 계파, 어떤 해석을 하느냐
에 따라 불교를 종교로 볼 수도 있고 철학으로도 볼 수 있으며,
또 정신적 수련 방법으로도 볼 수 있다. 이렇게 다른 불교들을
모두 논하는 것은 불교학자가 아닌 본인에게는 영역 밖이다.
전문적 불교학자도 이런 자리에서 모든 불교를 논한다는 것은
불가능하다. 그러므로 이 논문의 논의를 전개하자면, 독선적이
될 가능성이 있더라도, 논자 나름대로의 불교의 개념 설정이
불가피하다.

　종교와 철학은 다 같이 세상 전체의 본질과 형태에 대한 총

체적 설명과 그런 세계 속에서의 인간의 올바른 행동의 윤리적 규범을 제안한다. 종교와 철학이 다 같이 세계 전체의 총괄적 인식과 설명이라는 점에서는 동일하지만, 전자가 초월적인 인격적 존재로서의 하나의 신 혹은 다양한 귀신들의 존재를 전제하고, 그런 존재의 인식을 계시나 영감에 의존하는 데 반해서, 후자는 그러한 존재를 전제하지 않고 세계 인식을 구체적인 관찰에 근거한 경험과 이성에 의한 논리로 뒷받침한다. 이런 점에서 기독교는 물론 현재 **미신**으로서 종교에서 제외되는 무교를 비롯한 모든 종류의 애니미즘은 다 같이 종교에 속한다. 미륵불·관음불·지자불·서방정토를 믿는다면 **불교도** 마찬가지다. 실제로 오늘날 많은 사람들이 스스로를 불교 신자로 규정하고 사찰에 가서 불공을 올리는 근거는 위와 같은 영적 존재로서의 부처들을 믿기 때문이다. 이러한 사실에도 불구하고 불교가 부처 석가모니의 가르침을 뜻하며, 그 가르침의 본질이 '사성제 팔정도'로 요약되는 한 불교는 종교가 아니라 철학이다. 진리로서의 이 가르침의 세계관과 윤리관 속에는 초월적인 인격적 존재로서의 신/귀신이 있을 자리가 없으며, 그 진리는 계시나 맹목적인 신앙이 아니라 구체적인 관찰에 근거한 경험과 논리에 의존하기 때문이다. 이러한 점에서 볼 때 기복을 위해 사찰에 가서 불공을 드리는 불교 신자들이나 어쩌면 대부분의 불교적 계파들이나 많은 불경들은 정확한 의미에서 **불교** 즉 부처 석가모니의 가르침과는 아무 상관도 없다.

불교의 관심은 모든 존재에 대한 형이상학적 문제가 아니라 인간이라면 누구나 갖고 있는 구체적 문제의 해결에 있다. 이러한 사실은 고(苦), 집(集), 멸(滅), 도(道)의 네 명제로 분석되는 '사성제'는 객관적 자연이나 우주의 모든 인생에서 나타나는 보편적 고통의 의학적 원인에 대한 객관적 진단이며, 정견(正見), 정사유(正思惟), 정어(正語), 정업(正業), 정명(正命), 정정진(正精進), 정념(正念), 정정(正定)이라는 여덟 가지 내용의 '팔정도'는 그러한 고통을 치료하기 위한 처방이다. 석가모니에 의하면 모든 인간은 행복하지 않고 고통〔苦〕을 받고 있는데 그것은 우연이 아니라 반드시 인과적 관계를 갖는 원인〔集〕이 있으며, 그 원인은 제거〔滅〕할 수 있고, 그 방법〔道〕으로 여덟 가지 실천 방법이 있다는 것이다.

인생의 고통의 원인에 대한 이 같은 석가모니의 의학적 진단과 처방은 그의 존재 일반의 본질에 대한 형이상학적 존재론을 바탕으로 하고, 그러한 존재론에 비추어서 납득될 수 있다. 막연하고 때로는 일관성이 없지만 서로 다른 수많은 계파의 불교들은 다 같이 이러한 형이상학을 전제로 하고 있고, 그중에서도 유일하게 선불교에서 가장 일관성 있고 선명하게 드러난다. 이런 점에서 선불교는 불교의 한 계파가 아니라 석가모니의 가르침으로서의 불교 그 자체이다. 그러므로 불교는 곧 선불교라 해도 틀림이 없다.

3) 선불교의 개념

선불교란 무엇인가. 더 구체적으로 말해서 불교의 핵심인 '사성제 팔정도'는 어떤 존재론적 형이상학을 바탕으로 하고 있는가. 선불교의 정확한 정의를 내리는 일은 불교의 정의를 내리는 것만큼이나 거의 불가능하다. 선불교에 대한 정의가 불교의 계파만큼이나 다양하기 때문이며, 더 근본적으로는 그것의 존재론적 형이상학이 내포한 인식론적 성격상 근본적 진리의 개념화 즉 정의를 근본적으로 거부하기 때문이다. 이러한 사실에도 불구하고 선불교의 주장과 이해는 물론 그것에 대한 언급은 미흡한 대로나마 그것에 대한 정의 없이는 불가능하다.

그렇다면 선불교는 어떻게 정의할 수 있는가. 그것이 선(禪)에 초점을 두고 석가모니의 근본적 가르침인 '사성제 팔정도'를 설명하는 불교라면, 선은 도대체 어떻게 정의될 수 있는가.

선(禪)은 산스크리트어인 다이아나dhyana의 한자이며 그것은 일반적으로 '명상meditation'의 뜻으로 해석된다. 그렇다면 선은 어떤 객관적 사실의 명제적 진술이 아니라 일종의 행위를 지칭한다. 그렇지만 "선은 그냥 앉아서 명상하는 것이나, 정신 집중하는 것이 아니라 마음의 직접적인 깨달음/앎을 뜻할 뿐이다"[1]라는 중국의 재미 철학자 찬(陣)의 진술, "선은 깨달음에 도달하는 이론과 기술인데 그것은 서구 관점에서 볼 때 종교적 혹은 신비주의적인 것이다"[2]라는 정신분석학자 프롬의 해설, "무엇인가를 찾는 것이 선이다"라는 현각 스님[3]의 정의, "선이란 생명의 진리를 깨닫기 위하여 참구하는 데 열중하는 것이지요"[4]라는 이도원의 설명에 따르면 선은 일종의 인식론이며, 그러한 선적 인식/깨달음은 "감성적 오염이나 지적 분석 이전 상태의 실재reality의 직접적 즉 논리 이전적 파악이며, 나 자신과 우주의 올바른 관계에 대한 깨달음"[5]을 뜻하며, 그러한 깨달음을 통한 구원을 목적으로 한다.

사물 현상이나 어떤 이치의 인식은 감각에 의존한 직접적 지각과 이성에 의존한 추리를 통해서만 가능하다. 현상적 세계에 대한 지각적 지식이나 어떤 이치에 대한 이론적 지식들은 위와

---

1 Wing-Tsit Chan, *A Source Book in Chinese Philosophy*, Princeton, Princeton University Press, 1972, p. 425.

2 Eric Fromm, "Psychoanalysis and Zen Buddhism"; D. T. Suzuki and Richard De Martino, *Zen Buddhism and Psychoanalysis*, N. Y., Harper & Row, 1970, p. 77.

3 현각 스님, 『萬行——하버드 대학에서 화계사로』 2권, 열림원, 1999.

4 이도원, 『그냥 갈 수 없는 길』, 불광출판사, 1998, p. 170.

5 Fromm, Ibid., p. 134.

같은 방식으로 이루어지고 축적된다. 개념을 떠난 지각이나 논리가 불가능하고, 모든 개념과 논리는 언어를 떠나 불가능하고, 언어는 필연적으로 재현적인 것이며, 재현적인 어떤 대상의 인식은 그 대상 자체일 수 없으므로 현상에 대한 지각적 지식이나 어떤 이치에 대한 논리적 인식은 결코 그 현상 혹은 그 이치 자체의 인식일 수 없다. 우리의 일상적 사물 인식이나 과학적·철학적 인식도 꼭 마찬가지이다. 그러나 선이 추구하는 깨달음/앎은 인식 대상으로서의 현상 그 자체, 이치 그 자체이다. "선적 인식 방법은 인식 대상으로서의 사물 자체에 직접 들어가서, 그것을 말하자면 그 내부에서 보는 데 있다. 꽃을 안다는 것은 꽃이 되는 것이며, 꽃으로서 피고, 내리는 비와 아울러 햇빛을 즐기는 것이다"[6]라는 일본의 선불교 주창자 스즈키의 말은 위와 같은 선적 인식론을 설명해준다.

이러한 인식론은 동양적인, 더 정확히는 선불교적 직관이 얻어낸 고유의 우주/존재 일반에 대한 형이상학적 존재론을 전제하며, 그 존재론은 불교에서 말하는 잘 알려진 이른바 '공(空) shunyata' 사상으로 나타난다. 존재/있음의 본질, 존재/있음이 공이요 공의 본질이 곧 존재/있음, 즉 색즉시공(色卽是空), 공즉시색(空卽是色)이라는 것이다. 그러므로 "공은 무(無)/없음과 아무 상관도 없다. 그것은 모든 현상이 내재적 실체를 소유하고 있지 않음을 이해해야 함을 의미한다."[7] 보다 구체적으로 말해서 "공은 보편적 가능성으로서의 우주, 개별적 존재들, 운동, 의식이다."[8] '나/자아'라는 말로 지칭되는 존재나 x, y, z로 지칭되는 모든 존재는 영원 불변하게 고정된

6 D. T. Suzuki, "Lectures on Zen Buddhism," *Ibid.*, p. 11.

7 Matthieu Ricard in Jean Francois Revel & Matthieu Ricard, *Le Moine et le Philosophe*, Paris: Nil Editions, 1997 / 1999, p.159.

8 Ricard, *Ibid.*, p. 172.

개별적 실체가 아니라, 그 어떤 것과도 서로 형이상학적으로 구별될 수 없는 단 하나의 유동적 실체로서 영원히 유동적인 우주적 공간 속에서 일어나는 영원한 순환적 변화의 다양한 순간적 형태이며 양상에 지나지 않다는 것이다. 모든 힌두교와 불교에서 공통적으로 말하는 무아(無我) anatta와 '무존(無存) anicca'의 개념들은 바로 위와 같은 뜻에서 공의 형이상학적 존재론의 다른 표현이며, 그러한 존재론의 틀에서만 의미를 갖는다. 불교 특히 선불교가 도달하고자 하는 것이 절대적 진리의 앎/깨달음에 있다면, "그러한 절대적 진리는 다름아닌 분석적 사유가 아니라 명상적 체험을 통해서만 획득할 수 있는 공, 깨달음의 의미, 모든 존재의 비이원성 즉 하나됨을 인식함을 의미한다."[9]

　'사성제 팔정도'에 나타난 석가모니의 궁극적 의도가 인간의 궁극적인 고통을 궁극적인 차원에서 치료해줌으로써 지복/열반nirvana을 실현할 수 있다면, 어째서 '공' '무아' '무존'이라는 형이상학적 진리의 터득이 그러한 것을 가능하게 할 수 있는가. 고통은 불만족스런 심리적 상태에 지나지 않고, 불만은 반드시 욕망을 전제하고, 욕망은 필연적으로 욕망의 주체로서의 나/자아의 실체 즉 영원 불변성에 대한 확신과 그렇게 확신된 '나/자아'의 집착을 전제한다. 그러나 선불교의 형이상학이 강조하는 대로 모든 존재가 '공' 즉 영원 불변한 실체가 아니라면, 모든 것들은 무차별이며, '나/자아'와 나의 욕망 대상인 '존재'를 차별될 수 있는 개별적 실체로 보는 것은 환상에 지나지 않는다. 그런데도 내가 욕망을 버리지 못하고 나의 욕망 충족에 집착함으로써 고통에서 해탈할 수 없다면, 그

---

9 Ricard, *Ibid.*, p. 172.

것은 모든 것의 궁극적 진리로서의 공, 무아, 무존을 인식하지 못하고 실체가 아니라 환상에 빠진 채 무명(無明)을 벗어나지 못하고 있기 때문이다. 이러한 사실은 역으로 말해서 공, 무아, 무존의 진리를 깨닫는 순간 우리는 고통의 원인인 자아, 자아 집착, 욕망으로부터 근원적으로 해방됨으로써 다르마 부처처럼 어느 상황에서도 언제나 열반 속에서 웃는 얼굴로 존재할 수밖에 없기 때문이다. 그러므로 기독교나 종교화된 불교나 그 밖의 종교들이 절대신 혹은 여러 영적 귀신에 대한 무조건적 믿음을 가장 중요시하는 것과는 달리 선불교에서 가장 중요한 것은 세계/우주/존재 일반에 대한 진리를 터득하는 것이다. 또한 종교가 구원을 의타적으로 자신 밖의 존재에서 찾는 데 반해서 선불교는 구원을 철저하게 자주적으로 자신의 정신적 내부에서 찾는다.

선불교의 존재론적 핵심 개념인 '공'이 인간이나 어떤 특정 종류의 존재에 제한되지 않고 모든 존재 일반에 적용되는 일원적 형이상학의 개념인 만큼, 선불교는 인간과 동물, 동물과 식물의 근원적인 평등주의를 함의하며, 고통으로부터의 해방이라는 선불교의 궁극적 관심은 인간에게만 제한될 수 없고 살아 있는 모든 존재로 확대된다. 선불교의 관점에서 볼 때 모든 생명체, 고통을 느끼는 모든 존재들은 그것이 동물이든, 벌레이든, 식물이든 모두 윤리 공동체 내에 포함되며, 따라서 불교에서 가장 귀중한 윤리적 배려로서의 '자비'는 모든 생명체, 고통을 느끼는 모든 존재에게 베풀어져야 한다. 선불교, 아니 불교 일반의 세계관은 결코 인간 중심주의적일 수 없고, 근원적으로 생태 중심적이다. 앞에서 주장했듯이 현재 인류가 직면해 있는 문명의 위기는 문명의 패러다임을 인간 중심주의에서 생태 중심주의로 대치함으로써만 가능할 때, 근원적으로 생태 중

심주의적인 선불교적 세계관은 새로운 문명의 패러다임이어야
한다.

4. 과학적 세계관과 선불교적 세계관

그러나 이러한 결론은 선불교의 세계관과 과학의 관계가 정
리되지 않고는 설득력이 없다. 과학적 지식과 기술을 완전히
배제한 앞으로의 문명을 상상할 수 없는 이상, 새로운 문명의
패러다임은 과학적 지식과 과학 기술을 그 속에 채용할 수 있
는 것이라야만 된다. 그런데 문제는 적어도 언뜻 보기에 그리
고 많은 사람들이 거의 자명한 것으로 믿고 있듯이, 모든 현상
을 미립자적 차원에까지 서로 분리, 차별화하여 분석할 수 있
는 과학적 존재론과 관찰·측량·실험 그리고 논리적 추론을
통해서만 그러한 존재를 파악할 수 있다는 과학적 인식론은,
모든 존재를 서로 차별할 수 없는 하나의 총체로 보는 선불교
의 존재론과, 사물의 본질은 관찰·실험·논리보다도 좌선(坐
禪)을 통한 직관으로만 파악할 수 있다는 선불교적 인식론과
정면으로 충돌하는 데 있다. 어떤 불경도 자연 현상에 대한 근
대적 의미의 과학 지식의 발견이나 과학 기술의 발명에는 아무
런 도움도 되지 않으며, 실제로 과학은 불교 문화권 밖에 있는
기독교적 문화권의 산물이며, 그곳에서 발달해왔다.

"역설적이지만 동양의 종교적 사상은 서양의 종교적 사상보
다도 서양의 합리적 사고에 더 잘 맞는다"[10]라는 프롬의 말대로
과학과 근본적으로 배치되는 것은 불교가 아니라 과학을 탄생

---

[10] Fromm, Ibid., p. 80.

시킨 문화권을 지배한 기독교이다. 기독교적 세계관이 의인적이어서 모든 현상을 초월적 즉 영적 존재의 자유 의지의 표현으로 설명하는 데 반해서 불교적 세계관은 과학적 세계관과 더불어 자연주의적이어서 모든 현상을 그냥 자연적 현상의 인과적 관계로 설명하기 때문이다. 과학과 불교는 피상적인 차원에서만 갈등하지 그것들이 깔고 있는 형이상학적 차원에서는 일치한다.

과학적 세계관과 선불교적 세계관이 양립할 수 있다는 사실은 두 개의 세계관이 다 같이 의인적이 아니라 자연주의적이라는 사실 이외에 불교적 형이상학의 핵심을 이루는 개념인 연기(緣起)의 의미를 새겨보면 더 확실해진다. 연기는 인과 관계를 지칭하며, 연기설은 모든 존재와 현상들이 우연이나 기적에 의해서가 아니라 불변하는 인과적 법칙dharma에 의해서 나타나는 것이라는 이론이다. 그렇다면 과학적 '사성제' 즉 네 가지 근본적 진리 중의 하나인 '집(集)'이 곧 '연기'라는 것은 우연이 아니다. 자연 현상의 인식에 근본적으로 전제된 인과 법칙causal law과 전혀 다르지 않다. 이런 점에서 선불교적 세계관은 과학적이며, 과학적 세계관은 불교적이다.

그런데도 그것들이 상충해 보이는 것은 인식 대상의 영역의 차이에 있다. 그 차이는 과학이 인식 대상으로서 물리적 현상으로서의 자연만을 택하고 그것을 지각적 경험의 차원에서 접근하는 반면에 불교는 자연, 인간, 인간의 정신 현상을 포함한 모든 현상을 자신의 인식 대상으로 삼고 그것들을 형이상학적 즉 근원적 차원에서 접근하는 데 있다. 다만, 티베트의 승려로 출가한 리카르 스님의 말대로 "과학과 영적 생활 사이에는 아무런 근본적 갈등 없이 양립할 수 있지만, 불교 신자로서의 '나'에게는 전자가 후자보다 더 중요했을 뿐이다."[11]

그 이유는 어디에 있는가. 리카르 스님의 말을 더 들어보자.

　　생명과학과 물리학은 생명의 기원과 우주 형성에 관해서 놀
라운 지식을 알아냈다. 하지만 과연 생명과학과 물리학이 행복
과 고통의 근본적 메커니즘을 해명해줄 수 있을까. 우리가 설정
한 삶의 목적을 잃어서는 안 된다. 지구의 정확한 형태와 크기
에 대한 지식은 의심할 수 없는 진보이다. 하지만 지구가 둥글
거나 평평하거나 한 것은 인간 실존의 **의미**에 관한 한 아무 변
화도 가져오지 않는다. 의학이 아무리 발달하더라도 그것은 죽
음과 직면해서 다시 그 한계가 나타나므로 극에 달하는 고통을
잠정적으로만 덜어줄 수 있을 뿐이다. 우리의 정신을 바꾸지 않
는 한 하나의 분쟁, 하나의 전쟁을 막더라도 다른 분쟁들과 전
쟁들이 뜻밖에 다시 나타날 것이다. 그런 것들 대신 건강 · 권
력 · 성공 · 돈, 감각적 쾌락과는 독립된 내면적 마음의 평화, 즉
내면적 평화의 원천으로서의 내면적 평화를 발견하는 방법은
없을까.[12]

　　인과 법칙을 세계를 설명하고 인식하는 기본적 틀로 삼는다
는 점에서 과학과 불교는 다 같지만, 과학의 지적 관심이 자연
현상에만 있는 데 반해서 선불교의 인식적 관심의 핵심이 행
복 · 고통, 의미 경험이란 정신적 영역으로 확대되고, 따라서
인과 법칙이 선불교에서는 과학에서보다 훨씬 넓은 생명과 정
신의 영역에까지 적용된다는 점에서 과학과 선불교, 더 정확히
말해서 과학적 세계관과 선불교적 세계 인식의 시각은 다르다.
인식적 관심의 세계를 수적으로만 측량할 수 있는 물리적 차원

313

11 Ricard, *Ibid.*, p. 33.
12 Ricard, *Ibid.*, p. 35.

을 넘어서 수적으로 계량할 수 없고 내밀한 현상학적 체험을 통해서만 접할 수 있는 생명과 정신의 영역에까지 확대한다는 점에서 선불교의 세계관은 과학적 세계관과는 달리 생명 중심적이다. 그렇다면 과학과 선불교가 서로 양립할 수 없는 두 개의 세계관이 아니라, 전자를 후자 속에 조화롭게 포괄할 수 있는 가능성이 존재하고, 과학적 세계관을 선불교적 세계관 속에 포함시켜 통합할 수 있는 가능성 곧 과학적 세계관을 생태 중심주의적 세계관 속에 통합할 수 있는 가능성이 있다.

과학적 세계관의 선불교적 즉 생태 중심주의적 통합은 형이상학적으로는 자연 현상에 적용되는 과학적 인과 법칙이 선불교적 인과 법칙의 한 파생적 양상 혹은 측면으로서 후자에 비추어서만 그 의미를 갖는 것을 함의하고, 과학적 지식과 기술의 기능과 그 의미는 생태계의 가치, 인간을 비롯한 모든 생명체의 행복과 고통에 비추어서만 규정되고 평가될 수 있음을 말해준다.

과학의 발달이 없었더라면 오늘날과 같은 산업화는 없었을 것이며, 산업화가 없었더라면 오늘날과 같은 문명의 위기는 나타나지 않았을 것이므로 과학을 문명의 위기의 원천으로 볼 수 있다. 그러나 앞서도 말했듯이 인간의 자기 중심적 욕망, 즉 인간 중심적 세계관이 아니었다면 산업화는 이루어지지 않았을 것이므로 오늘날 위기의 근본 원인은 과학이 아니라 인간 중심적 욕망이다. 과학 그 자체는 인간 중심주의와 전혀 무관하고 오히려 자연 중심적이다. 문명 위기의 원인은 과학 자체에 있던 것이 아니라 인간 중심주의적 세계관의 틀에서 인간이 오로지 자신의 물질적 즉 현상적 욕망만을 위해서 과학 기술을 도구적으로 활용한 데 있었다. 그러므로 과학적 지식과 기술은 탈인간 중심주의적 즉 생태 중심주의적 세계관 속에 전혀 모순

없이 통합되고, 그러한 틀에서 전혀 달리 조절되고 활용될 수 있다.

오늘날의 과학 기술 문명의 위기를 극복하는 길이 오로지 인간 중심주의적 세계관에서 생태 중심주의적 세계관으로의 패러다임 전환으로만 열릴 수 있다면, 생태 중심주의 원형은 선불교 사상에서 찾을 수 있고 선불교적 세계관에 의해서 형이상학적 근거를 제공받을 수 있다. 왜냐하면 선불교적 세계관은 큰 틀에서 다음과 같은 세 가지 명제로 요약될 수 있기 때문이다. 첫째는 존재론적 명제이다. 모든 현상은 연기의 형이상학적 존재/우주의 원리에 의해서 연결된 단 하나의 총체이다. 이러한 사실은 인간과 다른 동물, 다른 존재 사이에는 절대적 차등이 없음을 의미하고, 인간이 중요한 것과 마찬가지로 다른 모든 존재들도 다 같이 중요하며, 따라서 모든 생명체의 행복과 고통에도 나름대로의 적절한 배려가 필요하다. 둘째는 가치론적 명제이다. 가장 중요한 가치는 행복이며, 궁극적 행복은 물질적 욕망 충족이 아니라 정신적 평화로서만 가능하다. 셋째는 방법론적 명제이다. 이러한 행복은 우주의 형이상학적 원리에 따라 나만의 이기적, 인간만의 인간 중심주의적·소승적 행복이 아니라 모든 인간, 모든 생명의 생태 중심적 즉 대승적인 관점에 섰을 때만 가능하다. 바로 위와 같은 근거에서 선불교야말로 21세기, 아니 제3의 밀레니엄 문명의 패러다임이 될 수 있고 또 그러해야만 한다.

5. 결론: 문명의 진환과 세계관의 진환

지금으로부터 한 밀레니엄, 아니 한 세기 문명이 상존하자면 지금까지 물려받아온 인간 중심적 문명의 패러다임을 생태 중심적 즉 선불교적 문명의 패러다임으로 전환하는 이외의 다른 방법이 없다. 많은 이들이 이러한 사실을 인식하고 걱정하지만, 안타까운 사실은 현재의 추세로 볼 때 이러한 세계관, 이러한 패러다임의 전환은 쉽사리 이루어질 것 같지 않다는 데 있다. 그러나 우리에게는 다른 선택이 남아 있지 않고, 더 이상 주저하고 선택을 미룰 시간적 여유가 없다.

또한 우리 이외에 이 문제를 대신해서 해결할 존재는 아무도 없다. 이제부터의 문제는 이론/깨달음이 아니라 이론에 따른 실천 즉 업(業) karma만이 남아 있다. 우리의 운명은 밖으로부터 이미 결정된 것이 아니라 우리 자신의 선/수련으로 쌓게 될 업/행위에 달려 있을 뿐이다.

인간다운 삶과 국학

내가 알기로는 이번 학술 대회의 지난번 주제는 '인간과 자연이 함께하는 국학'이었다. 지난번 주제와 이번의 '인간다운 삶을 위한 국학'이라는 주제의 언표 속에 들어 있는 '함께하는' 그리고 '위한'이라는 말로 미루어볼 때 한국의 전통 사상에 담겨 있는 세계관 및 인생관에 대해서 주최자 측에서는 이미 한국의 전통적 세계관에서 '인간다운 삶'의 규범을 찾을 수 있다는 신념을 전제하고 있는 것으로 추측된다.

그러나 위와 같은 전제 즉 '국학은 인간다운 삶의 모델이 될 수 있다'는 신념이 기정 사실이 아니라면 검토와 검증의 대상이 될 수 있다. 여기서 '인간다운 삶'과 '국학'의 문제는 전자를 위해 후자가 존재한다는 사실을 확인하기 위한 작업이 아니라 그러한 관계를 탐구하고 비판적으로 검토하여 밝히고 규정하는 문제로 바뀌고, 따라서 우리의 주제도 '인간다운 삶을 위한 국학'에서 '인간다운 삶과 국학'으로 바뀌어야 한다. 인간다운 삶과 국학의 관계가 여러 가지 측면에서 검토되고 분석되고 밝혀진 후에야 비로소 국학이 인간다운 삶을 위한 규범이 될 수 있다든가 아니라는 판단이 나올 수 있다.

그러므로 여기서 나는 원래 내게 주어진 주제 '인간다운 삶을 위한 국학'을 '인간다운 삶과 국학'으로 바꾸어 나의 주제를 재설정하고 우선 그것들 간의 가능한 관계를 검토한 다음 과연 국학이 인간다운 삶을 위해 공헌할 수 있는가를 따져보기로 한다. 그러자면 '인간다운 삶'이라는 개념 정리가 선행되어

야 한다. 그렇지 않고서는 '인간다운 삶'과 '국학'의 관계에
대한 결정적 대답은 물론 검토조차도 처음부터 불가능하기 때
문이다.

1. 인간다운 삶

I. '인간다운 삶'의 개념과 그 개념의 보편성 및 상대성

'인간다운 삶'이라는 개념은 언뜻 보기와는 달리 그 의미가
무척 모호하고 막연하다.

'인간다운 삶'을 '인간의 본질에 걸맞은 삶'이라는 뜻으로
해석할 때 인간다운 삶은 인간의 본질과 일치한 삶을 뜻한다.
그렇다면 인간다운 삶의 규정은 인간 본질의 규정을 전제한다.
그러나 문제는 인간의 본질은 여러 가지 관점에 따라 달리 규
정된다는 사실에 있다. 인간의 본질을 생물학적으로 가령 '두
발로 걷는 동물'로, 사회학적으로 가령 '사회적 동물'로, 언어
학적으로 가령 '언어적 동물'로, 철학적으로 가령 '이성적 동
물'로, 도덕적으로 가령 '선악을 판단할 수 있는 동물,' 종교적
으로 가령 '영적 동물'로 이해한다면, 인간다운 삶은 '두 발로
걷고 사는 삶' 혹은 '사회적 관계를 맺고 사는 삶' '언어를 구
사하고 사는 삶' '이성적 기능을 발휘하고 사는 삶' '선악을
판단하고 사는 삶' '영적 문제에 관심을 갖지 않을 수 없는 삶'
과 일치한다. 위의 어느 관점에서 보든, 위의 범주에 속하지 않
는 인간을 상상할 수 없는 이상 모든 인간의 삶이 곧 '인간다운
삶'이라는 결론은 불가피하다. 모든 인간이 인간답게 산다면
새삼스럽게 가령 '국학'이 인간다운 삶을 위해서 공헌하느냐
아니냐 따위의 문제가 논리적으로 제기될 수 없다. 그런데도

불구하고 이러한 문제가 제기될 수 있다면, ‘인간다운 삶’의 문제가 어떤 관점에서 이미 존재한다고 전제된 인간의 어떤 본질을 발견하고 정의하는 서술적 문제가 아님을 시사한다.

‘인간다운 삶’은 객관적으로 이미 존재하고 있고 서술될 수 있는 대상이 아니라 우리가 ‘지향해야 하는, 즉 아직 현실적으로는 존재하지 않는 인간의 이상적 삶’ 즉 실제가 아니라 이성에 의해서 유추되는 당위적 즉 개연적 삶을 뜻한다. ‘인간다운 삶’은 인간이 인간으로서 실제로 살아온 삶을 지칭하는 것이 아니라 인간이 인간으로서 살아가야 할 당위적 즉 개연적 삶을 지칭한다. 그러므로 ‘어떤 삶이 인간다운 삶이냐?’ 라는 물음에 대한 대답은 지금까지 사람들이 살아온 삶의 모델 혹은 모델들을 사실적으로 찾음으로써가 아니라 당위적으로 살아가야 할 삶이 제시되었을 때에만 만족될 수 있다. 이런 점에서 한 사람의 ‘인간다운 삶’에 관한 주장은 그 사람의 ‘인생관’에 해당된다.

실제로 사람들이 살고 있는 삶으로서의 ‘인간다운 삶’ 즉 인생관을 규정하는 데 있어서도 그에 대한 의견이, 바로 앞에서 보았듯이 다양하다면, 실제로 존재하는 것이 아니라 관념적으로 바람직하다고 믿는, 즉 당위적 삶으로서의 ‘인생관’을 단하나로 규정하는 것이 어렵다는 것은 당연하다. 왜냐하면 당위적인 인간의 삶은 주관에 의해 결정되는 것이고, 주관은 개인적인 차원에서든 집단적 차원에서든 한없이 가변적 가능성이 있기 때문이다. 실제로 ‘인간으로서 당위적으로 살아가야 할 삶, 즉 이성적으로 생각할 때 인간이 택해야 할 당위적 삶이 무엇인가’ 라는 물음에 대한 대답은 문화와 시대에 따라, 사람과 그의 기분에 따라 사뭇 달라왔다. 가장 인간다운 삶은 어떤 이에게는 권력의 폭과 힘이, 다른 이에게는 부의 크기가, 또 다른 이에게는 육체적 쾌락, 어떤 사회에서는 도덕적 고결성이, 다른 사회에서는 다른 이들과의 조화가, 그리고 또 다른 사회에서는 명예가, 불교에서는 자비심이, 노장에게는 소요가, 기독교에서는 신에 대한 신앙심이, 근대인에게는 개인의 자유가, 니체에게는 초인이, 전통적 한국인에게는 오복이 인간다운 삶의 척도가 되었고, 현재의 자본주의 디지털 시대에서는 무한 경쟁에서의 승리가 각각 인간다운 삶의 잣대가 된다. 또한 어떤 이에게는 지적 성취가, 다른 이에게는 안락한 가정이 인간다운 삶의 각기 다른 척도가 된다.

이러한 역사적 사실에 비추어 볼 때 인간의 본질은 숫제 존재하지 않으며, 따라서 '인간다운 삶' 즉 '가장 바람직한 인간의 삶'의 보편적 규정은 불가능하다는 결론이 나올 수 있다. 만약 이러한 결론이 불가피하고, 당위 즉 규범으로서의 '인간다운 삶'을 어떻게 규정하든 그 규범이 원천적으로 상대적일 수밖에 없다면, '인간다운 삶'의 보편적 규범은 존재하지 않거나, 존재할 수 있는 논리적 가능성조차 없게 된다. 그렇다면 국학이 '인간다운 삶'의 규범이라는 주장은 물론 어떤 삶이 인간다운 삶인가를 따지는 것조차도 불가능하다. 만일 그렇다면 '인간다운 삶'이라는 말은 정서적 의미를 가질 수 있을지는 모르지만 인지적으로는 전혀 무의미하다. 과연 그럴까?

하지만 가장 바람직한, 당위적인 인간의 삶으로서의 '인간다운 삶'에 대한 신념이 역사적으로, 지역적으로, 문화적으로 그리고 개인적으로 상대적이었음에도 불구하고, 인간은 시대와 장소를 초월해서 '인간다운 삶'을 살려는 욕망을 완전히 버릴 수 없었고 그래서 끊임없이 '인간다운 삶'에 대한 서로 다른 신념들의 진위에 관한 논쟁을 벌여왔다. 이러한 사실은 시대와 장소를 초월해서 객관적으로 존재하고 보편적으로 공감할 수

있는 '인간다운 삶'의 보편적 양식의 존재와 그것의 발견 가능
성이 여전히 존재함을 시사한다. 어쩌면 무엇이 인간다운 삶이
냐는 물음에 대한 대답의 다양성 즉 서로 간의 차이는 한 시대,
한 사회, 한 문화, 한 개인 간의 '인간다운 삶'의 본질에 대한
신념의 차이를 나타내는 것이 아니라, 그러한 신념을 가진 인
간들의 자연적·역사적·사회적·문화적 및 지적 조건의 차이
를 반영하는 징표로 설명할 수 있다. '인간다운 삶'에 대한 보
편적 신념과 그러한 신념의 실현을 위한 자연적·역사적·사
회적·문화적 및 지적·상대적 조건들 간의 관계는 인간으로
서 살기 위한 음식의 섭취, 의복, 주택, 언어 구사 등과 같은 보
편적 필수 조건들과 실제로 먹는 음식물의 내용, 실제로 입는
의복의 양식, 실제로 거주하는 주택의 구조, 실제로 구사하는
자연어의 상대성과의 관계와 마찬가지로 볼 수 있다. 사람들이
실제로 먹는 음식, 실제로 입는 옷, 실제로 사는 집, 실제로 구
사하는 언어의 차이와 상대성은 그들 간의 삶의 필수 조건의
차이를 함축하는 것이 아니라 그러한 필수 조건들이 실현될 수
있는 자연적·역사적·사회적·문화적 및 지적 여건들의 불가
피한 차이를 나타내는 것에 불과하며, 후자의 상대성은 결코
전자의 상대성을 함의하지 않는다. 따라서 전자 즉 인간적 생
존을 위한 필수 조건들은 시대와 장소, 개인과 개인의 차이를
넘어 보편적인 것으로 규정할 수 있다. '인간다운 삶'의 보편
성과 사람들이 시대와 장소, 개인과 개인에 따라 달리 갖고 있
는 '인간다운 삶'에 대한 생각들의 다양성과 상대성과의 관계
도 꼭 마찬가지 시각에서 볼 수 있다. '인간다운 삶'에 대한 생
각의 시대적·문화적·개인적 차이와 상대성은 반드시 '인간
다운 삶'에 대한 사람들의 생각에 차이가 있기 때문이 아니라
그들이 다 같이 동일한 인생관에 의해 살아가면서도 자연적·

역사적 · 문화적 · 지적 측면에서 다른 여건에 놓여 있었기 때문인 것으로 설명될 수 있다.

II. '인간다운 삶,' 인간관 및 세계관

누가 언제 무엇을 하며 어떻게 살든, 그가 의식하든 못 하든, 그는 자기에게 주어진 상황에서 '인간다운 삶' 즉 가장 바람직한 삶을 최대한으로 실현하려고 노력하는 것만은 분명하다. 그가 구체적인 상황에서 실현하고자 하는 구체적인 내용은 사람에 따라, 그가 놓여 있는 내적 및 외적 조건에 따라 천차만별이기는 하겠지만, 상황마다 다른 여러 구체적 실천을 통해서 성취하고자 하는 그의 인생, 더 나아가서는 모든 인간에게 동일하거나 동일할 수밖에 없는 어떤 일정한 삶의 가치가 있을 수 있다.

이러한 사실을 전제로 할 때에만 '인간다운 삶'이라는 말이 객관적 의미를 갖고 그것의 진위가 합리적으로 검토될 수 있다. 그렇지 않다면 우리가 할 수 있는 것은 '인간다운 삶'에 대한 각자의 주관적 느낌을 표현할 수 있을 뿐으로, 그러한 감정이 진위의 검토 대상이 될 수는 없으므로, 담론의 대상이 될 수 없다. 이처럼 보편적으로 타당하다고 인정할 수 있는 '인간다운 삶'에 대한 신념의 진위가 논의될 수 있는 것은 모든 인간은 서로 간의 수많은 차이에도 불구하고 '인간'이라는 하나의 종으로서 생물학적으로 동일한 구조와 속성을 갖고 있기 때문인 것으로 볼 수 있다.

보편적으로 타당한 '인간다운 삶'의 가능성을 인정한다면, 그것은 어디서 어떻게 찾아낼 수 있는가? 그러한 삶의 모델이 어느 공간에 산이나 코끼리처럼 이미 객관적으로 존재하는 것이 아니라 인간이 구성해내야 할 이상이라는 사실을 인정한다

면, 그것은 어떻게 구성되어야 하는가? 그것이 구성의 대상이
며, 그러한 구성이 인간의 주관적 행위의 산물이고, 인간의 주
관이 가변적이고 상대적이라면, 모든 구성 즉 '인간다운 삶'에
대한 모든 신념도 상대적인가? '인간다운 삶'이 우리가 이성을
통해서 구성한 상상물일 수밖에 없더라도, 어떤 객관적 사실에
근거하지 않은 상상물은 상상할 수 없으므로, 상상물로서의,
즉 이상으로서의 인간의 삶이라는 뜻으로서의 '인간다운 삶'
은 실재하며 객관적으로 관찰할 수 있는 '인간의 삶'에 뿌리를
박고, 실재하는 구체적인 인간이 실천할 수 있는 삶이어야 한
다. 앞서 우리는 '인간이 실제로 어떻게 사는가'의 사실적 문
제와 '인간은 어떻게 살아야만 하는가'의 당위적 문제, 즉 인
간의 삶과 인간으로서 살아야 하는 당위적 삶은 논리적으로 다
른 문제임을 강조했다. 전자가 사실의 문제라면 후자는 가치의
문제이며, 오늘날 적지 않은 철학자들이 그 둘 사이는 깊은 차
원에서 서로 구별할 수 없이 얽혀 있다고 주장하지만 그러한
논리적 구별이 지켜지지 않고는 우리의 사고에 극심한 혼잡이
생긴다.

　그러나 적어도 이상적 즉 가치 함축적 삶으로서의 '인간다운
삶'의 모델의 탐구와 구성은 인간이 어떤 존재인가에 대한 객
관적 탐구와 지식을 전제한다. 인간의 객관적 속성으로서의 생
물학적 · 지적 · 도덕적 가능성과 한계를 모르는 상태에서 인간
의 이상적 존재 방식을 구상할 수는 없다는 것이다. 인간에 대
한 위와 같은 객관적 조건을 모르는 상태에서 이상적 인간의
삶을 구상하려 한다면, 날개 없이 새처럼 날기를 원하는 인간
을 꿈꾸는 것과 마찬가지이며, 아이들은 지능 발달상 아인슈타
인의 상대성 원리를 이해할 수 없는 지적 제한을 받고 있는데
도 불구하고 그러한 물리학적 이론을 이해하는 아이가 되기를

바라는 것과 다름없다.

'개다운 개'는 아무리 이상적인 경우라도 공자나 아인슈타인은 물론 새나 고래가 될 수 없다. 개는 생물학적으로 결정된 능력의 한계 내에서만 '개다운 개'가 될 수 있다.

인간은 객관적으로 어떻게 규정될 수 있는가? 앞에서도 보았듯이 이 물음에 대해 물리학적 · 생물학적 · 사회학적 · 철학적 및 종교적 대답이 가능하다. 인간은 동물의 한 종에 지나지 않지만, 인간이 다른 동물들과 다른 점은, 존재론적 구조의 차원에서 볼 때, 생물학적으로 두 발로 걷는 동물이라는 데서, 사회학적으로는 사회적 관계가 언어를 매개로 한다는 데서, 철학적으로는 이성을 갖고 있다는 점에서, 종교적으로는 영혼을 소유하고 있다는 점에서 찾을 수 있다. 발생학적 차원에서 볼 때, 인간은 과학적 관점에서는 자연 진화의 우연한 산물이며, 기독교적 관점에서는 절대적 신이 유일하게 자신의 이미지에 따라 특별히 만들어낸 창조물이다. 목적론적 차원에서 볼 때, 인간은 불교적 · 동양적 · 과학적 관점에서는 다른 모든 존재들과 마찬가지로 어떤 목적을 위해 존재하는 것이 아니라 그냥 존재하고 그 자체가 바로 목적이지만, 기독교 · 헤겔 · 칸트 등의 종교적 및 철학적 관점에서는 어떤 궁극적 목적을 위해 존재한다. 우주 전체 안에서의 위상 즉 세계관의 측면에서 볼 때, 서양을 지배한 기독교적 종교 및 플라톤적 철학의 인간 중심적 관점에서는 인간은 자연 · 지구의 주인이지만, 동양을 지배한 불교적 종교 및 노장적 철학, 그리고 근대 과학의 자연 중심적 관점에서 볼 때 인간은 자연의, 지구의 한 부분, 한 측면에 지나지 않는다.

이러한 사실은 인간의 본질을 어떻게 정의하든 한 사람이 가질 수 있는 '인간다운 삶'에 대한 입장이 그의 인간관에 바탕을 두고 있는 것과 마찬가지로 그의 인간관은 그의 세계관 즉 인간, 자연 그리고 우주 전체에 대한 총괄적 비전에 근거하고 있음을 의미한다. '인간다운 삶'에 대한 한 사람의 신념 즉 인생관은 그의 인간관에 따라서, 그리고 그의 인간관은 그의 세계관에 따라서 달라질 수밖에 없다는 것이다. 한 사람의 인생관은 그의 인간관과 상충하지 않는 한에서, 그리고 한 사람의 인간관은 그의 세계관과 모순되지 않는 한계 내에서만 주장될 수 있기 때문이다. 가령 '하느님에 대한 신앙과 그를 따르는 삶'을 가장 인간다운 삶으로 생각하는 기독교적 인생관은 '인간은 하느님이 자신의 이미지에 따라서 만든 피조물'이라는 인간관의 틀에서만 가능할 뿐 인간과 그 밖의 피조물들의 형이상학적 구별을 부정하는 불교적 인간관에서는 불가능하며, 기독교적 인간관은 세계를 속세와 천당으로 구별하는 서양적 사유를 지배해온 이원론적 세계관의 테두리 안에서만 이해가 될 뿐, 그러한 차별을 거부하는 동양적 사유를 지배해온 일원론적 세계관에서는 불가능하다. 동양적 세계관의 틀에서는 니체가 말하는 '초인'은 '인간다운 삶'을 사는 모델이 될 수 없고, 서양적 세계관의 맥락에서는 노장적 '소요(逍遙)'가 '인간다운 삶'의 척도가 될 수 없다. 그러므로 하나의 '인간다운 삶'에 관한 입장 즉 인생관의 특징과 그 타당성은 그것을 뒷받침하는 인간관의 특징과 타당성에 비추어, 다른 또 하나의 인간관의 특징과 타당성은 그것이 깔고 있는 세계관의 특징과 타당성에 비추어 설명되고 수용될 수 있다.

구체적으로 어떤 삶이 '인간다운' 것이며, 그 어떤 삶이 '인간다운' 것이라고 믿을 수 있는 근거는 무엇인가? 어떤 인간관, 어떤 세계관이 옳은가? 문제는 여러 가능한 인생관·인간관·세계관들 가운데서 단 하나의 세계관을 선택하는 데 있다.

그러한 선택은 철학자·종교인·과학자뿐만 아니라 일반인 모두가 누구나 나름대로 다 갖고 있는 여러 종류의 인생관, 인생관을 뒷받침하는 인간관, 인간관을 뒷받침하는 세계관을 수집하고, 비교 검토하여 가능한 한 그중에서 선택하는 길이 있다. 그러나 여기서 인생관은 인간적 삶의 궁극적 의미에 대한 신념으로, 인간관은 인간 본질에 대한 신념으로, 세계관은 삼라만상을 포함한 우주 전체에 대한 총체적 비전으로 규정할 때, 인생관·인간관·세계관이 다양하다는 데 문제가 생긴다. 이런 상황에서 어떤 방법으로 그것들을 다 같이 검토하고 그중 참된 하나만을 가려낼 수 있는가?

인간다운 삶에 관한 신념 즉 인생관들, 인간관들, 세계관들을 체계적으로 서로 비교하고 그 진위를 검토하여 그중 하나만을 가려내자면, 우선 그것들의 체계적 분류가 필요하다.

그것들은 생물학적·심리학적·사회학적·시대적·지역적·종교적·철학적·정치적·경제적·내용적·태도적 등과 같은 다양한 관점에 따라 수없이 많은 다른 방식으로 분류될 수 있다. 세계관은 형이상학적 입장에 따라 일원론적 혹은 다원론적으로, 지역에 따라 동양적 혹은 서양적으로, 시대에 따라 원시적 혹은 근대적으로, 인식의 모델에 따라 신비적 혹은 이성적, 학문적 모델에 따라 종교적 혹은 과학적으로, 평가적 기준에 따라 원시적 혹은 근대적 등으로 분류될 수 있다. 인간관은 세계관에 따라 자연주의적 혹은 인간 중심적으로, 지역에 따라 동양적 혹은 서양적으로 분류할 수 있으며, '인간다운 삶'은 세계관과 인간관에 따라 한결 더 복잡하고 다양하게 분류될 수 있다. 그것은 생물학적으로는 생물학적 개체로서의 수명 연장일 수도 있고, 심리학적으로는 심리적 충족감, 사회학적으로는 사회에의 공헌, 시대적으로는 고대 그리스의 금욕주

의나 현대의 물질적 쾌락주의, 지역적으로는 서양의 공격성·
적극성이나 동양의 수동성 등의 범주 개념으로 분류될 수 있
고, 종교적으로는 기독교적 영생과 불교적 깨달음으로, 철학적
으로는 허무주의와 낙관주의 인생관으로, 정치적으로는 자유
민주주의와 사회 민주주의로, 내용적으로는 물질주의와 정신
주의, 태도적으로는 적극적이고 공격적인 것과 소극적이고 양
보적으로, 행동 동기의 관점에서는 선의적인 것과 악의적인 것
으로, 결과의 관점에서는 성취한 것과 실패한 것 등으로 분류
할 수 있다.

　이처럼 '인간다운 삶'에 대한 입장은 수없이 많은 관점에 따
라 수없이 다르게 분류될 수 있다. 그러한 분류 가능한 모든 종
류의 '인간다운 삶'의 정의를 여기서 빠짐없이 검토하는 것은
시간적으로 불가능하고 내용적으로도 불필요하다. 그러므로
나는 여기서, 우리의 문제가 '인간다운 삶'과 국학과의 관계를
고찰하는 데 있다는 사실과, 이러한 문제가 현대인이 추구하는
가치들과 삶의 양식에 큰 문제가 있다는 의식에 뿌리박고 있다
는 점을 염두에 두고, 그러한 문제를 풀기 위한 하나의 전략으
로서, '인간다운 삶'에 관한 신념들의 유형을 최대한 압축하
여, '자기 실현' '자연에의 회귀' 그리고 '자연과의 조화'라는
세 가지 범주 속에 기존의 입장뿐만 아니라 가능한 입장들을
재구성하여 각기 그것들을 정의하고 각기 그것들의 타당성을
고찰해보기로 한다.

Ⅲ. '인간다운 삶'의 유형

　'인간다운 삶'은 인간의 생물학적 본능에 기계적으로 따르
는 삶이 아니라 인간으로서 가장 **바람직한 삶**을 뜻하고, 바람직
한 삶이 이성에 의한 본능의 통제를 전제로 한 당위적 삶으로

정의된다면, '인간적 삶'은 충동에 따른 자연적 삶이 아니라 의도가 개입된 인위적 삶이다. 식물이든 동물이든, 의식하든 못하든 모든 생명체의 궁극적 본능, 궁극적 가치는 종족 보존과 번식에 있는 듯하며, 모든 동물들의 이러한 본능은 자신의 희생을 쉽게 감수할 만큼 강하다. 생물학적 관점에서만 볼 때 모든 생명은 영국의 한 철학자 도퀸의 말대로 각자 자기의 종으로서의 '유전자 운반차'이며, 한 생명의 의미는 그러한 생명의 기능을 다하는 데서 찾을 수 있다. 생물학적 차원에서 볼 때 인간의 경우도 전혀 다르지 않다. 인간은 그가 어머니 뱃속에서 난자와 결합하여 인간으로 잉태될 때부터 무한에 가까운 수의 다른 정자들과의 경쟁에서 이겼고, 죽는 날까지 다른 사람들과 치열하게 경쟁을 하면서 자연적 및 사회적 환경에 적응해야 한다.

그러나 이러한 삶은 생물학적·동물적 삶이지 인간다운 삶은 아니다. 왜냐하면 인간은 다른 동물처럼 생물학적으로만 규정될 수 없는 자기 초월적 즉 이성적 측면을 갖고 있기 때문이다. 그렇다면 인간에게 있어서 '인간다운 삶'은 그러한 자신에게 유일하게 주어진 속성 즉 인간성에 맞는 삶 즉 동물에서는 찾아볼 수 없는 즉 동물적 본능을 초월하는 정도에 따라 평가될 수 있다.

초월적 측면을 갖고 있기는 하지만 인간은 다른 동물과 마찬가지로 자연적·문화적 및 사회적 환경 속에서 다른 사람들, 다른 동물들 그리고 다른 존재들과 관계를 맺고 살아야 한다. 그 관계는 각자 인간의 관점에서 볼 때 주체의 의도에 의해서 필연적으로 성립되는 그 대상과의 관계이다. 한 사람의 '인간다운 삶'에 대한 입장 즉 인생관은 주체로서의 자신과 그의 대상과의 관계를 어떻게 설정하고 그것에 대처하느냐에 따라 달라진다. 나는 가치의 중심에 '나'라는 주체, '나'라는 주체의 대상으로서의 '자연,' 주체로서의 '나'와 나의 대상으로서의 '자연'과의 '조화'라는 세 가지 가운데 하나를 택해서 들 수 있다. 이 세 가지 가운데에 어떤 가치를 중심에 두느냐에 따라 인간다운 삶은 '자기 실현'으로 혹은 '자연에의 귀의'로 혹은 그리고 '자연과의 조화'로 규정될 수 있고, 그 규준에 따라 한 사람의 삶의 인간다움은 각기 달리 평가된다.

1) '자기 실현'으로서의 '인간다운 삶'

생명은 욕망의 원천이고 가능성이다. 욕망은 충족되고자 하고 가능성은 현실화되기를 지향한다. 그의 욕망과 가능성은 그의 생물학적 즉 자연적 조건에 의해서 전적으로 결정되고 제약된다. 그러나 인간의 경우는 좀 다르다. 동물로서의 인간은 다른 동물들과 똑같이 자연적으로 즉 결정적으로 조건지어진 욕망과 제한된 가능성을 갖고 있지만, 이성을 갖고 태어난 그는 다른 동물과는 달리 자신의 선택·의지·결단에 따라 각자 자신의 고유한 목적을 자유롭게 선택하고 가치를 창조적으로 창출할 수 있다. 그의 삶은 자연의 법칙에 의해서만 전개되는 것이 아니라 자신의 자유 의지에 의해서 스스로 자신이 타고난 재능을 실현할 수도 있고 매장할 수도 있다. 이런 점에서 '인간다운 삶'의 구체적 모습을 '자기 실현'의 삶에서 찾을 수 있다.

자기 실현은 한 사람이 원하는 것을 그가 타고난 재능과 후천적 노력을 통해서 자신이 갖고 있는 가능성을 현실로 옮기는 과정을 뜻한다. 그러므로 한 인간의 자기 실현은 나팔꽃 씨가 성장하여 나팔꽃을 피우고, 한 마리의 잘생긴 암사자가 수사자와 짝짓기를 해서 역시 잘생긴 사자 새끼를 낳는 과정에 비유된다. 한 사람마다 타고난 재능은 그 성질에 따라 수학적·공학적 · 철학적 · 예술적 · 체육적 등등이 있고, 그 정도에 따라 피타고라스 · 에디슨 · 칸트 · 미켈란젤로 · 타이거 우즈만큼의 수준이 있는가 하면 이들 이외에도 재능의 수준에 있어서 천차만별의 수학자들, 공학자들, 철학자들, 예술가들, 운동 선수들이 있다. 그러나 자기 실현이 타고난 잠재적 가능성을 마음껏 실현에 옮김을 뜻함에는 변함이 없고, 각자 자기가 하고 싶은 것을 실천에 옮길 수 있다는 사실만큼 만족스러운 것은 없다. 왜냐하면 이러한 실천은 곧 행복의 조건이기 때문이다. 이런 점에서 볼 때 누구를 불문하고 '자기 실현'의 삶 즉 '자기가 하고 싶은 대로 마음껏 산 삶'이야말로 가장 바라는 삶 즉 '인간다운 삶'의 정의가 될 듯싶다.

  실제로 대부분의 사람들은 그렇게 믿고 있다. 이러한 사실은 거의 모든 사람들이 '하고 싶은 것을 하고 산 삶'을 이상적인 삶으로 보고 있다는 사실에서 알 수 있다. 그들이 도덕적 규탄을 받을 폭군이었으며 부패했다는 사실을 알고 그것을 규탄하면서도 사람들은 마음속 한곳에서 이집트의 파라오, 로마 황제, 왕, 영주, 대통령과 같이 막강한 권력을 누렸던 이들의 삶을, 진 시황 · 네로 · 스탈린 · 히틀러 · 모택동 · 김일성 같은 무서운 권력을 행사한 사람들의 삶을 선망하고, 한편으로는 민중을 착취하는 자들로서 질타의 대상을 삼으면서도 다른 마음 한구석에서는 록펠러, 정주영 왕회장, 빌 게이트 같은 막강한 재력을 가진 이들을 멋있는 삶을 산 사람들로 은근히 부러워한다. 업적을 남기기 위해서 말할 수 없는 노력, 고통, 그 밖의 많은 희생과 대가를 치러야 했음에도 불구하고 위대한 기술적 · 예술적 · 정치적 · 도덕적 · 학문적 등등의 여러 분야에서 위대한 업적을 쌓은 이들의 삶을 '자기 실현'을 실천한 삶의 모델로서 존경하고 선망한다. 이런 관점에서 가장 바람직한 삶 즉 인간다운 삶으로서 '자기 실현'을 주장한 철학자는 니체이며, '자기 실현'을 이룩한 즉 '인간다운 삶'을 가장 절절히 대표하는 인간상은 니체의 '초인'이다.

그러나 과연 자기 실현이 정말로 그리고 보편적으로 인간다운 삶의 잣대가 될 수 있을까? 자기 실현이 잠재적 욕망의 현실화를 뜻한다면 자기 실현은 무조건 '인간다운 삶'이 될 수 없다. 몇 가지 이유를 들 수 있다. 첫째, 나의 '자기 실현'은 남의 '자기 좌절'이 될 수 있고, 나의 자기 실현에 따른 충족감은 남의 아픔이나 죽음을 의미할 수 있기 때문이다. 나의 자기 실현을 위해서 외국으로 유학을 가야 하지만 내가 유학을 가자면 나의 동생은 유학을 포기하고, 나의 노부모는 병원 치료를 포기하여 죽음을 각오해야 한다. 자기 실현을 위한 일본인들의 한국 식민지화는 한국의 수난과 죽음을 의미했다.

둘째, 자기 실현에 전제된 욕망에는 여러 가지가 있고 그것들 가운데에는 도덕적으로 선한 것이 있는가 하면 악한 것이 있고, 정신적으로는 귀한 것이 있는가 하면 비천한 것이 있고, 지적으로는 참된 것과 그릇된 것이 있으며, 미학적으로는 아름다운 것이 있는가 하면 추한 것이 있기 때문이다. 고귀한 것이 있는가 하면 비속한 것이 있으며, 정신적인 것일 수도 있고 동물적이고 육체적인 것일 수도 있다. 그러므로 자기 실현이 인간다운 삶의 정의가 된다 하더라도 그것은 극히 제한된 한계 내에서만 적용될 수 있다.

셋째 그리고 더 원천적으로 자기 실현은 인간다운 삶, 즉 당위적인 삶의 잣대가 될 수 없다. 실현하고자 하는 내용이 어떤 것이든 간에 인간다운 삶을 자기 실현으로 설정하는 인간의 가치관은 필연적으로 자기 중심적이며 그의 삶에 대한 태도는 불가피하게 경쟁적이며 공격적이고, 자기 이외의 모든 것에 대한 입장은 부득이 배타적이며 지배적이다. 인류의 역사는 자기 실현의 인생관을 가진 위와 같은 성격을 갖고 위와 같은 태도로 살아온 사람들의 역사로 볼 수 있으며, 문명은 이러한 사람들이 일구어낸 결실이라는 것을 인정하더라도 사정은 마찬가지다. 자기 중심적·경쟁적·공격적으로 살아온 사람들이 그와 반대되는 사람들을 압도하지 않았던들 인류가 오늘날과 같이, 자신 이외의 모든 동물만이 아니라 지구 전체를 완전히 지배하고, 우주까지 침입할 수 있게 되지는 못했을 것이다. 위와 같은 사실들이 '자기 실현'을 인간다운 삶으로 확신하고 사는 이들의 불가피한 속성이라면, 그렇게도 자기 중심적이고, 배타적이고, 경쟁적이고, 공격적인 사람들을 결코 인간답다고는 말할 수 없고, 그러한 사람들이 만들어놓은 사회·역사·문명을 정말 인간다운 것으로 볼 수 없다.

넷째, '자기 실현'을 인간다운 삶의 잣대로 삼는 데서 생기는 더 심각하고 절실한 문제는 위와 같은 문제 이외에도 그러한 인생관이 자연 파괴적이고, 환경 파괴적이고, 궁극적으로는 자기 파괴적이지 않을 수 없다는 데 있다. '자기 실현'의 인생관의 자기 중심적·배타적·경쟁적 그리고 공격적 성격은 사회 내에서의 다른 인간들과의 관계에서 뚜렷하게 나타나는 것이지만 인간과 대치되는 자연과의 관계에서도 마찬가지로 나타난다. 그러나 오늘날 자기 중심적·이기적·경쟁적·배타적·공격적 인류에 의해서 오랜 발달 과정을 밟아온 문명의 결과는 그것에 동반된 환경, 생태계, 자연을 점진적으로 파괴한 결과가 문명의 지속적 발달은 말할 것도 없고 인류의 생물학적 존속까지 총체적이고 근본적으로 위협하기에 이르렀다. 그렇다면 '자기 실현'은 근본적인 차원에서 볼 때 인간다운 삶의 목표가 될 수 없다. 그것이 어떤 목표가 될 수 있다면 오로지 단기적 및 근시안적 차원에서만 그렇지 장기적 및 원시안적 차원에서는 인간적이기는커녕 반인간적이다. 그것이 어떻게 규정되든 간에 '인간다운 삶'의 필수 조건 중의 하나는 스스로를 파괴하고 부정하는 삶이 되어서는 안 된다는 것이다. 자기 실현을 인간다운 삶의 모델로 인식하는 근거는 인간 중심적인 이원론적 세계관을 전제하는데, 이러한 세계관은 첨단 과학이 발달한 오늘날 더 이상 고집할 수 없다. 서양 문명, 근대 세계 문명은 '자기 실현'이라는 인생관의 가장 뚜렷한 산물이며, 이 산물은 현재 그것이 가져온 찬란한 성과와 동시에 그것이 갖고 있는 끔찍한 파괴성으로 인해서 인류로 하여금 순수한 경탄의 박수를 치게 하는 동시에 종말적 공포의 외침을 지르게 하고 있다. '진보'라는 이름을 가진 자기 실현적 서양 문명은 '퇴보' 아니 '자기 파괴'라는 말이 더 적절히 적용될 수 있는 문명으로 변형되어왔던 것으로 볼 수 있다.

2) '자연에의 귀의'로서의 '인간다운 삶'

'자기 실현'과 대치시킬 수 있는 개념으로 '자연에의 귀의'라는 개념을 생각해볼 수 있다. 전자가 개인의 가능성을 최대한도로 실현하는 데서 인간다운 삶의 모델을 찾는다면, 후자는 개인의 개인적 번영은 물론 인류의 번영에 앞서 자연에의 귀의 즉 생태계의 존속·번영에 우선적 가치를 두고 그러한 가치에 기여할 수 있다는 점에서 '인간다운 삶'의 모습을 찾는다. '인간다운 삶'에 대한 이 같은 신념은 개인의 삶의 가치에 앞서, 종의 삶의 가치가, 인류의 존속 가치에 앞서 자연/생태계의 존속 가치가 선행한다는 가치관에 근거하고, 이러한 가치관은 인류는 존재론적으로 자연/생태계의 일부라는 형이상학적 인식에 근거하며, 이러한 형이상학적 인식은 부분에 앞서 전체의 복지를, 개인에 앞서 집단의 복지를, 인류에 앞서 자연/생태계의 복지를 우선하는 윤리로 통한다. 개인의 희생적 정신이 높은 도덕적 가치로 여겨지고, 가족을 위한 부모의 희생, 국가를 위해 목숨을 바친 애국 열사들이 어디서나 언제나 높이 평가되고 있다는 사실은 많은 사람들이 알게 모르게 '전체에의 기여' 즉 '이타주의'를 '인간다운 삶'의 척도로 전제하고 있음을 증명한다. '인간다운 삶'에 대한 이 같은 기준은 도덕적으로 아름답고 형이상학적 근거도 있다. 왜냐하면 '인간다운 삶'의 척도가 어느 정도 위와 같은 원칙에 근거하지 않았더라면 현재 우리가 알고 있는 인간을 포함한 수많은 생명체들의 공동체는 존재하지 않았을 것이기 때문이다. '전체에의 기여,' 궁극적으로는 '자연에의 귀의'가 '인간다운 삶'의 기준이 되어야 한다는 주장을 대표하는 이론과 사람들은 환경학의 맥락에서는 '근본 생태주의'이고 종교에서는 철저한 힌두교 혹은 불교와 성 프란체스코, 노자나 장자를 예로 들 수 있다.

그럼에도 불구하고 '전체에의 기여' '자연에의 귀의'는 '인간다운 삶'의 만족스러운 척도일 수 없다. 첫째, 만약 위와 같은 가치가 '인간다운 삶'의 가치의 척도였다면, 인류는 오늘날과 같은 문명을 창조하지 못했을 것이다. '자연에의 귀의'를 원칙으로 살아왔다면 인류는 주어진 여건에 무조건 종속적으로 적응하지 않고 그것에 도전하여 그것을 개척·정복·개발하는 강한 의지를 가진 개인들을 배출하지 못했을 것이기 때문이다. 둘째, '인간다운 삶'에 대한 위와 같은 신념은 자기 모순적이다. 왜냐하면 '인간다운 삶'의 척도가 오로지 위와 같은 원칙에 의해 철저하게 규정될 때 전체의 복지라는 이름 아래 개인의 복지는 무시되고, 전체에 대한 개인의 종속·복종·희생을 강요하는 정치적 전체주의는 불가피한 결과로 나타날 것이기 때문이다. 그러나 전체주의적 원칙을 끝까지 밀고 갈 때, 전체를 구성하는 개별자, 자연의 일부인 인류는, 인류의 한 구성원인 개인인 '나'라는 존재는 마침내 전체 속에 흡수되어 사라지고 말 수밖에 없다. 이러한 사실은 '전체에의 공헌'이 인간다운 삶의 척도가 될 수 없음을 함축한다. 만일 '나'라는 인간이 증발한다면, '인간다운 나'도 존재할 수 없기 때문이다.

그렇다면 어떤 삶이 정말 인간다운 삶인가? 인간답게 살려면 어떻게 살아야 하는가? '자기 실현'과 '자연에의 귀의'가 인간다운 삶을 위한 원칙이 될 수 없다면 도대체 어떤 삶이 인간다운 삶일 수 있는가?

3) '자연과의 조화'로서의 '인간다운 삶'

여기서 우리는 '사회적·환경적·인위적 및 자연적 모든 타자와 조화로운 삶, 특히 타자로서의 생태계/자연과의 조화'를 '인간다운 삶'의 척도로 볼 수 있다. 조화로운 삶, 가장 일반적으로 말해서 자연과의 조화로운 삶이란 '자기 실현'의 삶과는 달리 자기 중심적으로 자기만의 가치를 주장하는 공격적·경쟁적·배타적 삶도 아니며, 반대로 '자연에의 귀의'의 삶과는 달리 가족·사회·국가·자연을 위해서 완전한 자기 축소와 희생을 요구하는 소극적·수동적·자기 포기적 그리고 생태계/자연 중심적 삶도 아니다. 그것은 나와 공동체, 나와 생태계/자연의 공존과 그것들 간의 조화로운 공생과 번영을 궁극적 가치로 삼는 삶이다. 그러한 가치를 원칙으로 하는 인간의 태도는 자신과 구별되는 타자에 대해서 공격적이거나 정복적이지도 않고, 자기 자신에 대한 태도는 체념적이거나 패배적이지도 않으며, 경쟁적이지도, 배타적이지도, 숙명주의적이거나 독선적이지도 않은 삶을 산다.

'자연과의 조화'로서의 '인간다운 삶'은 자기의 주체성과 자유를 고수하지만 그렇다고 타자의 주체성과 자유를 부정하지 않는 삶을 뜻한다. 내가 살기 위해서 남을 도구로 쓰고, 인류의 생존과 번영을 위해서 나와 다른 사람, 동물·식물들을 도구나 수단으로서 다룰 수밖에 없고, 자연을 개발해야 되겠지만, 나는 그것들의 내재적 가치를 존중하면서 가능한 한 덜 개발, 덜 이용 그리고 덜 소비하면서 산다. 나는 생태계의 한 고리를 차지하는 나 자신의 생존과 번영과 아울러 나 이외의 모든 동물, 모든 생물들의 생존과 번영을 그 자체로서 존중하고, 가능한 한 그것들의 생존을 존중하고 그것들의 번영을 함께 도우면서 서로 갈등하는 두 가지 요청들 간에 조화를 찾고자 애쓴다.

인간은 우주, 지구라는 자연과 형이상학적으로 완전히 분리된 특수한 존재도 아니며, 자연의 주인도 아니고, 자연을 도구로써 사용할 권리를 가진 존재가 아니다. 물리적으로는 자연의 작은 한 부분에 지나지 않는다. 인간다운 삶이 인간의 본질에 맞는 삶을 뜻한다면, 한 관점에서 볼 때 타자인 자연의 일부로서의 인간의 인간다운 삶은 자연에 종속적으로 사는 삶이어야 한다. 하지만 인간은, 파스칼의 말대로, 자기 자신을 포함하고 있는 타자로서의 자연/우주를 의식하고 생각할 수 있는 존재인 점에서는 타자로서의 자연/우주의 밖에 있으며, 자연/우주의 밖에 있다는 점에서 인간은 역설적으로 타자로서의 자연/우주보다도 더 큰 존재라는 역설이 생긴다. 그러한 차원에서 인간은 자연을 초월하고, 인과 법칙에 따라 기계적으로 작동하는 자연을 초월하는 점에서 자유롭다. 그렇다면 인간이 인간답게 산다는 것은 자연의 일부로서 타자로서의 자연에 흡수되어 존재하는 **동시**에 자연에 흡수되지 않고 그것을 초월하여 자신의 자유로운 결단과 선택에 따라 존재하는 삶임을 함축한다.

　이러한 주장은 파스칼의 인간관대로 자연적인 동시에 초자연적 양면을 갖고 있는 인간관에 기초한다. 인간은 자연의 일부로서 다른 모든 존재와 마찬가지로 자연의 인과 법칙에 의해 지배되어 과학적 탐구의 대상이 될 수 있는 동시에 그러한 법칙을 초월하여 자신의 판단과 의지에 의해서 주어진 여건에 개입할 수 있는 자유를 향유하는 존재이다. 이러한 인간관은 모든 것이 하나의 자연 현상이라는 일원론적 · 자연주의적 세계관에 근거한다. 이 세계관에 의하면 자연의 인과 법칙으로는 설명할 수 없는 인간의 자유 자체는 자연의 진화 과정에서 우연히 발생한 하나의 속성에 지나지 않는다. 이와 같은 세계관에 근거한 위와 같은 인간관이 옳다면, 인간의 본질 즉 인간다움은 자연적인 동시에 초자연적임을, 인간의 모든 생각 · 행동은 과학적으로 설명할 수 있는 법칙에 따라 설명할 수 있는 동시에, 그러한 차원을 넘어 자연적 법칙으로는 설명할 수 없는 초월성 즉 자유의 행사를 함의한다. 그렇다면 자연과의 관계에 있어서 인간다운 삶은 일방적으로 자기 중심적이거나 자연 중심적이거나를 막론하고 일방적으로 치우치지 않고, 타자로서의 자연과의 균형 있고 조화로운 관계를 갖는 삶으로 규정할 수 있고, 비인간적 삶은 나와 나의 타자로서의 너, 인류와 그 타자로서의 자연과의 균형이 깨진 삶으로 규정할 수 있다.

　이런 점에서 현재 지구적 차원에서 볼 때 인류는 가장 비인간적 삶 즉 가장 인간답지 못한, 인간의 본질에 어긋나는 삶을 살고 있다고 볼 수 있으며, 오늘날 우리가 처해 있는 문명의 위기란 바로 이러한 비인간적 삶의 양식을 말하는 것에 지나지 않는다. 이러한 비인간적 삶, 문명의 위기를 극복하는 데 도움이 될 수 있는 삶의 모델, 인간다운 삶의 모델은 없는가? 있다면 그것은 어디서 찾을 수 있는가? 바로 이런 맥락에서 인간다

운 삶과 국학의 관계가 검토될 수 있다. 그렇다면 국학은 구체
적으로 무엇을 지칭하며, 그것은 과연 우리가 찾는 인간다운
삶의 진정한 모델이 될 수 있는가?

2. 국학과 인간다운 삶

I. 인간다운 삶의 모델로서의 동양적 세계관

국학이 '인간다운 삶'의 모델이 될 수 있는가 아닌가에 대한
검토와 대답은 '국학'의 개념적 규정 즉 국학의 구체적 내용의
규정을 전제한다. 국학은 무엇인가? 국학은 학문적 분야의 개
념에 속한다. 학문은 하나의 인식 체계이며, 인식은 반드시 그
대상을 전제한다. 학문은 전통적으로 그 대상의 존재론적 성격
에 따라 분류된다. 학문은 전통적으로 자연과학 · 사회과학 ·
인문학으로 크게 삼분되며, 이러한 분류는 각기 학문의 대상이
자연 현상, 사회 현상, 그리고 문학 작품과 같은 언어적 산물의
존재론적 구별에 근거하며, 각기 그 대상을 세분함에 따라 자
연과학은 다시 물리학 · 화학 · 생물학 · 심리학 · 의학 등으로,
사회과학은 사회학 · 경제학 · 역사학 · 법학 · 정치학 · 행정학
등으로, 인문학은 소설 · 시 · 비평 등으로 분류된다. 전통적 학
문의 핵심 중의 하나인 수학이나 그 이외에도 간호학 · 전산
학 · 경영학, 수많은 종류의 공학 등은 분류하기가 복잡하지만
전통적 학문들의 보다 세분된 개념으로 그 근거를 대상의 존재
론적 성격과 학문의 목적에 비추어 찾을 수 있다.

하지만 '국학' 즉 '한국학'이란 학문적 분류는 그 분류의 근
거가 전혀 다르다. 국학/한국학은 미국학 · 일본학 · 중국학 등
과 마찬가지로 그 대상이 존재론적이 아니라 지역적 분류에 근

거한 학문의 영역을 지칭하며, 그것의 인식 대상은 한국이라는 지역에서 일어나는 모든 것, 지역과 관계된 모든 현상·사건·사실들을 포괄한다. 한국학은 미국·일본·중국 같은 다른 지역들과 구별되는 지역으로서의 '한국'을 연구와 인식 대상으로 삼으며, 그것이 의도하는 것은 '한국'을 아는 데 있다. 한국을 안다는 것은 다른 지역과 구별될 수 있는 한국이라고 하는 지역의 특수성, '한국적인 것' 즉 '한국의 정체성'의 규정과 파악과 설명을 의미한다. 다시 말해서 한국학의 궁극적 의도는 다른 어떤 지역에 사는 이들의 삶의 양식과 구별할 수 있는 한국인 고유의 그리고 모든 한국인들에게 공통적인 삶의 방식을 찾아내고, 규정하고 설명하는 데 있다.

한 인간, 한 사회, 한 문화, 한 민족의 삶의 양식은 수많은 영역과 차원에서 나타나지만 그중에서도 가장 포괄적이고 근본적인 측면은 한 문화의 밑바닥에 이미 깔려 있다고 볼 수 있거나 아니면 구체적인 생활 양식의 관념적 반영으로 볼 수 있는 인생관, 더 나아가서는 세계관이다. 한국인을 지배해온 인생관과 세계관은 어디에서 가장 잘 나타나고 있는가? 그것은 동북아시아와 한국 민중의 의식을 오랫동안 지배해왔던 무교와 한국뿐만 아니라 인도·중국 그리고 동아시아를 크게 지배해온 불교 그리고 동아시아를 지배해온 도교와 유교에서 나타난다. 그러므로 한국 문화의 정체성 즉 특징은 위와 같은 세계관들 속에 복잡하게 얽힌 채 담겨 있는 관념적 요소들의 유기적 총체 속에서 찾을 수 있고, 이렇게 찾을 수 있는 특징은 그러한 세계관 속에 담겨 있는 한국인의 인생관 즉 '인간다운 삶'에 대한 신념의 특징에서도 밝힐 수 있다 '인간다운 삶'에 대한 한국인 특유의 생각은 무엇인가?

인간다운 삶의 동양적 척도는 각기 인간의 내면적 체험과 평화에 있고, 이러한 인간다운 삶의 이 같은 척도는 인간 중심주의적이 아니라 자연 중심적 세계관에 근거하고, 이 같은 자연 중심적 세계관은 일원론적 형이상학에 의해 뒷받침된다. 힌두교·불교·도교와 유교는 인간이 추구해야 할 최고의 가치로 내면적 경험의 깊이와 마음의 평화를 찾는다는 점에서 일치하며, 정신과 물질, 생명체와 무생물, 인간과 동물의 형이상학적 차별을 거부한다는 점에서 또한 동일하다. 한국을 비롯한 모든 전통적 사회를 지배해왔던 애니미즘도 일원론적 세계관의 한 소박한 형태로 볼 수 있다. 힌두교와 불교가 추구하는 최고의 가치는 무아무존과 윤회로서의 우주의 근원적 진리의 깨달음을 통해서 얻어지는 마음의 평화이며, 도교가 주장하는 최고의 가치는 우주의 순리로서의 도를 통해서 비로소 경험할 수 있는 '소요(逍遙)'의 경험이다. 인간다운 삶의 본질에 대한 이론으로 규정할 수 있는 유교가 인간다움의 본질을 정신적 수양과 도덕적 완성에서 찾고 있다는 점에서 유교가 추구하는 근본적 가치는 내면적이다.

인간다운 삶에 대한 위와 같은 동양적 척도에 비추어 볼 때 근대 이후의 문명의 가치 척도는 각자 인간의 내면에서 찾아볼 수 있는 정신적 가치가 아니라 외형적으로만 측정할 수 있는 물질적 가치이며, 동양적 세계관의 관점에서 볼 때 서양 문명과 서양화된 오늘날의 세계 문명을 지배하고 있는 세계관은 자연관이 공존의 틀이 되는 자연 중심주의가 아니라 자연의 정복·약탈·파괴를 정당화하는 인간 중심주의이다. 이러한 사실에 비추어 볼 때 오늘날의 비인간적 삶과 문명의 총체적 위기의 근원적 원인은 서양 문화의 특징인 이원론적 형이상학, 인간 중심주의, 물질적 가치를 우선하는 서양적 가치관에서 찾을 수 있다.

이러한 사실은 전통적 동양의 가치관, 인간관 및 세계관이 서양적 가치관, 인간관 및 세계관을 대치하여 '인간다운 삶'을 위한 새로운 기본적 모델이 될 수 있음을 함축한다. 여기서, 한국 고유의 가치관·인간관·세계관이 존재하는가? 그런 것들이 존재한다면 그것은 다른 동양 문화권들의 각기 독특한 가치관·인간관·세계관에 비추어 보다 바람직한 것인가라는 물음이 제기된다. 이런 물음에 대한 대답은 깊고 체계적인 한국 문화의 특수성에 대한 연구를 전제로 하는 만큼 간단치 않다. 그렇지만 한 가지 확실한 대답은 나올 수 있다. 국학이 한국 문화의 의미를 탐구하는 데 있고, 한국 문화가 동아시아 문화의 일부이며, 동아시아 문화가 인도를 포함한 동양의 큰 테두리를 떠나서는 파악될 수 없는 이상, 동양의 가치관·인간관·세계관이 인간다운 삶의 새로운 척도로 제시될 수 있다는 점에서 한국 문화 그리고 더 정확히 국학은 '인간다운 삶'을 위해, 아니 인간다운 삶을 회복하는 데 있어서 큰 기여를 할 수 있다.

II. 국학의 남은 과제

계몽기를 거쳐 산업 혁명으로 '진보'라는 이름이 붙은 근대 문명의 싹이 트기 시작한 이후의 세계는 약 두 세기 이상에 걸쳐서 서양의 군사적·정치적·과학적 및 이념적 힘과 권위에 의해서 지배되어왔다. 지난 몇십 년 전부터, 자연 자원의 고갈, 인구 폭발, 환경 오염, 생태계 파괴, 핵 무기와 핵 에너지에 내포된 위험성을 의식하면서 근대 문명은 총체적인 위기를 맞게 되었다. 몇십 년 전부터 세계를 휩쓸고 있는 포스트모더니즘은 이러한 위기 의식의 이념적 증인이다. 이와 아울러 동양의 전통적 세계관과 문명이 서양의 세계관과 문명의 대안이라는 생각이 역사와 문명에 관심을 갖고 있는 지식인들 특히 동양의 지식인들 가운데에 확산되고 있다. 이러한 생각은 그들의 문화적 및 인종적 자존심을 심리적으로 회복시켜준다는 점에서 동양인들에게는 더욱 매력적일 수 있다. 동양적 세계관을 반영한다는 점에서 국학이 앞으로의 인간다운 삶의 틀을 잡아가는 데 기여할 수 있다는 발상과 주장도 위와 똑같은 맥락에서 이해할 수 있고, 또한 동양인을 심리적으로 만족시켜준다는 이유를 떠나서 인간이란 큰 틀에 서서 보아도 옳다는 직관이 선다.

그럼에도 불구하고 그러한 주장은 보다 객관적이고 구체적이며, 체계적으로 뒷받침되지 않는다면 하나의 구호로 끝나고 만다. 이런 점에서 동양학 더 정확히 말해서 국학은 적어도 다음 두 가지 문제에 대해서 구체적이면서도 설득력 있는 대답을 제공해야 한다.

첫째 동양적 세계관·인간관, 인간다운 삶에 대한 이념에 따른 삶은 일상 생활, 사회 정치 제도의 차원에서 구체적으로 어떠한 삶을 의미하며, 현재 우리가 살고 있는 삶과 어떻게 달라지는지를 대안으로 제시할 수 있어야 한다. 국학에 바탕을 둔 삶이란 것이 오랫동안 암암리에 한국인을 지배해왔던 무교적 세계관으로 돌아가고, 우리가 그 동안 배워서 알고 있는 과학적 지식과 과학 기술을 버리고 가능하면 농경 사회의 공동체 안에서의 삶의 양식으로 되돌아감을 의미하는가라는 물음에 대해서 구체적으로 확고한 대답을 제공할 수 있어야 한다.

둘째, 만약 과학 지식을 전적으로 부정하지 않고, 과학 기술이 가져오는 허다하고 놀라운 도구적 유용성을 거부하지 않는다면, 동양인으로서의 우리는 동양학을 통해서 그리고 한국인으로서의 우리는 국학을 통해서 어떻게 그리스의 합리적 사유와 기독교적 세계관에 뿌리박은 근대 서양의 산물로서의 과학 및 과학 기술을 동양 및 한국의 자연 친화적인 전통적 세계관과 정신 중심적 가치관 속에 통합할 수 있는가를 설명할 수 있어야 한다. 이러한 과제는 극히 어렵다. 왜냐하면 언뜻 보기에 과학적 자연관과 과학 기술은 한국은 물론 동양 전체를 지배해 온 세계관과 양립할 수 없는 것처럼 보이기 때문이다. 그러나 나는 동양 그리고 한국의 전통적 세계관과 과학적 자연관이 양립할 수 있다고 확신한다.

이러한 확신은 체계적인 이론적 뒷받침을 요구한다. 이러한 사실은 동양학 그리고 국학이 이제부터 꼼꼼히 수행해나가야 할 큰 과제를 안고 있음을 의미한다. 이러한 과제가 세밀하게 수행되기 전에는 동양적 및 한국적 세계관이 서양의 세계관을 대치할 수 있고, 동양학 및 국학이 '인간다운 삶'을 위한 새로운 틀이 될 수 있다는 주장은 즉흥적 신념에 끝나고, 감상적 반응으로 남아 있게 되고, 어리석은 쇼비니즘의 함정에 빠질 위험성을 갖고 있다. 보편적 설득력을 가진 '인간다운 삶'의 새로운 모델을 발견하거나 아니면 회복하기 위해서는 동양인의 맥락에서는 동양학이, 더 각별히 우리 한국인의 맥락에서는 국학이 냉철하고 꾸준하게 해야 할 일들이 산적해 있다.[1]

343

---

1 박이문, 「역사의 서술과 사관의 문제」, 『한국사 시민 강좌』 27호, 2000년 8월, 일조각.